UTB

Eine Arbeitsgemeinschaft der Verlage

Böhlau Verlag · Wien · Köln · Weimar
Verlag Barbara Budrich · Opladen · Toronto
facultas.wuv · Wien
Wilhelm Fink · München
A. Francke Verlag · Tübingen und Basel
Haupt Verlag · Bern · Stuttgart · Wien
Julius Klinkhardt Verlagsbuchhandlung · Bad Heilbrunn
Mohr Siebeck · Tübingen
Nomos Verlagsgesellschaft · Baden-Baden
Ernst Reinhardt Verlag · München · Basel
Ferdinand Schöningh · Paderborn · München · Wien · Zürich
Eugen Ulmer Verlag · Stuttgart
UVK Verlagsgesellschaft · Konstanz, mit UVK/Lucius · München
Vandenhoeck & Ruprecht · Göttingen · Bristol
vdf Hochschulverlag AG an der ETH Zürich

Reihe ***Europa Kompakt***, herausgegeben von Johannes Pollak,
Professor für Politikwissenschaften an der Webster Vienna Private University,
Leiter der Abteilung Politikwissenschaften am Institut für Höhere Studien in Wien,
Lehrbeauftragter an den Universitäten Wien und Salzburg.

Udo Diedrichs

Die Gemeinsame Sicherheits- und Verteidigungspolitik der EU

facultas.wuv

Dr. Udo Diedrichs ist Geschäftsführer des Forschungsinstituts für Politische Wissenschaft und Europäische Fragen der Universität Köln.

Bibliografische Information der Deutschen Nationalbibliothek
Die Deutsche Nationalbibliothek verzeichnet diese Publikation
in der Deutschen Nationalbibliografie;
detaillierte bibliografische Daten sind im Internet über
http://dnb.de abrufbar

Einband: Atelier Reichert, Stuttgart
Gestaltung und Satz: Atelier Tiefenthaler (gesetzt mit Shaker von Jeremy Tankard)
Druck und Bindung: CPI – Ebner & Spiegel, Ulm
Printed in Germany

UTB Band-Nr.: 3427
ISBN 978-3-8252-3427-0

Vorwort zur Reihe *Europa Kompakt*

Die Integration Europas ist ein faszinierendes Studienobjekt, das sich klassischen politikwissenschaftlichen Kategorien entzieht, permanenten Veränderungen unterliegt und in seiner Komplexität schwer zu durchschauen ist. Die Akteure stehen in vielfältiger wechselseitiger Abhängigkeit, die Verhandlungs-, Entscheidungs- und Kommunikationsmuster sind gleichzeitig informell wie auch streng reglementiert, die Einspeisung neuer Themen in den Politikprozess ist ebenso vielschichtig wie die Ansatzpunkte für Politikbeeinflussung und die Kontrolle von Entscheidungsprozessen. In all diesen Facetten ist die Europäische Union ein beispielloses Experiment, um Unzulänglichkeiten des Nationalstaats zu kompensieren und den Herausforderungen einer immer kleiner werdenden Welt gemeinsam zu begegnen.

Dieser Prozess ist nicht frei von Rückschlägen, Phasen der Stagnation und der Frustration. Aufmerksamkeit erregt die Union zumeist nur mit negativen Schlagzeilen: von der Rinderseuche bis zur Uneinigkeit bezüglich Europas Rolle in der Welt, von Betrugsfällen bis zu Überregulierung, von Beamtenbezügen bis zu Gipfelstreitigkeiten. Gleichzeitig steigt aber auch die Bedeutung europäischer Politik, die auf vielfältige Weise in das tagtägliche Leben der Bürger und Bürgerinnen eingreift. Diese Eingriffe sind dem seit der Entstehung der EU in den 1950er Jahren immer gleichen Wunsch geschuldet: der friedlichen Einigung des europäischen Kontinents. Nur wie diese Einigung vorangehen und wie weit sie reichen soll, welche Rechte und Pflichten dem Einzelnen zukommen (sollen), darüber herrscht Uneinigkeit. Zu oft werden diese fundamentalen Fragen von kurzsichtig auf die nächste Wahl schielenden nationalen Politikern vereinfacht und polemisch beantwortet. So ist denn auch die „Zuneigung" der Bürgerinnen und Bürger zum Einigungsprojekt unbeständig und umgekehrt proportional zur Größe der zu bewältigenden Krisen. Nach fast sechzig Jahren europäischer Einigung fühlt sich noch immer nur eine Minderheit gut informiert und nur eine Minderheit versteht, wie die Union funktioniert. Ein Umstand, der die

Folge einer oftmals verzerrenden und einseitigen Darstellung von offizieller wie medialer Seite in allen Mitgliedstaaten ist und von etlichen euroskeptischen, der Rückkehr zum Nationalstaat verpflichteten Akteuren ausgenutzt wird. Die Europäische Union ist weit davon entfernt, perfekt zu funktionieren. Zu groß sind die Unterschiede zwischen den politischen Systemen und Traditionen, zu groß nationalstaatliche Egoismen, zu gravierend die unterschiedlichen Interessen und Abhängigkeiten. Aber als Projekt, das die im 20. Jahrhundert eindrucksvoll unter Beweis gestellte Unzulänglichkeit des europäischen Nationalstaats kompensiert, verdient die Europäische Union eine fundierte Diskussion. Dazu will die Reihe *Europa Kompakt* mit Fakten, Zusammenhängen und Hintergrundwissen beitragen und kompetent zusammengestelltes Kompaktwissen anbieten: Jeder Band der Reihe soll bestehendes Wissen vertiefen, mit aktuellen Informationen erweitern und den Leserinnen und Lesern schließlich ermöglichen, eigenständige Bewertungen des Integrationsprozesses zu entwickeln.

Der vorliegende 8. Band der Reihe *Europa Kompakt* analysiert ein Politikfeld, das trotz einer vergleichsweise langen Geschichte erst in jüngerer Zeit zu einem wichtigen Politik- und Hoffnungsfeld der Europäischen Integration avanciert ist. Die Wurzeln der Gemeinsamen Sicherheits- und Verteidigungspolitik liegen in den 1950er Jahren – mangelndes Vertrauen zwischen den sechs Partnern der Europäischen Kohle- und Stahlgemeinschaft und eine international angespannte Lage ließen eine Vergemeinschaftung dieses zentralen Feldes staatlicher Souveränität nicht zu. Fast 50 Jahre später kam es zu dem von den Bürgerinnen und Bürgern Europas schon lange in Eurobarometerstudien zum Ausdruck gebrachten gewünschten Durchbruch: Die wichtigsten Akteure, Jacques Chirac und Tony Blair, einigten sich darauf, die Europäische Union mit militärischer Handlungsfähigkeit auszustatten. Udo Diedrichs gelingt mit dem vorliegenden Band eine ausgewogene Analyse sowohl der Chancen als auch der Risiken der Gemeinsamen Sicherheits- und Verteidigungspolitik.

Johannes Pollak

Inhalt

1 Einleitung

Die Gemeinsame Sicherheits- und Verteidigungspolitik (GSVP) hat in den vergangenen Jahren eine dynamische Entwicklung durchlaufen und ist zu einem zentralen Politikfeld des Auswärtigen Handelns der Europäischen Union (EU) avanciert (Howorth 2007: 2ff.). Zugleich gehört sie zu den vergleichsweise jungen Tätigkeitsbereichen der EU. Ihren Ausgang nahm sie mit dem Treffen der EU-Staats- und -Regierungschefs in Pörtschach und dem britisch-französischen Gipfel von Saint-Malo im Jahre 1998. Hier gaben Jacques Chirac und Tony Blair den Startschuss dafür, der Europäischen Union eine eigene militärische Handlungsfähigkeit zu verleihen, um zur Bewältigung internationaler Krisen und Konflikte beizutragen (Howorth 2000a; Deighton 2002; Jopp 1999 und 2000). Voraussetzung für diese neue Perspektive war die Bereitschaft Großbritanniens, sich einer sicherheits- und verteidigungspolitisch profilierten Europäischen Union nicht länger zu verschließen und zu akzeptieren, dass die EU selbst militärische Mittel einsetzen kann, um internationale Krisen zu bewältigen.

Der vorliegende Band möchte den Weg der Gemeinsamen Sicherheits- und Verteidigungspolitik der Europäischen Union nachzeichnen und dieses Politikfeld aus verschiedenen Perspektiven beleuchten. Das beginnt schon mit der Interpretation seiner Entstehung und seines Werdegangs. Zugrunde liegt hierbei ein Verständnis, das die GSVP zwar in zentraler Hinsicht – aber keinesfalls ausschließlich – als das Ergebnis eines politischen und institutionellen Gestaltungsprozesses auf EU-Ebene behandelt; in gleichem Maße wird sie auch als Projekt betrachtet, dessen Wurzeln auf der transatlantischen Ebene liegen und das zugleich als Resultat bilateraler Koordinierung und Zusammenarbeit zwischen EU-Staaten betrachtet werden kann. Diese drei Stränge laufen teils parallel zueinander, teils überschneiden sie sich; sie stehen zugleich in einer Spannung zueinander, die sich für die Entwicklung der GSVP hemmend oder fördernd auswirken kann. An den Schaltstellen des Prozesses befinden sich jeweils die Regierungen der Mitgliedstaaten, welche die GSVP sowohl hinsichtlich der politischen und strategischen Grundentscheidungen wie auch mit Blick auf die taktischen und operativen Fragen prägen und formen.

Neben den drei zentralen Handlungsebenen für die Entstehung und Entwicklung spiegeln sich in der Darstellung des Bandes drei wesentliche Dimensionen der GSVP wider: eine vertraglich-institutionelle, eine handlungsorientiert-operative und eine konzeptionell-strategische. Auch hier gilt: Diese Dimensionen stehen zwar nicht neben- oder gegeneinander, sie sind aber ebenso wenig harmonisch durchkomponiert, sondern können durchaus Widersprüche und Lücken zutage treten lassen – etwa zwischen den sicherheitspolitischen Gestaltungsansprüchen der GSVP und ihren tatsächlichen Kapazitäten zur Um- und Durchsetzung derartiger Ambitionen.

Ein solches multiples Verständnis der GSVP kann auf die Darstellung und Bewertung der maßgeblichen institutionellen Grundlagen, wie sie durch den Vertrag von Lissabon weiterentwickelt wurden, nicht verzichten (Regelsberger 2008; Rehrl 2010; Schmid 2010). Die primärrechtliche Basis dient dabei nicht nur der Klärung formaler oder gar technischer Details, sondern macht deutlich, dass die GSVP auch künftig ein erhebliches Entfaltungs- und Entwicklungspotenzial enthält, das durch die Regierungen und Organe der EU genutzt werden kann. Unterhalb der vertraglichen Ebene hat sich darüber hinaus eine komplexe und teils widersprüchliche institutionelle und organisatorische Infrastruktur herausgebildet, die nicht nur die politische Beschlussfassung in Brüssel, sondern auch das Agieren der GSVP vor Ort prägt und limitiert (Rehrl/Weisserth 2010). Dieser mittlerweile weitgehend unter dem Dach des Europäischen Auswärtigen Dienstes (EAD) angesiedelte sicherheits- und verteidigungspolitische Mechanismus wird künftig durch die Notwendigkeiten kohärenter und effizienter Abstimmungs- und Entscheidungsprozesse bestimmt sein, allein – der EAD als Heilmittel sollte dabei nicht überschätzt werden. Für die GSVP kann bereits der Befund getroffen werden, dass keine substanzielle Verschmelzung oder Umschichtung von Strukturen erfolgte, sondern allenfalls eine Bündelung und Verklammerung. Zudem bleibt in Zukunft das Wechselspiel zwischen nationaler und europäischer Ebene für die GSVP konstitutiv, eine fundamentale Verschiebung der Gewichte hat nicht stattgefunden. Sehr wohl lassen sich aber Ansätze einer schrittweisen und ‚weichen' Bündelung von Ressourcen und Kapazitäten der GSVP ausmachen, die sich zu einem nicht unerheblichen Ausmaß aus den Erfahrungen der Umsetzung ihrer Missionen ergeben haben.

Die operative Dimension der GSVP spiegelt sich in erster Linie in den von ihr durchgeführten Einsätzen wider. Mehr als zehn Jahre nach ihrer Entstehung bliebe eine Darstellung und Einschätzung unvollständig und eigentümlich blass, würde man nicht die Bilanz ihrer bisherigen Umsetzung berücksichtigen (Grevi/Helly/Keohane 2009; Agathonos 2010; Merlingen/Ostrauskaité 2008a und 2008b). Deshalb sollen die seit 2003 durchgeführten zivilen und militärischen Missionen präsentiert und die aktuell laufenden Einsätze nochmals besonders fokussiert behandelt werden. Weniger eine detailverliebte Darstellung wird dabei im Mittelpunkt stehen als der Einblick in Defizite und Leistungen der GSVP, um die Margen für künftigen politischen Handlungsbedarf abzustecken. Die internationale Einbettung beleuchtet in diesem Zusammenhang den hohen Grad an multilateraler Verflechtung, in welche die GSVP verwoben ist und aus dem heraus sie agiert.

Der transatlantische Strang der Entstehung und Entwicklung der GSVP wurde bereits erwähnt. Die Bedeutung dieses Zusammenhangs erschöpft sich aber nicht darin, Triebfeder und Gestaltungsfaktor zu sein. Auch für das Funktionieren und die strategische Ausrichtung der GSVP finden sich hier wesentliche Koordinaten: Zum einen bleiben die USA zentraler Akteur und Gestalter der europäischen Sicherheitspolitik in all ihren Dimensionen (Hamilton 2002; Sloan 2000; Brimmer 2002). Die Sichtweise Washingtons ist daher von außerordentlicher Relevanz für die EU insgesamt und die GSVP im Besonderen. Zum anderen musste sich im Verhältnis zur NATO die Handlungs- und Einsatzfähigkeit der EU in ihrer wichtigsten militärischen Mission bewähren. Darüber hinaus sieht sich die NATO ähnlichen Problemen wie die EU gegenüber, etwa in der Verbesserung der militärischen Fähigkeiten ihrer Mitgliedstaaten. Nicht vergessen werden darf schließlich die enge Verzahnung der Sicherheit Europas mit den globalen Überlegungen US-amerikanischer Sicherheitspolitik. Daher werden das Verhältnis der USA zur GSVP und die Beziehungen zur NATO in einem gesonderten Kapitel behandelt.

Von zunehmender Bedeutung ist die strategisch-konzeptionelle Dimension der GSVP. Mit der Europäischen Sicherheitsstrategie hat sich die EU 2003 eine erste Grundlage gegeben, welche zentrale Herausforderungen und Risiken für die Union und ihre Mitgliedstaaten identifizierte, aber auch Ansätze und Instrumente der Bewältigung von Unsicherheit und ihren Folgen skizzierte (Algieri 2010: 113ff.). Die Idee eines wirksamen Multilateralismus hat als das zentrale Schlagwort des Dokuments Eingang in zahlreiche akademische und politische Debatten gefunden. Die strategische Auseinandersetzung mit der GSVP darf allerdings auf der Brüsseler Ebene nicht stehenbleiben. Die Positionen und Konzepte auf nationaler Ebene erweisen sich immer wieder als zentrale Bezugsgrößen, welche die Fortschritte der GSVP ermöglichen. Daher soll anhand der außen-, sicherheits- und verteidigungspolitischen Grundlinien Großbritanniens, Frankreichs und Deutschlands versucht werden, der Frage nachzugehen, ob sich eine Konvergenz der zentralen, für die GSVP relevanten Kategorien und Konzepte festhalten lässt. Dies soll nicht dazu verleiten, die Perspektiven anderer, vermeintlich kleinerer EU-Staaten zu vernachlässigen. Der Imperativ eines begrenzten Volumens rechtfertigt allerdings die hier getroffene Auswahl.

2 Die GSVP, die GASP und die Europäische Union – Abgrenzungen und Präzisierungen

2.1 Die GSVP als Gegenstand der Forschung und der öffentlichen Wahrnehmung

Die Europäische Sicherheits- und Verteidigungspolitik (ESVP), seit dem Vertrag von Lissabon als Gemeinsame Sicherheits- und Verteidigungspolitik (GSVP) tituliert, hat mittlerweile große Aufmerksamkeit aus unterschiedlichen Richtungen erfahren (Bickerton et al. 2011: 1). Die wissenschaftliche Auseinandersetzung bildet dabei nur einen Aspekt. So lässt sich sagen, dass die öffentliche Wahrnehmung europäischer Außenpolitik in Form der GSVP kaum jemals höher war als heute, wenngleich sich durchaus zunehmend kritische Stimmen in das Meinungsbild mischen; dies spiegelt in erster Linie die Normalität europäischer Sicherheits- und Verteidigungspolitik wider.

Innerhalb der relevanten Literatur ist es schier unmöglich, auch nur annähernd jeden einschlägigen Beitrag oder jede größere Neuerscheinung eingehend zu würdigen. Stattdessen macht es mehr Sinn, die wesentlichen Forschungsstränge und -perspektiven nachzuzeichnen (Björkdahl/Strömvik 2008: 7f.).

Ein großes Interesse gilt der institutionellen Entwicklung der GSVP, insbesondere nach den Vertragsänderungen von Lissabon (Regelsberger 2008; Rehrl 2010; Algieri 2010: 88ff.; Dietrich 2006; Raube 2007; Blanck 2005; Howorth 2007). Dieser Ansatz, der sich stark aus einer Gesamtbetrachtung der Evolution des politischen Systems der EU und ihrer Gemeinsamen Außen- und Sicherheitspolitik speist, lässt sich in groben Zügen als Teil der Integrationsforschung verankern. Neben die Analyse vertraglicher Bestimmungen und institutioneller Regelungen auf der politischen Makroebene sind zunehmend Beiträge zur administrativen und operativen Infrastruktur des europäischen Krisenmanagements zu beobachten (Greco/Pirozzi/Silvestri 2010;

Grevi 2009a; Björkdahl/Strömvik 2008; Rehrl/Weisserth 2010; Arnaud et al. 2008).

Eine wachsende Zahl an Analysen widmet sich in jüngster Zeit der operativen Seite der GSVP: den einzelnen Missionen und ihren spezifischen Problematiken (Merlingen/Ostrauskaité 2008; Grevi/Helly/Keohane 2009; Agathonos 2010; Mattelaer 2010; Petrov 2010; Klein 2010). Knapp zehn Jahre nach der Einleitung der ersten Mission des EU-Krisenmanagements und nach nunmehr 24 unterschiedlichen Einsätzen liegen ausreichend dichte und vielfältige Erfahrungswerte vor, die es erlauben, die GSVP in ihrer Umsetzung eingehender in den Blick zu nehmen. Diese Literatur wird zu einem erheblichen Teil durch Praktiker des Krisenmanagements beliefert, die einerseits hochinteressante Einblicke in das konkrete Geschehen vor Ort gewähren, zugleich allerdings nur bedingt einer systematischen oder gar komparativen Perspektive zugänglich sind. Zunehmend von Relevanz ist die Analyse nationaler Positionen und Präferenzen in Bezug auf die Entstehung und Entwicklung der GSVP (Ehrhart 2002; Müller-Brandeck-Bocquet 2006; Kaim 2007; Hill 2003). Neben die traditionellen Kandidaten für eine derartige Analyse (Frankreich, Großbritannien und Deutschland) haben sich weitere EU-Staaten hinzugesellt; durch die Erweiterungen 2004 und 2007 wurde zweifelsohne auch das Spektrum der politischen und strategischen Grundpositionen innerhalb der Europäischen Union aufgefächert (Müller-Brandeck-Bocquet 2006).

Die transatlantische Dimension der GSVP und im Besonderen ihr Verhältnis zur NATO und ihrer Führungsmacht USA bildet neben den Analysen aus EU-Perspektive eine bedeutende Achse des wissenschaftlichen Diskurses. Gerade das ambivalente Verhältnis zwischen der Atlantischen Allianz und den europäischen Bemühungen um eine eigene sicherheits- und verteidigungspolitische Rolle wurde kontrovers diskutiert (Howorth 2009; Simon 2008; Howorth 2007: 135ff.; Varwick 2005a; Dembinski 2005; Rieke 2005; Heise/Schmidt 2005; Hamilton 2002; Meier-Walser 2005; Brimmer 2002). Die Bandbreite der Charakterisierungen bewegt sich dabei zwischen Partnerschaft, Rivalität und Konflikt (Cascone 2008; Varwick 2005a).

Neben der wissenschaftlichen Literatur zur Thematik stellt auch das Internet gewinnbringende Angebote zur GSVP bereit. Eine Reihe von Institutionen bieten regelmäßig Analysen der GSVP und relevanter Teilbereiche an, die einer breiteren Öffentlichkeit verfügbar sind. So finden sich auf der

Internetseite des Projekts *CSDP MAP – Mission Analysis Partnership*[1] ausführliche Dokumentationen und zahlreiche Analysen unterschiedlicher wissenschaftlicher Dichte und Qualität zu den Operationen im Rahmen der GSVP/GASP, die auf Referenzen zu Originalquellen sowie auf Beiträgen der beteiligten sicherheitspolitisch engagierten Partnerinstitute basieren.

Das EU Institute for Security Studies (EUISS) liefert seit Jahren Analysen und Bewertungen der GSVP, die sich im Spannungsfeld von akademischer Unabhängigkeit und institutioneller Loyalität zu behaupten versuchen. Zu empfehlen ist hier insbesondere der Sammelband *Ten Years of ESDP*, der 2009 erschienen ist und aus kompetenter Hand eine akademische Bilanz der ESVP/GSVP zieht (Grevi/Helly/Keohane 2009). Ebenso zu empfehlen sind die Dokumentationen zur Europäischen Sicherheits- und Verteidigungspolitik, die vom EUISS regelmäßig im Rahmen der *Chaillot Papers* herausgegeben werden und alle relevanten öffentlich zugänglichen Dokumente (in englischer Sprache) enthalten. Diese Sammlung umfasst nicht nur die Brüsseler Ebene, sondern auch bilaterale Erklärungen und Abkommen wie Texte und Dokumente anderer internationaler Organisationen, etwa der NATO oder der UNO.

Eine informative und aktuelle Quelle für laufende EU-Operationen steht auf der Website des International Security Information Service (ISIS Europe)[2] bereit, einer in Brüssel angesiedelten unabhängigen Organisation, welche die Forschung zu sicherheitspolitischen Themen im Umfeld von EU und NATO zu einem ihrer Schwerpunkte erhoben hat. Für regelmäßige Updates zu einzelnen EU-Missionen sind hier sogenannte European Security Review Briefings innerhalb des Schwerpunktprogramms ‚Responding to Crisis and Conflict Management' abrufbar, die in konzentrierter Form jüngste Entwicklungen beschreiben und Einschätzungen zu den laufenden Operationen der GSVP liefern. Wer sich einen informativen Überblick und detailliertere Analysen zu den EU-Operationen im Krisenmanagement verschaffen möchte, findet hier reichhaltige Angebote. Im Unterschied zu den Factsheets, die auf der Website des Rates der EU zu finden sind, werden hier auch kritische Positionen und Schwächen der GSVP aufgezeigt.

Aktuelle Entwicklungen innerhalb der GSVP können zudem durch die tägliche Berichterstattung der Agentur *Agence Europe* nachvollzogen werden, die sich auf Themen der Europäischen Union spezialisiert hat und immer

1 Siehe www.csdpmap.eu.
2 Siehe www.isis-europe.eu.

wieder auch interne Stimmungs- und Meinungsbilder innerhalb und unter den Institutionen und Mitgliedstaaten liefert. Die Agence Europe ist selbst nicht auf Fragestellungen zur GSVP spezialisiert, kann aber anhand einer Suche in unterschiedliche Richtungen hin ausgewertet werden. Insbesondere die Diskussionen und Entscheidungsprozesse, die zur Beschlussfassung über zivile und militärische Operationen führen, können hier systematisch verfolgt werden.

Wer anhand der Primärquellen die Entwicklung und den Status quo der GSVP nachvollziehen möchte, sollte sich auf die Website des Rates der EU begeben, wo sich zu jeder aktuellen wie abgelaufenen Operation eine Übersicht zur Rechtslage (samt relevanten Beschlüssen) sowie Factsheets, Presseerklärungen und knappe Übersichten finden lassen.[3] Anhand der Datenbank EURLEX lassen sich zudem über Jahre hinweg Rechtsakte zur GASP und GSVP thematisch oder chronologisch aufrufen und abspeichern.[4]

2.2 Die GSVP aus unterschiedlicher konzeptioneller und theoretischer Perspektive

Aus theoretischer Perspektive ist die GSVP zu einem zunehmend relevanten Thema avanciert, wenngleich sich bislang keine dominante Linie zur Einordnung ihrer grundlegenden Eigenschaften, Rolle und Relevanz ergeben hat (Bickerton et al. 2011: 10ff.; Salmon 2005: 360ff.; Diedrichs 2004b). Aus der Familie der Theorien der internationalen Beziehungen sind hier in erster Linie (neo)realistische Ansätze zu nennen (Rynning 2011), während aus der integrationstheoretischen Forschung immer wieder auf den liberalen Intergouvernementalismus Moravcsiks sowie auf institutionalistische Beiträge verwiesen wird. Daneben hat sich mit wachsender Beliebtheit eine konstruktivistische Sichtweise Bahn gebrochen, die das Entstehen und die Entwicklung europäischer Sicherheits- und Verteidigungspolitik auf konvergierende strategische Positionen in den Mitgliedstaaten zurückführt und die Genese einer europäischen strategischen Kultur oder gar Grundzüge einer gemeinsamen Identität in sicherheitspolitischen Fragen diskutiert (Giegerich 2006; Meyer 2006; Cornish/Edwards 2005; Sjursen 2006).

3 Siehe http://www.consilium.europa.eu/eeas/security-defence.
4 http://eur-lex.europa.eu/de/index.htm.

Eine insgesamt konsistente Interpretation aus neorealistischer Perspektive bietet Barry Posen, für den die GSVP Ausdruck einer Balancepolitik der Europäer gegenüber den USA darstellt (Posen 2004; 2006). Hierbei sei es keineswegs zwingend, dass die beteiligten EU-Regierungen dies bewusst so intendieren, vielmehr ergebe sich dieser Effekt zwangsläufig aus den strukturellen Eigenschaften des ‚Projektes'. Die Idee eines ‚soft balancing' der EU gegenüber dem Hegemon USA hat in der Forschungslandschaft eine wachsende Zahl an Anhängern gefunden (Jones 2007; Posen 2006; Walt 2005; Art 2004; Paul 2005).

Im Gegensatz hierzu beharrt der – in theoretischer Hinsicht allerdings weitgehend unentschlossene – Jolyon Howorth darauf, dass die ESVP/GSVP aufgrund empirisch nicht belegbarer Intentionen seitens der EU-Staaten, mangelnder erkennbarer Wirkungen und einer fehlenden Gegenreaktion Washingtons keinesfalls als Ausdruck einer europäischen Gegenmachtbildung im Verhältnis zu den USA zu interpretieren ist (Howorth 2007; Howorth/Menon 2009). Diese Kontroverse um die GSVP wird auf dem beschriebenen Wege allerdings kaum zu einer befriedigenden Lösung führen, da es sowohl an einem gemeinsamen begrifflichen Instrumentarium wie an ausgereiften methodischen Zugängen mangelt.

Eine wachsende Zahl von Forschern hat in der GSVP den Ausdruck einer europäischen Sicherheitsidentität identifiziert, die sich nicht zuletzt anhand diskursiver Kommunikationsprozesse belegen lasse. So sei eine zunehmende Übereinstimmung in den europäischen Öffentlichkeiten hinsichtlich der strategischen Ziele und Wertvorstellungen nachweisbar, welche als kulturelles Fundament einer europäischen Sicherheits- und Verteidigungspolitik dienen könne und damit weit über rein materielle Erwägungen hinausgehe (Meyer 2006; Howorth 2007: 187 ff.; Giegerich 2006; Cornish/Edwards 2005). Problematisch werden derartige Annahmen dann, wenn sich der reale Entwicklungsprozess der GSVP als durchaus fragil erweist und Brüche offenlegt, die sich mit einer europäischen strategischen Kultur oder Identität schwer vereinbaren lassen. So hat sich insbesondere die Irak-Krise 2002/03 als Ausdruck höchst unterschiedlicher und konkurrierender sicherheits- und verteidigungspolitischer Grundorientierungen in den EU-Mitgliedstaaten erwiesen und die Vision einer internationalen Akteursqualität der Europäischen Union nachhaltig entkräftet.

Stärker institutionalistische Ansätze ordnen die GASP und GSVP in den Entwicklungsprozess der EU ein (Petrov 2010) und weisen ihr dabei eine spezifische Rolle im Kontext einer zunehmenden Europäisierung bzw.

‚Brüsselisierung' von Politikgestaltung zu (Regelsberger 2004). Besondere Aufmerksamkeit verdiene die institutionelle Bündelung von Ressourcen und die innovative Architektur des Auswärtigen Handelns der EU, die sich prominent in der Figur der Hohen Repräsentantin niederschlage und dabei klassische intergouvernementale Formen außen- und sicherheitspolitischer Kooperation hinter sich lasse. Zwar sei die GSVP nicht als supranationales Politikfeld zu verstehen und habe deshalb weiterhin dominante Züge zwischenstaatlicher Entscheidungsfindung vorzuweisen, doch sei im Rückblick auf die Entstehung der EPZ und GASP seit den frühen 1970er Jahren schrittweise eine deutliche Profilierung der internationalen Handlungsfähigkeit der EU festzustellen. Eine andere Stoßrichtung institutionalistischer Forschung hat sich in den letzten Jahren verstärkt mit Beiträgen zu Wort gemeldet, welche sich der klassischen Konfrontation zwischen Intergouvernementalismus und Integrationstheorien entziehen und die komplexen, heterarchischen und multizentrischen Strukturen europäischer Sicherheitspolitik herauszuarbeiten bemüht sind (Norheim-Martinsen 2010; Hofmann 2011; Menon 2011).

Die GSVP werde dadurch zunehmend in ein Beziehungsgeflecht institutioneller und prozeduraler Regeln eingebettet, in dem sie zwar eine intergouvernementale (Sonder-)Rolle spiele, zugleich aber zunehmend mit anderen internationalen Akteuren, Ressourcen und institutionellen Arrangements verknüpft werde (Hofmann 2011).

Der Ansatz des Liberalen Intergouvernementalismus Andrew Moravcsiks (Moravcsik 1998) – der auf der Dominanz nationalstaatlicher Akteure in der Gestaltung der wegweisenden Entwicklungsentscheidungen der EU beruht, dabei aber durchaus die Möglichkeit einer Konvergenz von Präferenzen zulässt und diese dann als Freiräume für die Fortentwicklung der EU identifiziert – scheint für die Deutung der GSVP ergiebige Möglichkeiten zu bieten und wird daher gerne als Anhaltspunkt oder Reibungsfläche genutzt (Arikbuka 2011; Kaim 2007). Insbesondere aufgrund des Zuschnitts des Politikfeldes, das supranationale Tendenzen bislang erfolgreich abgewehrt hat und durch die mitgliedstaatlichen Regierungen dominiert wird, ist der Rekurs auf den Liberalen Intergouvernementalismus lohnenswert. Die Trias von Präferenzbildung, zwischenstaatlichen Verhandlungen und institutionellen Lösungen erweist sich so als durchaus gewinnbringendes Muster, um auch die Entstehung und Fortschreibung der GSVP, dominiert durch die ‚großen' EU-Staaten, treffend einzuordnen. Allerdings bedarf dieser Ansatz, der sich ursprünglich aus den Vertragsreformen der EU seit den 1980er Jahren entwickelte, weiterer Anpassungen, um die spezifischen Triebkräfte und Motoren der GSVP herauszufiltern und in ein umfassendes Modell der Vertragsentwicklung der EU einzufügen. Bisher steht der Liberale Intergouvernementalismus jedenfalls in der Gefahr einer Popularisierung als mehr oder minder grobes analytisches Raster, das gerne herangezogen wird, um verschiedene Untersuchungsschritte anzusetzen, ohne aber daraus ernst zu nehmende theoretische Konsequenzen abzuleiten.

Neben den theoretischen Einordnungen der Entstehung und Entwicklung der GSVP sowie ihrer institutionellen Charakterisierung wurde in der Forschung auch intensiv darüber diskutiert, inwieweit die militärische Handlungsfähigkeit der EU ihre Rolle als Zivilmacht in Frage stellt. Angesichts der traditionellen Ausrichtung der EU auf zivile Instrumente und Handlungsformen, die nicht zuletzt der mangelnden sicherheitspolitischen Profilierung der Gemeinschaften nach 1958 geschuldet war, bildete die GSVP eine konzeptionelle Herausforderung, die zunächst heftig umstritten war. Stellten einige Vertreter der Zivilmachtthese eine radikale Abkehr von bewährten außenpolitischen Handlungsmustern fest und nahmen entsprechend eine kritische Haltung zur GSVP ein, so waren andere Forscher darum bemüht, neue Rollenbeschreibungen für die EU zu definieren, welche auf eine umfassende Bandbreite unterschiedlicher – ziviler wie militärischer – Instrumente abstellten und daher insgesamt eine Bereicherung der internationalen Präsenz der EU diagnostizierten (Jünemann/Schörnig 2002; Smith 2000; 2005; Giegerich/Wallace 2004; Manners 2002; Rummel 2005). Allerdings war die Erweiterung des Handlungsspektrums der EU insofern teuer erkauft, als sie aufgrund der strikt intergouvernementalen Entscheidungsmuster in der GSVP von einer internationalen Akteursqualität weit entfernt blieb. Im Unterschied zu der im Laufe der vertraglichen Entwicklung deutlichen supranationalen Ausrichtung gemeinschaftlicher Politikfelder wie der Handelspolitik blieben in der GASP und im Besonderen in der GSVP die Mitgliedstaaten die Herren des Verfahrens und der Entscheidungen.

2.3 Die GSVP, die GASP und die Sicherheitspolitik – Klärungen und Standortbestimmungen

Zur Klärung des Verhältnisses zwischen der GASP, der GSVP und der EU-Sicherheitspolitik bedarf es einiger systematischer Überlegungen. Mit der Entstehung der ESVP/GSVP war die Frage der institutionellen Verankerung des neuen Politikbereichs keinesfalls abschließend beantwortet (Howorth 2007: 33ff.). Noch bis weit in das Jahr 1999 hinein bestand eine Option darin, dass die Westeuropäische Union (WEU) die in Saint-Malo beschriebenen militärischen Aufgaben und Handlungsmöglichkeiten für die EU übernimmt und damit zum militärischen Arm der Union wird. Diese Option wurde letztlich verworfen und die WEU damit politisch und strategisch entwertet. Zugleich wurden damit auch Überlegungen über einen möglichen ‚vierten Pfeiler' der EU zunehmend obsolet; vielmehr zeichnete sich ab, dass sich die Sicherheits- und Verteidigungspolitik im größeren Rahmen der Gemeinsamen Außen- und Sicherheitspolitik der Union ansiedeln würde.

Diese Verortung blieb aber bis zum Vertrag von Lissabon eher eine implizite denn ausdrückliche Regelung, sodass die exakte Zuordnung von GASP und GSVP immer wieder für Unklarheiten sorgte. Hinzu kam, dass das EU-Krisenmanagement sich keineswegs auf den Aktionsradius der ESVP/GSVP beschränkte, sondern eine Vielzahl unterschiedlicher ziviler wie militärischer Maßnahmen einschloss, deren institutionelle Verankerung teils im damaligen Kompetenzbereich der Gemeinschaften, teils in der GASP und teils beim Mitgliedstaat angesiedelt war (Schmalz/Diedrichs 2011).

Seit dem Lissabonner Vertragswerk steht die Einbettung der GSVP im Rahmen der GASP außer Frage (Schmid 2010; Regelsberger 2008). Zugleich zeichnet sie sich durch einige Besonderheiten aus, die sie bisweilen als ‚harten intergouvernementalen Kern' der GASP erscheinen lassen. Dies ist aber nur teilweise richtig. Allzu oft wird die GSVP mit der militärischen Handlungsfähigkeit der EU gleichgesetzt und dabei unterschlagen, dass sie sich ebenso auf zivile Instrumente der Krisenbewältigung stützen kann (Hansen 2006). Diese sind auch weithin aus dem Haushalt der Union (ko)finanzierbar, was für die militärischen und verteidigungspolitischen Aspekte der GSVP nicht gilt.

Unbeantwortet bleibt bislang die Frage nach der strikten Unterscheidung von Sicherheits- und Verteidigungspolitik der EU. Beide Dimensionen sind bekanntlich in der GSVP vertreten, wobei das verteidigungspolitische

Moment bislang eher ein Schattendasein führte. Außer der vertraglichen Erwähnung, dass die GSVP auch die Entwicklung einer gemeinsamen Verteidigungspolitik beinhalte, die zu einer ‚gemeinsamen Verteidigung' führen könne, wenn der Europäische Rat dies beschließe, und außer der gegenseitigen Beistandsklausel finden sich kaum nennenswerte vertragliche Referenzen zu dieser Frage.

Darüber hinaus verfügt die Europäische Union über eine Reihe von externen Politikfeldern und -instrumenten, die sich seit Lissabon unter dem Titel des ‚Auswärtigen Handelns der Union' wiederfinden, und die durchaus mittel- oder unmittelbar sicherheitspolitisch relevant sind. So werden entwicklungs- wie kooperationspolitische Instrumente des externen Handelns der EU immer wieder auch auf ihre präventive und konfliktentschärfende Wirkung hin gewürdigt und fügen sich damit ein in den Kontext einer umfassenden, gleichsam ‚ganzheitlichen' Sicherheitspolitik der Union, wie sie prominent und feierlich in der Sicherheitsstrategie beschworen wird.

Der diskursive Trend hin zu einem vernetzten und expandierenden Sicherheitsbegriff, der große Stücke auf eine Themen und Politikfelder übergreifende Dynamik hält, darf allerdings nicht vergessen machen, dass sich hinter der Fassade holistischer Rhetorik unterschiedliche rechtliche und institutionelle Konditionen und Konstellationen verbergen. So verbleiben die entwicklungspolitischen Kompetenzen der EU, die zweifelsohne zur Stabilisierung von Drittstaaten beitragen und damit Krisen vorauseilend abwenden können, im Kompetenzbereich der EU unter Federführung der ‚Kernkommission', also nicht des/der Hohen Vertreters/in, und damit außerhalb der GSVP. Auch im Falle der Nachbarschaftspolitik war das Bemühen der Kommission deutlich erkennbar, ureigene externe Kompetenzen jenseits des neuen Auswärtigen Dienstes zu wahren und auszubauen. Hier wurde die Federführung nicht der Hohen Repräsentantin übertragen, sondern einem anderen Kommissionsmitglied. Damit erwachsen Koordinierungs- und Abstimmungsnotwendigkeiten, die sich im politischen Alltag der EU und in internationalen Krisensituationen noch bewähren müssen.

Sicherheitspolitik in der EU geht damit über den Rahmen der GASP und der GSVP hinaus und kann sich als ein Kompositum verschiedener Politik- und Handlungsfelder beschreiben lassen, das nicht im strengen Sinne zentral gesteuert wird. Aus Gründen der Kohärenz und Transparenz wird im Folgenden weitgehend der Begriff der GSVP genutzt, an manchen Stellen gleichsam im Vorgriff auf die Änderungen des Lissabonner Vertragswerks. Die rechtlichen und institutionellen Unterschiede zwischen ESVP und GSVP sollen hier nicht unterschlagen werden, dürften aber aller Voraussicht nach für die weitere Entwicklung des Politikfeldes keine zentrale Rolle mehr spielen.

Weiterführende Literatur

Grevi, G./Helly, D./Keohane, D. (Hg.) (2009). *European Security and Defence Policy. The First 10 Years (1999–2009)*, Paris: EU Institute for Security Studies.

Howorth, J. (2007). *Security and Defence Policy in the European Union*, Houndmills: Palgrave Macmillan.

3 Die Entstehung und Entwicklung der GSVP im Überblick – drei Ebenen im Spannungsfeld

3.1 Der Entstehungs- und Begründungskontext der GSVP

Mit der gemeinsamen Erklärung des britischen Premiers Blair und des französischen Präsidenten Chirac in der bretonischen Hafenstadt Saint-Malo im Dezember 1998 wurde der Startschuss für die Entwicklung der europäischen Sicherheits- und Verteidigungspolitik gegeben (Howorth 2007: 61ff.). Erstmals in ihrer Geschichte sollte es der EU damit möglich sein, durch ein militärisches Eingreifen zur Bewältigung von internationalen Krisen und Konflikten beizutragen. Nach dem Scheitern der Pläne für eine Europäische Verteidigungsgemeinschaft in den 1950er Jahren hatte sich der europäische Integrationsprozess auf die Schaffung eines Gemeinsamen Marktes konzentriert und außen- wie sicherheitspolitische Fragen weitgehend ausgeklammert (Dietrich 2006: 48ff.). Erst mit der Begründung der Europäischen Politischen Zusammenarbeit (EPZ) in den frühen 1970er Jahren wurde die Grundlage geschaffen, an die der Vertrag von Maastricht mit der Gemeinsamen Außen- und Sicherheitspolitik (GASP) anknüpfen konnte (Algieri 2010: 45ff.; Arnaud et al. 2008: 6). Aber auch die GASP klammerte den harten Kern der Sicherheitspolitik, nämlich die militärische Handlungsfähigkeit, weitgehend aus. Als Instrument der EU wurde vielmehr die Westeuropäische Union (WEU) angesehen, die bis dahin eine randständige Rolle gespielt hatte. Mit dem Vertrag von Amsterdam (1997) wurde es der WEU ermöglicht, auf Betreiben der EU in verschiedenen Aufgaben des Krisenmanagements tätig zu werden, ohne dass dies zu einer dauerhaften und operativen Beziehung zwischen beiden Organisationen geführt hätte.

Dass in der Folge die Entwicklung hin zu einer Europäischen Sicherheits- und Verteidigungspolitik der EU möglich wurde, ist einer Reihe von Faktoren zu verdanken (Howorth 2007: 33ff.). Von grundlegender Bedeutung waren die Rahmenbedingungen des internationalen Systems. Der Fall der

Mauer und das Ende des Ost-West-Konflikts haben natürlich das sicherheitspolitische Umfeld für die NATO und die EG/EU dramatisch verändert (Howorth 2007: 52f.). Einerseits fiel die unmittelbare Bedrohung durch den Warschauer Pakt fort, andererseits sahen sich die europäischen Staaten neuen Risiken und Bedrohungen gegenüber, die sich aus staatlichem Zerfall, ethnischen Konflikten, regionalen Krisen, grenzüberschreitender Kriminalität oder der Verbreitung von Massenvernichtungswaffen ergeben. Die Gewährleistung von Sicherheit erforderte zusehends umfassende Ansätze, zivile wie auch militärische Instrumente, und machte zugleich neue Kapazitäten notwendig, um schnell und flexibel auf entstehende Krisen und Konflikte reagieren zu können. Der Zerfall Jugoslawiens, der im Bosnien-Krieg ab 1992 sowie ab 1998 im Kosovo-Konflikt dramatische Höhepunkte erreichte, führte die neuen sicherheitspolitischen Realitäten in aller Deutlichkeit vor Augen und forderte die Mitgliedstaaten der damaligen EG/EU und der NATO in mehrfacher Weise heraus (Duke 2000: 201ff.).

Unter dem Mantel der NATO hatte Westeuropa im Schatten einer globalen Konfrontation seine Sicherheit letztlich jahrzehntelang auf die Schutzzusage der USA aufgebaut, die mit ihrem atomaren Potenzial letztlich die glaubwürdige Abschreckung gegen den vermeintlichen Gegner sicherten. Dieser Zusammenhang war nun in Frage gestellt. Zum einen verlor das Szenario eines massiven konventionellen oder nuklearen Angriffs auf das Hoheitsgebiet eines Mitgliedstaates dramatisch an Relevanz, zum anderen verschoben sich auch die Kalküle der USA, die als einzige verbliebene militärische Supermacht ihre globale Rolle neu ausrichtete und dabei Europa zwangsläufig eine weniger prominente Rolle zuwies.

Die NATO musste folglich ihre eigene Mission, Rolle und Identität neu definieren, wollte sie nicht, wie von manchen Beobachtern erwartet, vollends an Relevanz verlieren und letztlich von der weltpolitischen Bühne verschwinden. Die europäischen Partner waren wiederum im Besonderen gezwungen, eigenständigere Beiträge zur Sicherheit und Verteidigung zu übernehmen. Ihre Abhängigkeit von den USA war während der Bosnien- und der Kosovo-Krise schmerzlich ins Bewusstsein gerückt. Nicht zuletzt das Scheitern der EG/EU als Konfliktlöser in Jugoslawien Anfang der 1990er Jahre trug letztlich dazu bei, ihre Rolle als „Ordnungsfaktor" (Wessels 2000) in Europa neu zu überdenken (Arnaud et al. 2008: 7). Durch den fortschreitenden Integrationsprozess wuchs die EU immer stärker in staatsanaloge Funktionen hinein. Mit dem Vertrag von Maastricht (1992) war das Projekt einer gemeinsamen Währung festgeschrieben worden, und auch die außen-

und sicherheitspolitische Zusammenarbeit wurde auf eine neue Grundlage gestellt. Die Gemeinsame Außen- und Sicherheitspolitik (GASP) spiegelte das Bemühen um eine deutlichere Präsenz der Europäischen Union auf der internationalen Bühne wider, ohne dabei auf die klassische, supranationale Integrationsmethode zurückzugreifen; allerdings stand die Weiterentwicklung und Vertiefung der GASP seit der Verabschiedung des Vertrags von Maastricht auf der Tagesordnung der politischen und akademischen Debatte in der EU.

Die Frontenlage war dabei recht lange Zeit stabil. Während Frankreich traditionell Verfechter einer größeren europäischen Eigenständigkeit von den USA und einer profilierten Rolle der EG/EU in der Welt war, hatte sich Großbritannien vehement jedem Versuch verweigert, die EU sicherheits- und verteidigungspolitisch aufzuwerten, um eine mögliche Konkurrenz zur NATO gar nicht erst aufkommen zu lassen. Auf dem Treffen der Staats- und Regierungschefs in Pörtschach Ende Oktober 1998 ließ der britische Premier Blair allerdings erkennen, dass er bereit sei, die Frage einer europäischen Sicherheits- und Verteidigungspolitik neu anzugehen. Dass Blair dann den britisch-französischen Gipfel von Saint-Malo im Dezember 1998 wählte, um den Kurswechsel durch eine gemeinsame Erklärung mit dem französischen Präsidenten öffentlich zu machen, war durchaus bezeichnend – unterstrich doch sein Vorgehen zugleich einen europäischen Gestaltungs- wie auch einen nationalen Führungsanspruch innerhalb der Union.

Der Europäische Rat von Köln im Juni 1999 griff die Initiative von Saint-Malo auf und leitete damit den Aufbau der ESVP/GSVP auf EU-Ebene ein (Deighton 2002: 719ff.). Über die persönlichen Motive und Beweggründe Blairs mag spekuliert werden. Politisch entsprach dieser Schritt dem Anspruch Großbritanniens auf eine Führungsrolle in der EU, zugleich dem Bemühen um europäisches Engagement und schließlich der Sorge um den Fortbestand der Atlantischen Allianz, welche verstärkte Anstrengungen der Europäer im Verteidigungsbereich dringend benötigte, um das weitere Engagement der USA nicht aufs Spiel zu setzen (Dembinski 2005: 72f.).

Zudem entsprach diese Entscheidung einer rationalen Strategie der Ausschöpfung vorhandener Handlungsspielräume durch die britische Regierung, nachdem sich die Einführung des Euro aufgrund innenpolitischer Restriktionen als nicht durchsetzungsfähig erwiesen hatte (Oppermann 2008).

Die GSVP hat in den folgenden Jahren verschiedene Phasen ihrer Entwicklung in unterschiedlichen Dimensionen durchgemacht. Das Inkrafttreten des Vertrags von Lissabon stellte ohne Zweifel den vorläufigen Höhepunkt der institutionellen Gestaltungsdebatte dar (Raube 2007). Daneben waren und sind aber immer auch die Dimensionen der operativen und militärischen Weiterentwicklung im Blick zu halten, die sich nicht einfach in den Bestimmungen des EU-Vertrags erschöpfen (Reiter/Rummel/Schmidt 2002).

Ohne den Rekurs auf den Wandel der Atlantischen Allianz und ihre Neuorientierung nach 1989 bliebe schließlich die Erklärung der Entstehung und Entwicklung der GSVP ebenfalls unvollständig. Die GSVP war konzeptionell nie ein rein europäisches Projekt, da sie von Anbeginn mit den transatlantischen Strukturen und Prozessen verwoben wurde und nicht ohne die europäisch-amerikanischen Sicherheitsdebatten plausibel wird (Heise/Schmidt 2005: 66ff.; Brimmer 2002; Hamilton 2002). Die Kontroversen um die GSVP waren und sind immer mit unterschiedlichen Sichtweisen der NATO verknüpft gewesen, da sich erst aus beiden institutionellen Gebilden und ihrer wechselseitigen Beziehung die Präferenzen der beteiligten Staaten sinnvoll zuordnen lassen – dies schließt die USA im Übrigen ausdrücklich ein (Dembinski 2005: 63ff.).

Daneben haben Mitgliedstaaten immer wieder bi- und multilaterale Initiativen außerhalb der Verträge genutzt, um den Auf- und Ausbau der Sicherheits- und Verteidigungspolitik voranzutreiben. Das Spannungsfeld zwischen außervertraglichen Initiativen und primärrechtlicher Verankerung ist letztlich seit Bestehen der GSVP zu beobachten. Bereits an der Wiege der GSVP in Saint-Malo war dies zu beobachten, als Frankreich und Großbritannien die entscheidende Wende einleiteten, um einerseits der gesamten EU einen neuen Impuls zu verleihen, zugleich aber auch ihre eigene führende Rolle in militärischen und sicherheitspolitischen Aspekten zu untermauern (Deighton 2002). Die deutsche Ratspräsidentschaft unternahm dann ab Januar 1999 den letztlich erfolgreichen Versuch, die bilaterale Initiative in einen europäischen Rahmen einzubetten und dabei zugleich die sehr unterschiedlichen Wahrnehmungen und Positionen der übrigen EU-Mitglieder in Rechnung zu stellen.

Die Geschichte der GSVP lässt sich daher nicht schlicht aus einer einzigen Reihe von Ereignissen heraus konstruieren; vielmehr müssen ganz unterschiedliche Entstehungs- und Begründungszusammenhänge in Rechnung gestellt werden, die für ihr Zustandekommen maßgeblich waren und auch weiterhin ihre aktuelle Entwicklung prägen. Wer den Verlauf der GSVP nachzeichnet, sollte drei Ebenen im Blick behalten:

— die Ebene der Europäischen Union, die seit 1999 begann, Institutionen, Kapazitäten und Strategien für die ESVP/GSVP aufzubauen;

— die transatlantische Ebene der sicherheits- und verteidigungspolitischen Beziehungen zwischen der NATO und der EU, ebenso zwischen den USA und Europa;
— die bi- und multilaterale Ebene zwischen den EU-Staaten, insbesondere im politisch-diplomatischen, im operativ zivil-militärischen und im rüstungspolitischen Bereich.

Von diesen Ebenen gehen für die GSVP auch heute noch Impulse aus, die ihr Profil prägen, und auf all diesen Ebenen sind die Mitgliedstaaten die zentralen Akteure, deren außen-, sicherheits- und verteidigungspolitischen Strategien und Kapazitäten sich auf die Handlungsfähigkeit der GSVP unmittelbar auswirken. Dabei stehen diese unterschiedlichen Stränge durchaus in einem Spannungsfeld zueinander und können sich gegenseitig dynamisieren, bisweilen aber auch blockieren. So vollziehen sich in unterschiedlicher Dichte und Intensität Prozesse der institutionellen Verdichtung, der strategischen Profilierung und des operativen Einsatzes. Die institutionelle Ausgestaltung der Europäischen Union insgesamt, die strategische Debatte um die europäische und internationale Sicherheit wie auch die Erfahrungen im aktiven Krisenmanagement dienten dabei hier als wesentliche Anknüpfungspunkte und Antriebsfaktoren (Grevi 2009a: 21).

3.2 Die GSVP auf EU-Ebene – Institutionen, Kapazitäten und Strategien

In den Römischen Verträgen (1957) waren keine Bestimmungen über die Koordinierung der Außen- und Sicherheitspolitik der Mitgliedstaaten enthalten.[5] Erst mit den frühen 1970er Jahren entwickelten sich hier Aktivitäten der Mitgliedstaaten, die der gewachsenen Rolle der damaligen Gemeinschaft im internationalen System Rechnung trugen, dabei aber außerhalb der Verträge agierten (Dietl 2004). Die Europäische Politische Zusammenarbeit (EPZ) sah regelmäßige Treffen der Außenminister und Diplomaten der Mitgliedstaaten vor, zunehmend auch der Staats- und Regierungschefs, um über Fragen von einem übergreifenden politischen Interesse für die Regierungen der Europäischen Gemeinschaften zu beraten (Francia/Medina

5 Auf eine ausführliche Darstellung der Entwicklung der GASP wird hier verzichtet. Siehe hierzu insbesondere Regelsberger 2004 und Algieri 2010.

Abellán 2004: 125ff.). Die EPZ befasste sich zwar mit den „politischen und wirtschaftlichen Aspekten der Sicherheit", wie es die Einheitliche Europäische Akte forderte, welche den ersten vertraglichen (weiterhin außerhalb der EG angesiedelten) Reformschritt der EPZ formulierte (Algieri 2010: 42). Doch diente diese Formel weitgehend als kleinster gemeinsamer Nenner, der keine Dynamik in Richtung auf eine explizite sicherheits- und verteidigungspolitische Aufgabenwahrnehmung der damaligen EG-Mitgliedstaaten mit sich brachte.

Mit dem Vertrag von Maastricht (1992) wurde erstmals nicht nur die Integration der GASP in das Vertragswerk der EU erreicht, sondern auch die Sicherheitspolitik als eigenes Themenfeld sichtbar (Arnaud et al. 2008: 6f.). Zwar blieben die Referenzen, die im Vertrag über die Europäische Union enthalten waren, knapp und ambivalent, doch belegten die intensiven Kontroversen der Mitgliedstaaten in der Regierungskonferenz über die Frage der Sicherheit und Verteidigung der EU den hohen Grad an Relevanz, den diese Themen beanspruchten.

Der Vertrag von Amsterdam (1997) hat hier keine revolutionären Veränderungen eingeführt, aber die institutionellen Strukturen durch die Schaffung des Hohen Repräsentanten der GASP deutlich straffer aufgezogen (Arnaud et al. 2008: 6; Nuttal 1997). Zudem wurden die Aufgaben der EU im Rahmen des internationalen Krisenmanagements insofern konkretisiert, als die ‚Petersberg-Aufgaben' nun ausdrücklich in den Wortlaut der Verträge Eingang fanden. Diese waren auf dem Treffen der Außenminister der Westeuropäischen Union (WEU) 1992 auf dem Petersberg bei Bonn definiert worden, um das künftige Aufgabenspektrum der Organisation im Bereich des Krisenmanagements zu umschreiben. Die Petersberg-Aufgaben umfassten humanitäre und Rettungseinsätze, friedenserhaltende Maßnahmen (Peacekeeping) sowie Kampfeinsätze zur Krisenbewältigung einschließlich Frieden schaffender Maßnahmen (Kantner 2006).

Die Arbeitsteilung zwischen der EU und der WEU, die sich operativ um die sicherheitspolitische Dimension kümmern sollte, blieb letztlich ungenutzt. Die WEU erwies sich aus politischen und strategischen Gründen als ungeeignet, um sich als Partner der EU wirksam im internationalen Kontext durchzusetzen (Williams/Jones 2001: 76ff.; Duke 2000: 121ff.). Sie litt unter ihren intergouvernementalen Entscheidungsstrukturen ebenso wie unter mangelnden Kapazitäten und der Tatsache, dass sie die Umsetzung einer europäischen Sicherheits- und Verteidigungspolitik letztlich verkomplizierte (Williams/Jones 2001: 77). Nicht alle EU-Staaten gehörten ihr an, zudem bestanden besondere Beziehungen zu assoziierten WEU-Mitgliedern wie der Türkei. Ihre Integration in die Europäische Union stand seit den 1990er Jahren auf dem Programm verschiedener Regierungskonferenzen, konnte aber vor allem aufgrund britischen Widerstands letztlich nicht vollzogen werden. Erst mit dem britisch-französischen Gipfel von Saint-Malo im Dezember 1998 wurde eine neue institutionelle Dynamik ausgelöst, die in den nachfolgenden Jahren letztlich zur Verankerung der GSVP im Lissabonner Vertrag (2007) führen sollte.

In einer für viele Beobachter überraschenden Wende des Vereinigten Königreiches verständigten sich der britische Premier Blair und der französische Präsident Chirac nunmehr auch über eine militärische Rolle der Europäischen Union. In ihrer gemeinsamen Erklärung hieß es: „[...] the Union must have the capacity for autonomous action, backed up by credible military forces, the means to decide to use them, and a readiness to do so, in order to respond to international crises" (British-French Summit 1998). Die EU-Partner griffen diese Initiative auf und legten bei den Europäischen Ratstreffen von Köln und Helsinki 1999 die Grundlagen für die Schaffung der Europäischen Sicherheits- und Verteidigungspolitik. Auf den Gipfeln von Feira und Göteborg wurde dem zivilen Krisenmanagement eine eigene Rolle zugewiesen, um der EU ein breites Spektrum an Maßnahmen und Instrumenten an die Hand zu geben, die es ermöglichen sollten, auf Krisen zu reagieren (Arnaud et al. 2008: 7). Durch den Gipfel von Nizza im Dezember 2000 wurden zudem erste zaghafte vertragliche Konsequenzen gezogen, ohne allerdings einen großen Wurf zu wagen (Regelsberger 2001). Aus dem Vertrag von Nizza allein wäre die im Entstehen begriffene Sicherheits- und Verteidigungspolitik der EU kaum abzulesen gewesen. Das Politische und Sicherheitspolitische Komitee (PSK) wurde vertraglich verankert, und durch den Wegfall der Passagen zur WEU wurde die EU vertraglich für die Erfüllung der Petersberg-Aufgaben zuständig (Petrov 2010: 9f.).

In einer dramatischen Beschleunigung wurde in den folgenden Jahren durch den Konvent 2002 bis 2003 und die anschließende Regierungskonferenz 2003 bis 2004 eine neue primärrechtliche Grundlage für die GSVP geschaffen (Diedrichs/Jopp 2005). Die Unterzeichnung des Vertrags über eine Verfassung für Europa im Oktober 2004 stellte hierbei den vorläufigen Höhepunkt der vertraglichen Entwicklung dar (Wessels 2003; Diedrichs/Jopp 2005; Jopp/Sandawi 2004). Trotz des Scheiterns des Verfassungsvertrags nach den negativen Ergebnissen der Referenden in den Niederlanden und Frankreich 2005 konnten die substanziellen Bestimmungen zur GSVP fast ausnahmslos in den 2007 unterzeichneten Lissabonner Reformvertrag ‚hinübergerettet' werden. Damit wurde die GSVP, nunmehr explizit im EU-Vertrag als solche tituliert, primärrechtlich verankert. Die ausgiebigen Bestimmungen zur GSVP erwecken den Eindruck, dass diese in der EU vollends angekommen sei. Allein Dänemark hat sich durch ein Protokoll zum EU-Vertrag aus den Bestimmungen der GSVP im Hinblick auf ihre militärischen Implikationen (also vor allem militärische Operationen) ausgeklammert, nimmt aber an den zivilen Missionen der GSVP teil (Arnaud et al. 2008: 8).[6]

Neben dem Aufbau neuer Institutionen und Verfahren seit 1999 waren die EU-Staaten bemüht, dem Projekt eine militärische Glaubwürdigkeit zu verleihen. Vereinbart wurde auf dem Gipfel von Helsinki, durch Beiträge der Mitgliedstaaten Krisenreaktionskräfte der EU in der Größenordnung von 50 000 bis 60 000 Personen innerhalb von 60 Tagen verfügbar zu machen und ein Jahr lang im Einsatz zu halten; diese Vorgabe erforderte außer entsprechenden Soldaten auch Führungs-, Kampf- und Einsatzunterstützungskomponenten sowie je nach Bedarf den Einsatz von Luft- oder Seestreitkräften (Baumgartner 2002: 13). Um dieses Ziel zu erreichen, wurden in den folgenden Jahren verschiedene Prozesse der Kapazitätsidentifizierung, -entwicklung und -optimierung ins Leben gerufen. Das Planziel 2003 und das Planziel 2010 gelten hier als die prominentesten Dokumente, welche erhebliche Lücken zwischen politischem Anspruch und militärischer Kraftanstrengung diagnostizierten. Alle Prozesse zur Verbesserung der militärischen Fähigkeiten der Mitgliedstaaten sind seit 1999 allerdings von recht bescheidenem Erfolg gekrönt gewesen. Ob durch die seit 2004 bestehende Europäische Verteidigungsagentur hier eine neue Dynamik entsteht, bleibt abzuwarten. Angesichts knapper öffentlicher Haushalte im Zuge der seit 2008 virulenten Finanz- und der späteren Verschuldungskrise im Euroraum kann als wenig wahrscheinlich gelten, dass sich die Mitgliedstaaten zu substanziellen Aufstockungen in den Verteidigungsetats bereit erklären (Biscop/Coelmont 2011: 151f.).

Mit der im Dezember 2003 durch den Europäischen Rat verabschiedeten Sicherheitsstrategie (European Security Strategy, ESS) hat sich die EU erstmals ein Grundlagendokument gegeben, das für die GSVP von zentralem

6 Hintergrund des dänischen Opt-outs ist das Referendum zum Maastrichter Vertrag, dessen Ausgang 1992 durch die Ankündigung der dänischen Regierung, sich nicht an einer europäischen Verteidigungspolitik zu beteiligen, beeinflusst werden sollte. Nach der Zustimmung zum Vertrag wurde dieses Opt-out in Form eines Protokolls zum EU-Vertrag festgehalten.

Interesse ist. Auch wenn sich kein schlichter Vergleich mit nationalen Strategien anstellen lässt, findet sich hier ein Minimalkonsens niedergelegt, der die Identifizierung der zentralen Risiken und Bedrohungen sowie Instrumente zu ihrer Bewältigung bereithält. Im Jahr 2008 verabschiedete der Rat einen Umsetzungsbericht, der einige Aktualisierungen und Anpassungen enthält, insgesamt aber zu einem positiven Befund hinsichtlich der Relevanz der ESS gelangt. Daneben wurde eine Strategie der inneren Sicherheit verabschiedet, sodass die EU nunmehr über ein erstes Gerüst an Dokumenten mit potenziell strategischer Ausrichtung verfügt, das sich für die Ziele und Aufgaben der GSVP nutzen lässt. Allerdings können diese Texte nur als Ausgangspunkt einer sich entwickelnden strategischen Ausrichtung der EU gesehen werden, da ihnen oft die Präzision und Klarheit fehlt, um effektiv handlungsleitend zu sein.

Im Vergleich zur institutionellen Entwicklung fallen die Erfolge im Bereich der Kapazitätsausstattung und der strategischen Orientierung der GSVP vergleichsweise bescheiden aus – sie können die Ambitionen, welche die EU formuliert und reklamiert, nicht erfüllen. Zugleich ist festzuhalten, dass trotz der Verabschiedung des Lissabonner Vertragswerks die GSVP als Prozess zu sehen ist, der keinesfalls als abgeschlossen oder unumkehrbar gelten kann.

3.3 Die GSVP im transatlantischen Kontext

Die Entstehung der GSVP wäre ohne die seit den 1980er Jahren revitalisierte Diskussion um einen stärkeren europäischen Pfeiler der NATO und die Rolle der Westeuropäischen Union (WEU) kaum denkbar. Seit 1989 hat sich diese Debatte nochmals deutlich dynamisiert und dabei zu neuen Anstrengungen innerhalb der Atlantischen Allianz um eine angemessenere Lastenverteilung zwischen den USA und den europäischen Partnern geführt. Die WEU schien zunächst für die Herausbildung einer Europäischen Sicherheits- und Verteidigungspolitischen Identität (ESVI; englisch: European Security and Defence Identity, ESDI) das geeignete Instrument zu bieten und wurde seit den 1990er Jahren schrittweise institutionell und operativ gestärkt (Duke 2000: 175ff.). Dabei schienen verschiedene Stoßrichtungen innerhalb der NATO zunächst, obgleich sehr unterschiedlich motiviert, durchaus vereinbar: das Streben einiger europäischer Staaten, allen voran Frankreichs, nach einer eigenständigeren sicherheitspolitischen Rolle, weiters die Forderung der USA nach einer Übernahme wachsender Verantwortung und Lasten innerhalb des Bündnisses, verknüpft mit dem Ausbau der militärischen Handlungsfähigkeit, durch die europäischen Partner.

Von Anbeginn war die Stoßrichtung der ESVI allerdings nicht restlos geklärt. So förderten die USA die Bemühungen um eine Stärkung der WEU, sahen darin aber weniger eine politische denn eine institutionelle Notwendigkeit, welche die führende Rolle der NATO und darin wiederum die der USA nicht in Frage stellen sollte. Auch wenn sich nach 1989 die Bedeutung Europas in der Rangordnung US-amerikanischer Außenpolitik schrittweise verringerte, war keinesfalls ein Abschied von ihrer Rolle als Führungsmacht innerhalb der Allianz angedacht. Vielmehr sollte sich die NATO an neue Herausforderungen anpassen und die USA entlasten, ohne sie politisch zu entmachten. Regionale Krisen wie der Jugoslawienkrieg oder der Kosovo-Konflikt erwiesen sich in den 1990er Jahren dabei als Belastungsprobe (Duke 2000: 223f.). Ohne ein Engagement der USA war ein Eingreifen der NATO militärisch nicht möglich, zugleich unterlag die Frage einer Intervention in Washington einer heftigen innenpolitischen Kontroverse; das Engagement der Vereinigten Staaten wurde aus Sicht der europäischen Verbündeten zu einem Unsicherheitsfaktor. Deutlich offenbarte sich dieser Sachverhalt im Kosovo-Konflikt, der neben den politischen Unwägbarkeiten auch das dramatische militärische Ungleichgewicht innerhalb der NATO sichtbar machte.

Saint-Malo war damit nicht nur ein Versuch, die EU neu auszurichten, sondern zugleich ein Signal an die USA, das den Willen der europäischen NATO-Partner dokumentieren sollte, ihre militärischen Fähigkeiten deutlich auszubauen und in eine reale Handlungsfähigkeit zu überführen. Aus britischer Sicht gewannen die europäischen NATO-Partner damit an Attraktivität und verbesserten ihre Chancen, die USA dauerhaft in der und durch die NATO in Europa zu binden (Howorth 2007: 42ff.).

Die Reaktion der US-Administration auf die Initiative von Saint-Malo und ihre Konsequenzen fiel allerdings enthusiastisch aus und spiegelte die Besorgnisse einer Entfremdung innerhalb der Atlantischen Allianz wider. In der Folge musste sich die NATO auf die neue Realität namens ESVP, später die GSVP, einstellen und diese in ihr strategisches Konzept zu integrieren versuchen. Es erwies sich, dass sich mit der fortschreitenden operativen Bewährung der ESVP/GSVP seit 2003 das Verhältnis zur NATO schrittweise normalisierte, nachdem es im Zuge der Auseinandersetzungen um den Irak-Krieg heftige Spannungen gegeben und die Bush-Administration die Versuche einiger EU-Staaten, die Sicherheits- und Verteidigungspolitik gegen die Interessen der USA auszubauen, mit harscher Kritik gekontert hatte. Der Abschluss der Berlin-Plus-Vereinbarung, welche 2003 den Grundstein für die Übernahme der ersten militärischen Operationen der ESVP/GSVP legte, kann durchaus als Erfolg gewertet werden (Schmalz 2005: 54).

Die deutliche zivile Komponente der GSVP, die bislang reibungslose Umsetzung der Operation Althea in Bosnien, welche auf der Berlin-Plus-Vereinbarung beruht, und die geringen Berührungspunkte in Fragen der militärischen Einsätze haben das Verhältnis zwischen der GSVP und der NATO merklich entspannt, ohne es allerdings wirklich für beide Seiten hochgradig relevant werden zu lassen. NATO und EU/GSVP gehen sich trotz regelmäßiger und routinierter Kontakte politisch weitgehend aus dem Weg, beeinflussen sich aber gegenseitig immer wieder aufs Deutlichste. So könnten die aktuelle Debatte um die Nuklearstrategie der NATO, die auch durch das neue strategische Konzept nicht aus der Welt geschaffen wurde, und der Libyen-Einsatz, der unter maßgeblicher Beteiligung Frankreichs und Großbritanniens zustande kam und durchgeführt wurde, zu einer Neubewertung der Rolle der Allianz führen, welche der GSVP zusätzliche Impulse verleiht. Diese müssten allerdings politisch, institutionell und operativ aufgegriffen und in eine verbesserte Handlungsfähigkeit umgemünzt werden.

3.4 Bi- und multilaterale Initiativen für die GSVP

Die GSVP hat keinesfalls die nationalen Sicherheits- und Verteidigungspolitiken absorbiert oder verdrängt, sondern befindet sich in einer Koexistenz mit den mitgliedstaatlichen Aktivitäten und Initiativen (Howorth 2004a). Dieser Zustand bezeichnet weder ein berührungs- und beziehungsloses Nebeneinander der nationalen und europäischen Ebene noch eine allumfassende Umklammerung nationaler Außen- und Sicherheitspolitik durch die EU. Nationale Außen-, Sicherheits- und Verteidigungspolitik ist weit mehr als ein Moment der GSVP und wird auch künftig über diese hinausgehen. Kooperative Ansätze etwa in der Rüstungspolitik müssen nicht zwangsläufig mit einem europäischen Etikett versehen werden. Bi- und multilaterale Initiativen können je nach Bedarf und Interesse der beteiligten Parteien durchaus für die GSVP nutzbar gemacht werden. Dies ist aber keineswegs zwingend.

Die GSVP ist nach dem Inkrafttreten des Lissabonner Vertragswerks ein Politikbereich der EU, hat sich allerdings nicht klassisch aus dem Integrationsprojekt der 1950er Jahre entwickelt. Vielmehr ist der Impuls für ihre Entstehung mit einem bilateralen Gipfelereignis verknüpft: im Dezember 1998 in Saint-Malo, wo sich der französische Präsident und der britische Premier darauf verständigten, dass die EU künftig über eigene militärische Fähigkeiten verfügen solle, um den sicherheitspolitischen Herausforderungen gerecht zu werden (Grevi 2009a: 19). Damit verband sich nicht nur ein integrationspolitischer Auftrag, sondern auch ein nationaler Anspruch der Beteiligten, die künftig innerhalb des damals noch als ESVP titulierten Projektes keinesfalls nur ‚primi inter pares' zu sein beabsichtigten.

Auch spätere Weiterentwicklungen der GSVP sind auf bi- oder multilaterale Initiativen zurückzuführen. Der britisch-französische Gipfel von Le Touquet im Februar 2003 und der Gipfel in London vom November desselben Jahres lieferten die entscheidenden Impulse für die Entwicklung des Battle-Group-Konzepts und die Formulierung des neuen ‚Headline Goals 2010'. Frankreich und Großbritannien suchen in bilateralen Treffen nach Möglichkeiten, ihre sicherheits- und verteidigungspolitische Zusammenarbeit auszubauen und zugleich ihre Rolle als führende militärische Mächte der EU zu unterstreichen. Im Februar 2004 schloss sich Deutschland dieser Initiative an und brachte gemeinsam mit den Regierungen in Paris und London den Vorschlag zur Schaffung von Battle Groups in das Politische und Sicherheitspolitische Komitee ein.

Die im November 2010 zwischen Frankreich und Großbritannien geschlossenen Verträge und Kooperationsprojekte stehen in einem eigentümlichen Spannungsverhältnis zur GSVP und belegen die Vitalität nationaler Geltungs- und Gestaltungsansprüche auf bi- und multilateraler Ebene. Auf dem britisch-französischen Gipfel in London wurden vier Bereiche der Zusammenarbeit im Besonderen ausgebaut. Erstens soll eine gemeinsame Interventionstruppe (Combined Joint Expeditionary Force, CJEF) geschaffen werden, die zwar nicht als stehende Einheit, aber jederzeit abrufbar und weltweit auf dem höchsten militärischen Niveau einsatzfähig sein soll. Zweitens soll es in der Nutzung von Flugzeugträgern künftig eine enge Kooperation zwischen Frankreich und Großbritannien geben. Drittens wollen beide Seiten im Nuklearbereich enger zusammenwirken und viertens in der Rüstungsproduktion Synergien nutzen (Gomis 2011). Keinesfalls ist davon auszugehen, dass diese Projekte unmittelbar der GSVP zugutekommen. Es wäre durchaus denkbar, dass sich hier nationale Parallelstrukturen entwickeln, welche die EU insgesamt schwächen.

Neben den britisch-französischen Initiativen, die für die Ausgestaltung der GSVP eine zentrale Rolle spielen, sind noch andere multilaterale Vereinbarungen immer wieder von Bedeutung gewesen. In der Phase des Konvents etwa suchte Deutschland den engen Schulterschluss mit Frankreich, um gemeinsame Initiativen wie den Fischer-Villepin-Vorschlag zur ESVP vom November 2002 oder die gemeinsamen Überlegungen zur institutionellen Reform vom Februar 2003 vorzutragen und damit die Debatte anzuregen (Jopp/Regelsberger 2003). Den Höhe- und zugleich Wendepunkt der deutsch-französischen Koordination erreichte der sogenannte Vierergipfel vom April 2003 in Tervuren bei Brüssel, auf dem die Staats- und Regierungschefs Deutschlands, Frankreichs, Belgiens und Luxemburgs eine reichhaltige und bisweilen provokative Palette an Gestaltungsvorschlägen für die europäische Sicherheits- und Verteidigungspolitik formulierten und propagierten. Die Initiative dieses von den Gegnern als ‚Pralinengipfel' titulierten Treffens signalisierte den Höhepunkt der Polarisierung innerhalb der EU, die zugleich durch unterschiedliche sicherheits- und verteidigungspolitische Denkschulen wie durch tief greifende transatlantische Kontroversen im Zuge der Irak-Krise angereichert worden war (Salmon 2005: 367f.). Bemerkenswerterweise vollzog sich in den nachfolgenden Wochen eine schrittweise Veränderung der mitgliedstaatlichen Positionierungen in Richtung auf eine gemeinsame Linie, nachdem die traumatische Erfahrung der Spaltung Europas in der Irak-Krise insgesamt als politische und diplomatische Katastrophe wahrgenommen worden war. Durch französisch-deutsch-britische Konsultationen gelang es im Verlauf des Spätsommers 2003, die strittigen Punkte des Konventsentwurfs zur GSVP zu bereinigen und durch Kompromissformeln zu ersetzen, welche dann im November 2003 auf dem ‚Konklave' der Außenminister in Neapel sowie in der ersten Dezemberhälfte zwischen den Regierungen der EU-Staaten von den übrigen Partnern abgesegnet wurden. Obwohl einige hoch umstrittene Elemente der Tervuren-Initiative deutlich entschärft wurden, ist die Debatte in der EU in Bewegung geraten.

Im April 2010 formulierten Deutschland, Frankreich und Polen im Rahmen des Weimarer Dreiecks Vorschläge zur Stärkung der GSVP insbesondere durch die Schaffung von dauerhaften zivil-militärischen Planungs- und Führungsstrukturen (Major 2010). Immer wieder sind es solche bi- oder multilaterale Initiativen, welche der GSVP Anstöße und Impulse verleihen. Allerdings bergen sie auch die Gefahr einer Fragmentierung der EU. Nicht immer und keinesfalls zwangsläufig stellen sich EU-Staaten in den Dienst der GSVP. Die britische Politik war und ist beispielsweise immer auch darum bemüht, eigene Spielräume jenseits des Rahmens der EU zu gewinnen. Nur wenn sich die für die GSVP bedeutenden EU-Partner dazu durchringen, gemeinsame Vorschläge einzubringen und in den institutionellen Rahmen europäischer Sicherheits- und Verteidigungspolitik zu stellen, besteht die Chance einer Durchsetzung von Fortschritten für die GSVP.

Weiterführende Literatur

Duke, S. (2000). *The Elusive Quest for European Security. From EDC to CFSP*, Houndmills: Palgrave.

4 Die Sicherheits- und Verteidigungspolitik seit dem Vertrag von Lissabon

4.1 Die GSVP im Gefüge der EU-Außenbeziehungen

Mit dem Inkrafttreten (2009) des Vertrags von Lissabon ist erstmals die Gemeinsame Sicherheits- und Verteidigungspolitik (GSVP) ausdrücklich und systematisch in das Vertragswerk der Union integriert worden (Schmid 2010: 461). Sie hat ihren Platz nicht nur als Teil der Gemeinsamen Außen- und Sicherheitspolitik (GASP) gefunden, sondern bildet mit einer Reihe anderer Politikfelder das Auswärtige Handeln der EU ab, das unterschiedliche zivile und militärische Instrumente nutzen kann (siehe Schaubild 1, Seite 42). War die traditionelle GASP und noch stärker ihr Vorgänger, die EPZ, als deklaratorische Diplomatie aufgetreten, so fügt sich mit der GSVP nunmehr eine gestärkte operative Komponente ein, die seit 2003 in verschiedenen Missionen weltweit zum Ausdruck gekommen ist. Seien es militärische Operationen auf dem Balkan und in Afrika oder zivile Missionen in Georgien und im Irak – die Europäische Union ist als internationaler Akteur präsenter als je zuvor und hat ihr Image als Handels- und Wirtschaftsmacht durch eine Befähigung zu koordiniertem zivilen und militärischen Eingreifen in Krisen- und Konfliktsituationen ergänzt.

4.2 Die GASP als Rahmen der GSVP

Der Vertrag von Lissabon definiert die Gemeinsame Sicherheits- und Verteidigungspolitik als Bestandteil der GASP im Rahmen des Auswärtigen Handelns der Union (Rehrl 2010: 75). Kernbestimmungen zur GSVP finden sich im Vertrag über die Europäische Union (EUV, Titel V: „Allgemeine Bestimmungen über das Auswärtige Handeln der Union und besondere Bestimmungen über die gemeinsame Außen- und Sicherheitspolitik") sowie ergänzend im Vertrag über die Arbeitsweise der Union (AEUV, fünfter Teil: „Das Auswärtige Handeln der Union"; sechster Teil: „Institutionelle Bestimmungen und Finanzvorschriften").

Schaubild 1: Das Auswärtige Handeln der EU

Europäische Union
Ziele *(Art. 3 (5) EUV)*
Rechtspersönlichkeit *(Art. 47 EUV)*
Verstärkte Zusammenarbeit *(Art. 326–334 AEUV)*

Bestimmungen zum Auswärtigen Handeln der EU und zur GASP

Allgemeine Bestimmungen
Ziele, Grundsätze, Strategische Interessen (Titel V, Art. 21–22 EUV und fünfter Teil, Titel I, Art. 205 AEUV)

Gemeinsame Außen- und Sicherheitspolitik (GASP) *(Art. 23–41 EUV)*
Gemeinsame Sicherheits- und Verteidigungspolitik *(Art. 42–46 EUV)*

Solidaritätsklausel *(Art. 222 AEUV)*

Restriktive Maßnahmen *(Art. 215 AEUV)*

Gemeinsame Handelspolitik *(Art. 206–207 AEUV)*

Beziehungen zu Internationalen Organisationen, Drittländern sowie Delegationen *(Art. 221–222 AEUV)*

Zusammenarbeit mit Drittländern und humanitäre Hilfe
(Entwicklungspolitik, wirtschaftl. und finanzielle Kooperation, humanitäre Hilfe) (Art. 208–214 AEUV)

Internationale Übereinkünfte *(Art. 216–219 AEUV)*

Externe Dimension weiterer Politikfelder

Beziehungen zu Nachbarstaaten *(Art. 8 EUV)*
Raum der Freiheit, der Sicherheit und des Rechts *(Art. 75, 78 (2), 79 (3) AEUV)*
Kultur *(Art. 167 (3) AEUV)*
Bildung *(Art. 165 (3) und 166 (3) AEUV)*
Transeuropäische Netze *(Art. 171 (3) AEUV)*
Forschung und Technologie *(Art. 186 AEUV)*
Umwelt *(Art. 191 AEUV)*
Währungs- und Wechselkurspolitik *(Art. 138 (2) AEUV und 219 AEUV)*
Katastrophenschutz *(Art. 169 (1c) AEUV)*

Beitritt *(Art. 49 EUV)*

Quelle: Schmalz/Diedrichs 2011: 156.

Die Verankerung des Politikfeldes GSVP – wie auch der GASP – innerhalb des Lissabonner Vertragswerks bringt die Besonderheiten dieser Bereiche deutlich zum Ausdruck, die bewusst nicht in die Liste der EU-Handlungsfelder im AEUV eingereiht wurden und in der Systematik der Zuständigkeiten der Union (Art. 2–6 AEUV) eine Sonderstellung einnehmen. So findet sich in Art. 2 Abs. 4 AEUV die Zuständigkeit der Union beschrieben, nämlich „eine gemeinsame Außen- und Sicherheitspolitik einschließlich der schrittweisen Festlegung einer gemeinsamen Verteidigungspolitik zu erarbeiten und zu verwirklichen". Bei dieser allgemeinen, an frühere Vertragsversionen anknüpfenden Formulierung bleibt es allerdings, denn in den Ausführungen zu den unterschiedlichen Kompetenzbereichen der EU fehlt ein weiterer Bezug auf die GASP/GSVP. Sie trägt somit offenbar Züge eines Zuständigkeits- wie eines Politikbereiches, ist gleichsam aus den sonstigen Kompetenzzuweisungen ausgegliedert. Dieser Sonderstatus der GASP/GSVP lässt den Schluss zu, dass trotz einer veränderten Architektur der Verträge und der offiziellen Aufgabe des Säulenmodells der zweite Pfeiler der früheren EU nicht gänzlich geschleift, sondern in den Verträgen neu geordnet und eleganter integriert wurde.

Der Status der GASP stand allerdings einer systematischeren Verankerung der GSVP nicht im Wege. So definiert sie Art. 42 EUV als „integraler Bestandteil der Gemeinsamen Außen- und Sicherheitspolitik".

Die in Kapitel 1 des EU-Vertrags definierten Ziele sind laut Art. 23 EUV auch für das Auswärtige Handeln der Union gültig, binden also das Agieren der Mitgliedstaaten und der EU-Institutionen.

In der Bestimmung der Zuständigkeit der GASP spricht der Vertrag davon, dass „alle Bereiche der Außenpolitik" sowie „sämtliche Fragen im Zusammenhang mit der Sicherheit der Union, einschließlich der schrittweisen Festlegung einer gemeinsamen Verteidigungspolitik, die zu einer gemeinsamen Verteidigung führen kann" (Art. 24 EUV), durch die Union abgedeckt werden. Diese Formulierung scheint eine Abschwächung der bisherigen Vertragslage zu implizieren. Im EU-Vertrag der Nizzaer Fassung war davon die Rede, dass die gemeinsame Verteidigungspolitik zu einer gemeinsamen Verteidigung führt, sobald der Europäische Rat dies einstimmig beschlossen hat (Regelsberger 2008: 269f.).[7]

Zwar hat sich bislang keine solche gemeinsame Verteidigung konkret und operativ organisiert, doch bieten die neuen Bestimmungen des Vertrags von Lissabon Anhalts- und Bezugspunkte wie die gemeinsame Verteidigungsklausel nach Art. 42 Abs. 7 EUV (Regelsberger 2008: 271). Danach schulden im Falle eines bewaffneten Angriffs auf das Hoheitsgebiet eines Mitgliedstaates die anderen EU-Staaten diesem alle in ihrer Macht stehende Hilfe und Unterstützung, und zwar im Einklang mit Art. 51 der Charta der Vereinten Nationen (Art. 42 Abs. 7 EUV). Zwei einschränkende Passagen

7 Die Ambivalenz der Bestimmung wird durch die Lektüre des Art. 42 Abs. 2 EUV verstärkt, der lautet: „Die Gemeinsame Sicherheits- und Verteidigungspolitik umfasst die schrittweise Festlegung einer gemeinsamen Verteidigungspolitik der Union. Diese führt zu einer gemeinsamen Verteidigung, sobald der Europäische Rat dies einstimmig beschlossen hat." Offenbar waren widerstrebende Interessen bei der Abfassung der Artikel im Spiel.

finden sich weiterhin in besagtem Artikel. Zum einen wird darauf verwiesen, dass der besondere Charakter der Sicherheits- und Verteidigungspolitik für einzelne Mitgliedstaaten davon unberührt bleibt. Dies lässt sich als ein Hinweis auf die neutralen EU-Länder verstehen, die nicht bereit sind, über den Weg der EU-Verträge nun einem militärischen Bündnis anzugehören. Weiterhin wird festgehalten, dass die beschriebenen Bestimmungen im Einklang mit den Verpflichtungen im Rahmen der NATO stehen, die für die ihr angehörenden Mitgliedstaaten „weiterhin das Fundament der kollektiven Verteidigung und das Instrument zu deren Verwirklichung" (Art. 42 Abs. 7 EUV) ist. Diese Formulierung war Ergebnis eines Kompromisses, durch den die Beistandsklausel nicht zuletzt für die ‚Atlantiker' in der Europäischen Union, allen voran Großbritannien, akzeptabel wurde (Regelsberger 2008: 270).

Ob der Beistandsverpflichtung damit konkrete und praktische Wirkung zukommen wird, darf bezweifelt werden. Symbolisch deutet sie allerdings darauf hin, dass sich die GSVP auch als eine Schutzgemeinschaft versteht, die das Eintreten der Mitgliedstaaten füreinander einschließt.[8] Mit der Einfügung der Klausel war zudem die noch vorhandene Residualfunktion der Westeuropäischen Union hinfällig geworden. Auch wenn deren Bündnisverpflichtung verbindlicher und ohne die im EU-Vertrag vorhandenen Einschränkungen formuliert war – praktisch spielte dies letztlich keine entscheidende Rolle. Im März 2010 kündigte die WEU-Ratspräsidentschaft die Auflösung der Organisation an, die schließlich im Juni 2011 vollzogen wurde.

Von der Beistandsklausel nach Art. 42 Abs. 7 EUV zu trennen ist die Solidaritätsklausel, die in Art. 222 des Vertrags über die Arbeitsweise der Union enthalten ist (Regelsberger 2008: 270). Danach handeln „die Union und ihre Mitgliedstaaten gemeinsam [...] im Geiste der Solidarität, wenn ein Mitgliedstaat von einem Terroranschlag, einer Naturkatastrophe oder einer vom Menschen verursachten Katastrophe betroffen ist" (Art. 222 Abs. 1 AEUV). Die weiteren Bestimmungen des Artikels lassen ein präventives wie ein reaktives Handeln der Union im Kampf gegen den Terrorismus zu (Rehrl 2010: 87f.). So wird ausgeführt, dass die Union all ihre Mittel mobilisieren wird, inklusive der von den Mitgliedstaaten bereitgestellten militärischen Möglichkeiten, um terroristische Bedrohungen abzuwenden, die demokratischen Institutionen und die Zivilbevölkerung vor Anschlägen zu schützen und im Falle eines solchen den betreffenden Mitgliedstaat zu unterstützen (Art. 222

8 Zu einer optimistischeren Einschätzung kommt Rehrl (2010: 83), der die EU-Beistandsklausel als umfassende und gleichberechtigte Bestimmung im Kontext des Vertrags interpretiert und die Bezüge auf NATO und Neutralität als politische Erklärung versteht.

Abs. 1a–1c AEUV). Voraussetzung ist allerdings immer das Ersuchen der politischen Organe des betreffenden Landes. Sollte ein Beschluss der Union Auswirkungen „auf den Bereich der Verteidigung" haben, so finden die Entscheidungsregeln im Rahmen der GASP bzw. GSVP Anwendung (Art. 222 Abs. 3 AEUV). Der Rat wird dabei vom PSK sowie dem ständigen Ausschuss für die operative Zusammenarbeit im Bereich der inneren Sicherheit nach Art. 71 AEUV unterstützt (Art. 222 Abs. 3 AEUV). Schließlich wird bestimmt, dass der Europäische Rat regelmäßig eine Einschätzung der Bedrohungen vornimmt, denen die Union ausgesetzt ist, um ein effizientes Handeln der EU und ihrer Mitgliedstaaten zu gewährleisten (Art. 222 Abs. 4 AEUV). Damit wird ihm die Rolle eines Garanten der Sicherheit der Europäischen Union zugewiesen.

Das „V" der GSVP verbleibt damit künftig im politisch Kleingedruckten, kann aber durchaus genutzt werden, um ambitioniertere Ziele zu verfolgen und umzusetzen. Konzeptionell jedenfalls fußt die GSVP auf zwei Pfeilern: dem Krisenmanagement und der Verteidigungspolitik, inklusive eines breit angelegten Verständnisses zur Bekämpfung terroristischer Bedrohungen und anderer Katastrophen. Dass hier auch militärische Mittel zum Einsatz kommen können, ist dabei ausdrücklich zugelassen und belegt die Relevanz der Solidaritätsklausel für die GSVP.

4.3 Die Institutionen der GSVP

4.3.1 Der Europäische Rat und der Rat

An der Spitze der institutionellen Architektur der GSVP steht der Europäische Rat, der aus den Staats- und Regierungschefs der EU-Mitgliedstaaten sowie dem Präsidenten der Kommission besteht. Unterstützend können die Außenminister und der Hohe Vertreter für die Außen- und Sicherheitspolitik an den Sitzungen teilnehmen.

Der Europäische Rat ist für die EU insgesamt, und die GSVP im Besonderen, Impulsgeber und Motor der institutionellen Entwicklung. Alle Reformvorhaben bzw. Vertragsänderungen werden auf höchster Ebene im Europäischen Rat besprochen und letztlich abgesegnet. So ist die Entstehung der ESVP/GSVP entscheidend durch die Gipfeltreffen von Köln und Helsinki (1999), Feira und Nizza (2000) sowie Göteborg und Laeken (2001) auf den

Weg gebracht und vorangetrieben worden (Grevi 2009a: 24), und zwar zunächst – faute de mieux – weitgehend außerhalb der Verträge. Erst mit dem Vertrag von Lissabon (2007) hat die GSVP ausdrücklich einen eigenen Platz innerhalb des EU-Vertrags erhalten.[9]

Weiterhin dient der Europäische Rat als strategische Entscheidungsinstanz der GSVP. Laut Art. 22 EUV definiert er die strategischen Interessen und Ziele der Union. Das letzte Wort zu Beschlüssen über den Einsatz einer zivilen oder militärischen Mission liegt im Zweifelsfall bei den Staats- und Regierungschefs, auch wenn formal ein Rechtsakt des Rates notwendig ist, um die vertraglich vorgeschriebene Form zu wahren. Nicht immer befasst sich der Europäische Rat mit einer konkreten Mission, aber gegen sein Votum wäre eine entsprechende Entscheidung nicht denkbar. Ähnlich werden grundlegende Personalentscheidungen hier beraten. Mit der Person des hauptamtlichen Präsidenten des Europäischen Rates, der für zweieinhalb Jahre gewählt wird, ist eine zusätzliche externe Repräsentationsfigur auf die politische Bühne der EU getreten (Regelsberger 2008: 278). Er führt laut Art. 15 Abs. 5 den Vorsitz im Europäischen Rat, ist um die Kontinuität, die Kohärenz und den Konsens in diesem Gremium bemüht und berichtet gegenüber dem EP über die Tagungen der Staats- und Regierungschefs. Vor allem aber nimmt er – unbeschadet der Kompetenz des/der Hohen Vertreters/in – „auf seiner Ebene und in seiner Eigenschaft [...] die Außenvertretung der Union in Angelegenheiten der Gemeinsamen Außen- und Sicherheitspolitik wahr" (Art. 15 Abs. 5 EUV). Mögliche Kompetenzstreitigkeiten mit dem/der Hohen Vertreter/in sind hierbei nicht ausgeschlossen. Selbst wenn der Präsident des Europäischen Rates in der GSVP selbst bislang keine unmittelbar prägende oder gestaltende Rolle spielt, ist er als Akteur, der auf höchster politischer Ebene den Dialog und Kontakt mit Drittstaaten und internationalen Organisationen führt, von Bedeutung.

Der Europäische Rat ist weiterhin der strategische Wegbereiter der GSVP. Die Europäische Sicherheitsstrategie, aber auch die Strategie für innere Sicherheit und andere grundlegende konzeptionelle Dokumente der europäischen Sicherheitspolitik werden in letzter Instanz vom Europäischen Rat abgesegnet.

Unterhalb des Europäischen Rates ist der Rat für einen Großteil der regelmäßigen Tätigkeiten der GSVP zuständig (Mölling 2010: 6). Insbesondere

9 Schon die Vertragsreform von Nizza (2000) hat erste Konsequenzen aus der Entstehung der ESVP/GSVP gezogen, von einer Gemeinsamen Sicherheits- und Verteidigungspolitik ist aber hier noch nicht die Rede.

übt er als Entscheidungsinstanz die Rechte und Kompetenzen aus, die ihm der EU-Vertrag zugewiesen hat. Der Rat zeichnet für die Umsetzung der GASP und GSVP auf der Grundlage der strategischen Beschlüsse des Europäischen Rates verantwortlich und ist das zentrale Gremium für die Verabschiedung relevanter Rechtsakte für Missionen im militärischen und zivilen Krisenmanagement. Laut Art. 16 Abs. 6 EUV gestaltet er als „Rat Auswärtige Angelegenheiten" das externe Handeln der Union entsprechend den Vorgaben des Europäischen Rates und ist für die Kohärenz in diesem Bereich zuständig.[10] Der Rat kann insbesondere Beschlüsse über durchzuführende Aktionen der Union oder von der Union einzunehmende Standpunkte erlassen (Art. 25 EUV). Damit sind die ehemals als „Gemeinsame Aktionen" und „Gemeinsame Standpunkte" bezeichneten Instrumente der GASP moderat umformuliert worden. Speziell für den Bereich der GSVP stellt Art. 43 Abs. 2 fest, dass der Rat Beschlüsse über Missionen im Rahmen der Krisenbewältigung trifft; darin sind Ziel, Umfang und Durchführungsbestimmungen der Missionen festzulegen. Unter der Aufsicht des Rates und in enger Abstimmung mit dem Politischen und Sicherheitspolitischen Komitee sorgt zudem die/der Hohe Vertreter/in für die Koordinierung der zivilen und militärischen Aspekte derartiger Missionen.

Der Rat kann in einer laufenden Mission das Mandat verändern, insbesondere die Laufzeit einer Operation verlängern. Einen eigenen Rat für Verteidigungsfragen gibt es in der EU nicht, allerdings kommen die Verteidigungsminister in der Regel zweimal pro Halbjahr zusammen, einmal informell und ein weiteres Mal formell im Rahmen des Rates für Auswärtiges (Arnaud et al. 2008: 23). Ansonsten zeichnen die Außenminister für Entscheidungen im Rahmen der GASP und GSVP verantwortlich. Hier dürften sich allerdings künftig weitere Verschiebungen ergeben, da die Kollegen aus dem Verteidigungsressort zunehmend in den Betrieb der GSVP hineinwachsen und ihre Rolle durchaus selbstbewusst wahrnehmen. Der Lenkungsausschuss der Europäischen Verteidigungsagentur unterliegt bereits der Federführung der Verteidigungsminister.

Der Rat für Auswärtige Angelegenheiten tagt seit dem Inkrafttreten des Vertrags von Lissabon unter dem Vorsitz der/des Hohen Vertreters/in für die Außen- und Sicherheitspolitik der Union, wodurch die Funktion der früheren rotierenden Präsidentschaft im Bereich der GASP/GSVP – im Unterschied

10 Laut Art. 26 Abs. 2 EUV tragen zudem der Rat und der/die Hohe Vertreter/in für die Außen- und Sicherheitspolitik für „ein einheitliches, kohärentes und wirksames Vorgehen der Union Sorge".

zu anderen Politikbereichen der Union – abgelöst wurde, obwohl das jeweilige EU-Präsidentschaftsland gelegentlich auch hier eine prägende Rolle einzunehmen versucht. Gerade für die GSVP war die Präsidentschaft insofern eine zentrale Funktion, als sich die jeweils amtierenden Regierungen häufig als Initiatoren von Missionen im Krisenmanagement profilierten. Bisherige Entwicklungen seit dem Inkrafttreten des Vertrags von Lissabon scheinen die Befürchtung eines nachlassenden mitgliedstaatlichen Engagements zu bestätigen (Major/Bail 2011: 29).

Unterhalb der Ebene des Rates bereitet der Ausschuss der Ständigen Vertreter (AStV) die Sitzungen der Minister vor. Der AStV besteht aus den Leitern der Ständigen Vertretungen der EU-Staaten in Brüssel, gleichsam ihren ‚EU-Botschaftern', sowie aus deren Stellvertretern, die jeweils in unterschiedlichen Formationen des Ausschusses zusammenkommen (Algieri 2010: 58f.). Für die GASP und GSVP zuständig ist der AStV II in der Zusammensetzung der Ständigen Vertreter selbst, der mindestens einmal wöchentlich in Brüssel zusammentritt. Der AStV besteht darauf, zu allen Fragen als letzte Instanz für die Ministerebene zu fungieren; er ist damit dem PSK übergeordnet. Dieses Rollenverständnis wiederum ist nicht immer konfliktfrei zu den Ansprüchen des PSK gewesen, welches sich als das zentrale Vorbereitungs- und Beratungsgremium zu den Belangen der Außen- und Sicherheitspolitik betrachtet. Dennoch laufen alle Vorlagen des PSK an den Rat über den AStV, der hierüber formal eine Beratung vornehmen kann. Letztlich steht das PSK als das fachlich zuständige und ausgewiesene Gremium in Fragen der GSVP nicht ernsthaft in der Gefahr, durch den AStV ausgehebelt zu werden, obwohl die PSK-Botschafter innerhalb der Ständigen Vertretungen der Mitgliedstaaten hierarchisch unterhalb der jeweiligen Leiter (der Ständigen Vertreter) angesiedelt sind. Faktisch erfolgen bereits in den Ständigen Vertretungen enge Absprachen und Klärungen, sodass es recht unwahrscheinlich ist, dass sich zwischen PSK und AStV II gravierende Meinungsverschiedenheiten ergeben.

4.3.2 Der Hohe Vertreter für die Außen- und Sicherheitspolitik

Eine der institutionellen Neuerungen des Reformvertrags von Lissabon liegt in der Schaffung des/der Hohen Vertreters/in für die Außen- und Sicherheitspolitik der Union (Schmid 2010: 458f.). Mit diesem Amt wurde der jahrelang diskutierte Doppelhut zwischen Rats- und Kommissionsfunktion hergestellt, der noch im Verfassungsvertrag als Außenminister der Union tituliert worden war. Im Zuge einer Entschärfung seiner symbolischen

Sprengkraft wurde aus der Funktion des Außenministers die deutlich nüchternere Bezeichnung eines Hohen Repräsentanten. Seit 2009 hat die ehemalige britische Kommissarin Catherine Ashton dieses Amt inne und ist damit die erste Hohe Vertreterin für Außen- und Sicherheitspolitik der EU.

Ein Vergleich ihrer Aufgaben und Amtsführung mit dem ehemaligen Hohen Repräsentanten für die GASP, Javier Solana, ist insofern irreführend, als dieser nur einen Teil der Kompetenzen Ashtons besaß, da er nicht als Mitglied der Kommission agierte. Dennoch ist Solanas Wirken für die GASP prägend gewesen und hat Maßstäbe gesetzt, an denen auch die neue Hohe Repräsentantin gemessen wird.

Innerhalb der Struktur des Rates kommt der/dem Hohen Repräsentantin/en die Aufgabe zu, den Vorsitz in den Sitzungen zu führen, Vorschläge zur Gestaltung der GASP und GSVP einzubringen sowie die Beschlüsse des Rates und des Europäischen Rates umzusetzen; seit dem 1. Januar 2011 werden zudem die Vorsitze des Politischen und Sicherheitspolitischen Komitees sowie der meisten Arbeitsgruppen in der GASP und GSVP durch Personal des Europäischen Auswärtigen Dienstes, die der Hohen Vertreterin unterstehen, wahrgenommen. Dies hat ihre Position deutlich gestärkt (Biscop/Coelmont 2011: 155).

Weiterhin vertritt der/die Hohe Vertreter/in die Union in Fragen der Außen- und Sicherheitspolitik (Art. 27 Abs. 1 und 2 EUV). Das Amt verbindet damit eine Moderations-, Repräsentations-, Initiativ- und Exekutivfunktion (Rehrl/Weisserth 2010: 36).

Für die GSVP im Besonderen kommt der/dem Hohen Repräsentantin/en eine zentrale Position zu. Beschlüsse des Rates zur GSVP, inklusive der Entscheidungen über Missionen im Krisenmanagement, werden vom Rat einstimmig auf Vorschlag des/der Hohen Vertreters/in oder auf Initiative eines Mitgliedstaates getroffen (Art. 42 Abs. 4 EUV). In der Praxis sind die Mitgliedstaaten hier deutlich aktiver.

Weiterhin schlägt der/die Hohe Vertreter/in dem PSK und dem Rat in der Regel das Personal für die Spitzenpositionen einer EU-Mission vor. Im Laufe einer Operation findet dann ein enger Informations- und Konsultationsprozess mit den Verantwortlichen statt.

Die bisherige Bilanz Catherine Ashtons in Fragen der GSVP lässt sich noch nicht endgültig festschreiben, doch scheint ein politisch schwächeres Profil als im Falle Solanas vorzuliegen. Insbesondere wird ihr eine mangelnde Initiative vorgeworfen, wodurch es der GSVP insgesamt an Dynamik mangele (Major/Bail 2011: 28).

4.3.3 Die Kommission in der GSVP

Innerhalb der GSVP ist die Kommission zwar einerseits durch ihren funktionalen Anteil an der Hohen Repräsentantin, Catherine Ashton, durchaus präsenter als dies in der Vergangenheit der Fall war; zugleich wird sie aber als supranationales Organ der EU weiterhin als Außenseiter und Juniorpartner in diesem Politikfeld gesehen. Dabei ist ihre Rolle vor allem im zivilen Krisenmanagement in den vergangenen Jahren gewachsen.

Insbesondere die Instrumente des langfristigen Krisenmanagements, mit dem Schwerpunkt auf der Prävention von Konflikten, der Stabilisierung und Demokratisierung von Drittstaaten, erfordern ein Engagement der Kommission. Sie verwaltet das EU-Budget und verfügt damit über erhebliche finanzielle Spielräume.

Für die Einsatzgebiete der GSVP spielen die durch die Kommission administrierten Instrumente eine erhebliche Rolle. So obliegt die Verwaltung der Programme für den westlichen Balkan der Generaldirektion Erweiterung, ist also auch für die finanzielle Unterstützung Bosniens relevant. In Afrika finden die Mittel des Europäischen Entwicklungsfonds Anwendung, welcher ebenfalls der Kontrolle der Kommission unterliegt. In beiden Fällen ist die Zuständigkeit außerhalb des neuen Europäischen Auswärtigen Dienstes (EAD) angesiedelt. Auch für andere Regionen hat sich die Kommission außerhalb des EAD Mitspracherechte bewahrt. Für die Nachbarschaftspolitik und die Verwaltung des Instruments für Stabilität, das insbesondere für die Bereitstellung von Mitteln in der schnellen Krisenreaktion genutzt wird, liegen ‚geteilte' Kompetenzen vor. Dabei muss sich der EAD unter der Leitung Catherine Ashtons mit den zuständigen Generaldirektionen der Kommission abstimmen. Interessant ist, dass die Kommission bislang sorgsam darauf bedacht zu sein scheint, eigene externe Kompetenzen außerhalb des EAD anzusiedeln, die nicht der Verantwortung der/des Hohen Repräsentantin/en unterliegen. Das Verhältnis zum EAD war zumindest in der Anfangsphase des Auswärtigen Dienstes keineswegs harmonisch, sondern erschien durch Konkurrenz und gegenseitiges Misstrauen geprägt (Major/Bail 2011: 33ff.).

Seit dem Beginn der 2000er Jahre hatte die Kommission verstärkt und öffentlichkeitswirksam ihre eigenen, damals noch gemeinschaftlich verankerten Aktivitäten im Rahmen des internationalen Krisen- und Konfliktmanagements ausgebaut. So verabschiedete sie im April 2001 eine Mitteilung zur Konfliktprävention (Europäische Kommission 2001), in der sie die bislang eingesetzten Maßnahmen bilanzierte und sich als bereits etablierter Akteur in diesem Bereich darzustellen bemüht war. Für die Kommission stellte insbesondere die Entwicklung des zivilen Krisenmanagements eine Herausforderung dar, da sich eine Intergouvernementalisierung der EU-Aktivitäten nicht ausschließen ließ und die GSVP in Felder expandierte, die thematisch durch die Kommission abgedeckt worden waren, etwa den Aufbau ziviler Verwaltungen oder die Stärkung des Rechtssystems. Mit ihrer Mitteilung vom Oktober 2007 zur Vorgehensweise der Union in Situationen der Fragilität schien die Kommission dann bereits wieder deutlich selbstbewusster ihre eigenen Stärken auszuspielen und sich als zentraler Akteur zu positionieren. Dabei nutzt sie den mittlerweile zum Allgemeingut avancierten umfassenden Sicherheitsbegriff, den die EU – unter nicht rein zufälliger Wertschätzung ihres eigenen Repertoires – umzusetzen imstande sei (Europäische Kommission 2007: 4), und versucht, in die Rolle des Sachwalters der Unionsinteressen zu schlüpfen.

4.3.4 Das Politische und Sicherheitspolitische Komitee

Das Politische und Sicherheitspolitische Komitee (PSK oder COPS, nach der französischen Version: Comité politique et de sécurité) ist der bedeutendste Ausschuss innerhalb der GASP (und damit auch der GSVP) und zugleich zentrale Schnittstelle zwischen politischer Entscheidungsfindung und administrativer Steuerung sowie zwischen ziviler und militärischer Dimension der GSVP (Rehrl/Weisserth 2010: 39). Das PSK wurde in seiner heutigen Form als ständiger Ausschuss auf Brüsseler Ebene im Jahre 2001 eingerichtet (Arnaud et al. 2008: 23). Vorgänger war das Politische Komitee innerhalb der Gemeinsamen Außen- und Sicherheitspolitik, das die Politischen Direktoren der nationalen Außenministerien regelmäßig zusammenführte, um die Sitzungen der Minister vorzubereiten. Das PSK tritt in der Regel zweimal wöchentlich zusammen, bei Bedarf kann sich die Taktzahl der Sitzungen aber erhöhen (Gross 2008: 20f.). Vorbereitet werden die Sitzungen des PSK wiederum durch eine Gruppe von Beamten der Mitgliedstaaten, der sogenannten Nicolaïdis-Gruppe. Diese Gruppe wurde 2003 unter der griechischen Ratspräsidentschaft eingerichtet und nach ihrem ersten Vorsitzenden benannt. Ihre Mitglieder arbeiten jeweils eng mit den PSK-Botschaftern zusammen und sind ebenfalls in den Ständigen Vertretungen in Brüssel angesiedelt.

Das PSK tritt in unterschiedlichen Kompositionen in Erscheinung. Vertreter der Mitgliedstaaten tragen den Rang eines Botschafters und sind an den jeweiligen Ständigen Vertretungen angesiedelt, in der dortigen Hierarchie den Ständigen Vertretern untergeordnet. Neben den PSK-Botschaftern können aber auch die Politischen Direktoren der nationalen Außenministerien im PSK zusammenkommen. Dies geschieht etwa zwei- bis viermal im Halbjahr. Die Kommission ist bei den Sitzungen des PSK vertreten. Die Regelmäßigkeit und Dichte der Treffen sowie die Präsenz der PSK-Mitglieder in Brüssel fördern eine gemeinsame Koordinierungs- und Konsenskultur, welche der Entscheidungsfindung dient und formelle wie informelle Absprachen erleichtert (Gross 2008: 20f.).

Das PSK ist der Ort, an dem in der Regel die Initiative für eine Operation der GSVP vorgestellt und erstmalig im Gesamtrahmen der EU diskutiert wird. Eine laufende Operation unterliegt der politischen Lenkung und strategischen Kontrolle durch das PSK. Nachdem der Rat die formalen Beschlüsse zur Ingangsetzung einer Operation gefasst hat, überträgt er dem PSK die nachfolgenden Entscheidungen. So werden Verlängerungen des Mandates einer Mission oder Wechsel an der Spitze einer Operation mittlerweile routinemäßig durch das PSK beschlossen, solange ein grundlegender Konsens unter den Mitgliedstaaten besteht und keine dramatischen Änderungen der Umstände zu beobachten sind, unter denen eine Mission begonnen wurde. Umfassendere Anpassungen eines Mandates, die eine Änderung des zugrundeliegenden Rechtsaktes erfordern, werden allerdings durch den Rat vorgenommen.

Die Missionsleiter berichten dem PSK regelmäßig über laufende Operationen und erscheinen hierzu auf Einladung des PSK auch persönlich zu den Sitzungen.

4.4 Aufgaben und Instrumente der GSVP

Die GSVP sichert laut EU-Vertrag der Union „eine auf zivile und militärische Mittel gestützte Operationsfähigkeit“ (Art. 42 Abs. 1 EUV). Dies wird im Rahmen von Missionen außerhalb der EU zum Ausdruck gebracht, die zur „Friedenssicherung, Konfliktverhütung und Stärkung der internationalen Sicherheit in Übereinstimmung mit den Grundsätzen der Charta der Vereinten Nationen“ (Art. 42 Abs. 1 EUV) durchgeführt werden können. Weiterhin sind „gemeinsame Abrüstungsmaßnahmen, humanitäre Aufgaben und Rettungseinsätze, Aufgaben der militärischen Beratung und Unterstützung,

Aufgaben der Konfliktverhütung und der Erhaltung des Friedens sowie Kampfeinsätze im Rahmen der Krisenbewältigung einschließlich Frieden schaffender Maßnahmen und Operationen zur Stabilisierung der Lage nach Konflikten" (Art. 43 Abs. 1 EUV) in das Spektrum der Aktionsmöglichkeiten der GSVP aufgenommen worden. Schließlich wird als Querschnittziel die Bekämpfung des Terrorismus genannt, dem die Missionen der EU in besonderer Weise dienen können, „unter anderem durch die Unterstützung für Drittländer bei der Bekämpfung des Terrorismus in ihrem Hoheitsgebiet" (Art. 43 Abs. 1 EUV). Auf den ersten Blick wird in den vertraglichen Bestimmungen eine deutliche Ausweitung und Auffächerung der Aufgaben und Ziele europäischen Krisenmanagements sichtbar, die der EU erweiterte Handlungsmöglichkeiten eröffnen, als dies mit den Petersberg-Aufgaben möglich war (Rehrl 2010: 76f.). Allerdings liest sich der Text der in Frage stehenden Artikel zugleich als wenig systematische Sammlung von Aspekten, Zielvorgaben und Anforderungsprofilen von Operationen, ohne dass damit ein spezifisch europäisches Profil des Krisenmanagements per se sichtbar wird. Mit der Generalklausel der Terrorismusbekämpfung ist zudem zwar einerseits eine explizite Referenz auf das erstrangige Bedrohungspotenzial dieses Phänomens erfolgt, ohne aber damit konkrete Prioritäten der EU zu verbinden.

Der zweite bereits erwähnte Pfeiler der GSVP ist die „schrittweise Festlegung einer gemeinsamen Verteidigungspolitik der Union" (Art. 42 Abs. 2 EUV). Diese kann laut EU-Vertrag zu einer gemeinsamen Verteidigung führen, sobald dies einstimmig vom Europäischen Rat beschlossen wurde; in einem solchen Fall empfiehlt er den Mitgliedstaaten, „einen Beschluss in diesem Sinne im Einklang mit ihren verfassungsrechtlichen Vorschriften zu erlassen" (Art. 42 Abs. 2 EUV). Damit ist zwar klargestellt, dass der Schritt in Richtung einer gemeinsamen Verteidigung nicht ohne die Zustimmung und Ratifizierung der Mitgliedstaaten erfolgen kann, diesem aber ein inkrementalistischer Prozess vorausgeht, der sich in einer gemeinsamen Verteidigungspolitik niederschlägt. Wo genau die Grenze zwischen der Verteidigungspolitik und einer gemeinsamen Verteidigung liegt, lässt sich dabei gar nicht präzise bestimmen und wird auch nicht inhaltlich definiert, sondern gleichsam prozedural aufgelöst: Genau dann, wenn nämlich der Europäische Rat einen entsprechenden Beschluss fasst, wäre der Rubikon überschritten.

4.5 Entscheidungsverfahren in der GSVP

Durch den Vertrag von Lissabon wurden die Entscheidungsverfahren in der GASP und speziell in der GSVP keiner grundlegenden Änderung unterworfen. Entsprechend den „besondere[n] Bestimmungen und Verfahren" wird die GASP „vom Europäischen Rat und vom Rat einstimmig festgelegt und durchgeführt, soweit in den Verträgen nichts anderes vorgesehen ist" (Art. 24 Abs. 1 UAbs. II EUV). Für die Durchführung der GASP zeichnen wiederum der/die Hohe Vertreter/in der Union für die Außen- und Sicherheitspolitik sowie die Mitgliedstaaten verantwortlich; dem EP und der Kommission kommt hierbei eine „spezifische Rolle" zu, die weit unterhalb ihrer sonstigen Beteiligungs- und Mitsprachemöglichkeiten in der EU liegt. Der Gerichtshof der Union ist bis auf einzelne Ausnahmen nicht zuständig.

Damit ist der traditionell intergouvernementale Zuschnitt des Politikfeldes im Vertragswerk von Lissabon bestätigt worden (siehe Schaubild 2, Seite 56); eine fundamentale Kompetenzverschiebung hat nicht stattgefunden (Schmid 2010: 461). Für die GASP insgesamt wie auch für die GSVP übernimmt der Europäische Rat die zentrale politische Lenkungs- und Gestaltungsfunktion. Seine Beschlüsse zu den strategischen Interessen und Zielen der Union für den Bereich der GASP können nach geographischen – ein Land oder eine Region betreffend – oder nach thematischen Gesichtspunkten verfasst sein (Art. 42 Abs. 1 EUV).

Mehrheitsentscheidungen, welche in der GASP laut Vertragslage angewandt werden dürfen, erstrecken sich ausdrücklich nicht auf Beschlüsse mit militärischen oder verteidigungspolitischen Bezügen (Art. 31 Abs. 4 EUV). Ebenso ist festgelegt, dass Beschlüsse über Missionen des Krisenmanagements einstimmig auf Vorschlag des/der Hohen Vertreters/in oder auf Initiative eines Mitgliedstaates gefasst werden (Art. 42 Abs. 2 EUV). Damit sind auch Einsätze des zivilen Krisenmanagements der Einstimmigkeitsregel unterworfen (Regelsberger 2008: 273). Um den intergouvernementalen Zuschnitt der GSVP dauerhaft abzusichern, ist schließlich noch festgehalten, dass die Passerelle-Klausel, nach der eine Ausweitung von Mehrheitsentscheidungen auf weitere Themenfelder in der GASP vorgenommen werden kann, ausdrücklich nicht für Beschlüsse mit militärischen und verteidigungspolitischen Bezügen gilt (Art. 31 Abs. 4 EUV).

Verschiedene Formen der Flexibilisierung im Vertrag von Lissabon können auf die GSVP Auswirkungen haben. So finden die Bestimmungen zu einer verstärkten Zusammenarbeit formal auch Anwendung auf die GASP (Titel IV, Art. 20 EUV; Art. 326–334 AEUV). Damit wäre es möglich, dass eine Gruppe von Staaten in bestimmten Themenfeldern voranschreitet, ohne dass die anderen Länder dies behindern. Diese Option erscheint allerdings in der GSVP wenig realistisch, zumal andere Möglichkeiten wie die Ständige Strukturierte Zusammenarbeit nach Art. 46 EUV zur Verfügung stehen (Regelsberger 2008: 274). Danach können sich Mitgliedstaaten zwecks Verbesserung ihrer militärischen Fähigkeiten zusammenschließen. Ob diese Bestimmungen zu einer Differenzierung nach Gruppen führen oder eher inklusive Züge tragen werden, bleibt vorerst offen. Weiterhin bestimmt der Vertrag, dass der Rat „zur Wahrung der Werte der Union und im Dienste ihrer Interessen eine Gruppe von Mitgliedstaaten mit der Durchführung einer Mission im Rahmen der Union beauftragen" kann (Art. 42 Abs. 5 EUV). Damit ist allerdings keine Durchbrechung des Konsensprinzips in der Entscheidungsfindung angelegt, sondern lediglich die Delegation von Aufgaben an bestimmte EU-Staaten. De facto wird dieser Bestimmung auch ohne ausdrücklichen Rückgriff auf die Vertragsbasis bereits Rechnung getragen, da bislang Missionen des Krisenmanagements in der Regel nicht von allen Mitgliedsländern operativ unterstützt werden.

Als Möglichkeit einer flexiblen Handhabung der Einstimmigkeit steht innerhalb der GSVP schließlich die konstruktive Enthaltung zur Verfügung. Danach kann ein Mitgliedstaat sich in einer Frage durch eine förmliche Erklärung enthalten – dem Beschluss aber nicht entgegenstehen – und damit eine Beschlussfassung ermöglichen (Mölling 2010: 6). An der Durchführung des Beschlusses muss der Mitgliedstaat nicht teilnehmen, ist aber verpflichtet, alles zu unterlassen, was das Vorgehen der Union behindern oder ihm zuwiderlaufen würde. Allerdings darf die Zahl der Mitgliedstaaten, die diese Option wählen, nicht zu groß sein. Sollte mindestens ein Drittel der Mitgliedstaaten, die mindestens ein Drittel der Unionsbevölkerung repräsentieren, davon Gebrauch machen, wird der entsprechende Beschluss nicht gefasst (Art. 31 Abs. 1 EUV).

Trotz des insgesamt streng konsensorientierten Zuschnitts bestehen einige Möglichkeiten der Mehrheitsentscheidung, die nicht unmittelbar, möglicherweise aber indirekt auf die Umsetzung der GSVP Einfluss nehmen können. So kann laut Vertrag der/die Hohe Vertreter/in für die Außen- und Sicherheitspolitik mit Mehrheit ernannt werden (Art. 18 Abs. 1 EUV); freilich ist auf absehbare Zeit nicht zu erwarten, dass angesichts der hohen Sensibilität dieser Entscheidung von der Praxis der Einstimmigkeit abgegangen wird. Weiterhin ist es möglich, Sonderbeauftragte der EU auf Vorschlag des/der Hohen Vertreters/in ebenfalls per Mehrheitsbeschluss zu ernennen (Art. 31 Abs. 2 EUV). Vor dem Hintergrund der im Laufe der Entwicklung gewachsenen politischen Rolle der Sonderbeauftragten für die Umsetzung von Missionen des Krisenmanagements können derartige Entscheidungen direkte Auswirkungen auf die GSVP haben.

Schaubild 2: Die GASP nach dem Vertrag von Lissabon

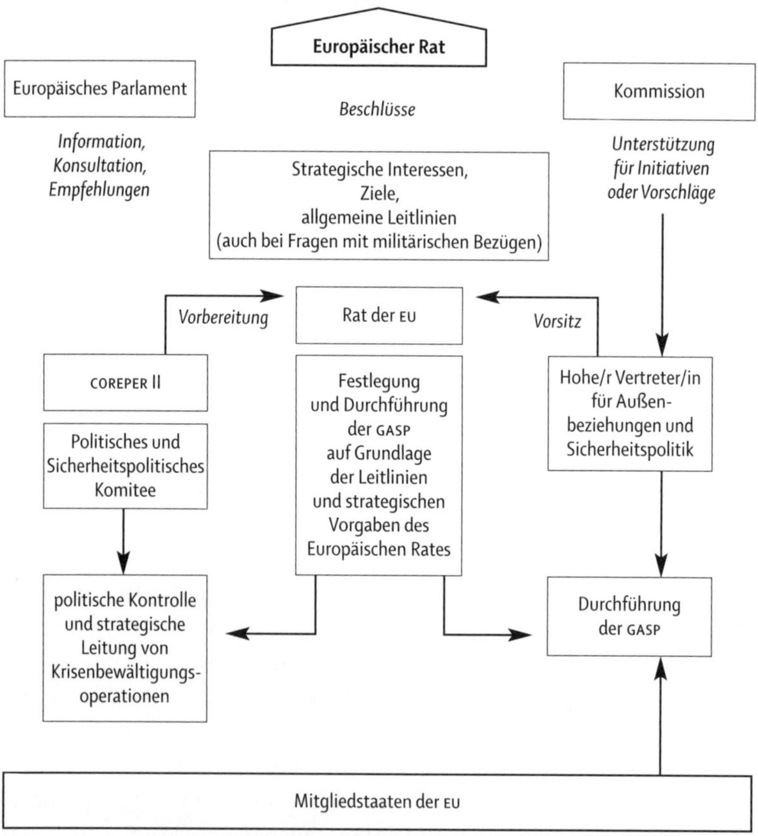

Quelle: Aufstellung auf Grundlage der vertraglichen Bestimmungen des EUV.

4.6 Die Ständige Strukturierte Zusammenarbeit – neu und doch überholt?

Mit der Ständigen Strukturierten Zusammenarbeit ist ein Instrument eingeführt worden, das eine Differenzierung von Beteiligungsmustern innerhalb der GSVP fördert und dazu beitragen soll, insbesondere die militärische Leistungsfähigkeit der Mitgliedstaaten zu erhöhen (Regelsberger 2008: 274; Rehrl 2010: 84f.; Rehrl/Weisserth 2010: 30ff.). Ausgangspunkt der Bestimmungen ist Art. 42 Abs. 6 EUV, wo festgehalten ist, dass es denjenigen EU-Mitgliedstaaten, „die anspruchsvollere Kriterien in Bezug auf die militärischen Fähigkeiten erfüllen und die im Hinblick auf Missionen mit höchsten Anforderungen untereinander weiter gehende Verpflichtungen eingegangen sind", ermöglicht wird, eine solche Form der flexiblen Kooperation zu nutzen. Im Protokoll Nr. 10, das dem EU-Vertrag beigefügt ist, werden die konkreten Zielbestimmungen und Inhalte der Kooperation eingehender beschrieben und erläutert. Von zentraler Bedeutung ist dabei, dass sich jeder Mitgliedstaat beteiligen kann, der sich ab dem Inkrafttreten des Vertrags von Lissabon zu bestimmten Anstrengungen verpflichtet, die das Protokoll im Einzelnen ausführt (Art. 1 des Protokolls über die Ständige Strukturierte Zusammenarbeit). Damit ist eine Vorauswahl der Mitgliedstaaten etwa auf Grundlage bereits bestehender Unterschiede hinsichtlich der militärischen Leistungsfähigkeit ausgeschlossen. Die Ständige Strukturierte Zusammenarbeit setzt gleichsam die Uhr auf Null und öffnet die Tür für jeden EU-Staat, der die entsprechende Bereitschaft mitbringt, sich zu engagieren. Allerdings steigen die Anforderungen danach stetig und ihre Teilnahme unterliegt einem Bewertungsprozess, an dem die 2004 gegründete Europäische Verteidigungsagentur beteiligt ist (Biscop/Coelmont 2011: 152).

Vor dem Hintergrund der heftigen Debatten innerhalb der EU über die Einführung flexibler Entscheidungs- und Beteiligungsmuster in der Sicherheits- und Verteidigungspolitik während des Konvents und in der anschließenden Regierungskonferenz erscheint diese Formulierung als Tribut an diejenigen Mitgliedsländer – hier sind insbesondere die damaligen mittel- und osteuropäischen Kandidatenländer zu nennen –, die eine Diskriminierung befürchteten. Französische Vorstellungen über die Möglichkeit einer militärischen Avantgarde wurden damit eingefangen.

4.6.1 Kriterien der Teilnahme

Um an der Ständigen Strukturierten Zusammenarbeit teilhaben zu können, müssen die interessierten Staaten zwei Kriterien erfüllen (Rehrl/Weisserth 2010: 27f.): Ein Mitgliedstaat hat die Verpflichtung, seine Verteidigungsfähigkeiten durch Ausbau nationaler Beiträge und gegebenenfalls durch Beteiligung an multinationalen Streitkräften, an den wichtigsten europäischen Ausrüstungsprogrammen und an der Tätigkeit der Verteidigungsagentur intensiver zu entwickeln; weiters muss er bewaffnete Einheiten aufstellen können, die auf Krisenmanagementmissionen ausgerichtet und taktisch als Gefechtsverband konzipiert sind, über Unterstützung für Transport und Logistik verfügen und in der Lage sind, innerhalb von fünf bis 30 Tagen Missionen nach Art. 43 EUV – insbesondere auf Ersuchen der UN – aufzunehmen, die bis zu 120 Tage aufrechterhalten werden können.[11] Die Beiträge können als nationales Kontingent oder als Teil von multinationalen Truppenverbänden bereitgestellt werden (Artikel 1a und 1b des Protokolls über die Ständige Strukturierte Zusammenarbeit).

Die Verpflichtung der Staaten zur intensiveren Entwicklung der verteidigungsrelevanten Fähigkeiten lässt sich eher politisch denn rechtlich oder gar materiell greifbar machen. Dagegen kann im Falle der Bereitstellung bewaffneter Einheiten auf die seit 2007 in vollem Umfang einsatzbereiten EU Battle Groups zurückgegriffen werden. Zwei Battle Groups stehen jeweils parallel für ein halbes Jahr für Einsätze zur Verfügung und ermöglichen allen EU-Mitgliedsländern (außer Dänemark), Ansprüche auf eine Beteiligung an der Ständigen Strukturierten Zusammenarbeit anzumelden.

4.6.2 Zielvorgaben der Zusammenarbeit

Fünf Bereiche werden durch das Protokoll identifiziert, in denen sich die anvisierte Zusammenarbeit realisieren soll:

a) Zusammenarbeit zur Verwirklichung vereinbarter Ziele für die Höhe der Investitionsausgaben für Verteidigungsgüter und zur regelmäßigen Überprüfung dieser Ziele im Lichte des Sicherheitsumfelds und der internationalen Verantwortung der Union (Art. 2a des Protokolls zur Ständigen Strukturierten Zusammenarbeit);

11 Diese Bestimmung war ursprünglich spätestens bis 2010 zu erfüllen.

b) eine weitgehende Angleichung des Verteidigungsinstrumentariums insbesondere hinsichtlich der Ermittlung des Bedarfs, der gemeinsamen Nutzung und gegebenenfalls Spezialisierung von Verteidigungsmitteln und -fähigkeiten sowie der Kooperation in Ausbildung und Logistik (Art. 2b des Protokolls zur Ständigen Strukturierten Zusammenarbeit);
c) Maßnahmen zur Verstärkung von Verfügbarkeit, Interoperabilität, Flexibilität und Verlegefähigkeit von Truppen, insbesondere durch Definition gemeinsamer Ziele für die Entsendung von Streitkräften sowie die Überprüfung nationaler Beschlussverfahren (Art. 2c des Protokolls zur Ständigen Strukturierten Zusammenarbeit);
d) Zusammenarbeit, um die im Rahmen des Mechanismus zur Entwicklung der Fähigkeiten identifizierten Fähigkeitslücken u. a. durch multinationale Konzepte und unbeschadet der NATO-Verpflichtungen zu schließen (Art. 2d des Protokolls zur Ständigen Strukturierten Zusammenarbeit);
e) eine eventuelle Mitwirkung an der Entwicklung gemeinsamer oder europäischer Programme für „wichtige Güter" im Rahmen der Verteidigungsagentur (Art. 2e des Protokolls zur Ständigen Strukturierten Zusammenarbeit).

Diese Liste mutet auf den ersten Blick ehrgeizig an und führt durchaus konkrete Maßnahmen auf wie etwa die Vereinbarung von Zielen für verteidigungsrelevante Investitionen, die in der Folge im Rahmen eines regelmäßigen Prozesses überprüfbar sein sollen. Trotz dieser ambitionierten Vorgabe hat sich bislang kein solcher Mechanismus entwickelt.

Die Bestimmungen des Vertrags und des angegliederten Protokolls lassen zudem viele Fragen offen. So erscheint nicht völlig klar, ob es unter Anwendung der relevanten Artikel angesichts der erwähnten Mehrzahl an Kooperationsbereichen nur eine einzige oder verschiedene „ständige strukturierte Kooperationen" geben soll, wenn z. B. einzelne Mitgliedstaaten im Bereich der Verteidigungsinvestitionen kooperieren, andere wiederum im Rahmen der verbesserten Interoperabilität ihrer Truppen. Weiterhin ergibt sich aus der Struktur der primärrechtlichen Bestimmungen eine gewisse Unbestimmtheit der eigentlichen Ziele dieser Form der Zusammenarbeit, und zwar dahingehend, ob sie konkret als Instrument einer Flexibilisierung und damit explizit auch der Differenzierung unter den Mitgliedstaaten dienen soll – oder ob sie als übergreifender Anreizmechanismus fungiert, den faktisch alle EU-Staaten als Impulsgeber für erhöhte Anstrengungen im Verteidigungsbereich auffassen und nutzen. Diese mehrdeutige Ausrichtung der relevanten Bestimmungen erlaubt entsprechend sehr unterschiedliche Anwendungs- und Verwertungsoptionen.

4.6.3 Verfahren der Ingangsetzung und Erweiterung

Laut Art. 46 Abs. 1 EUV teilen die Staaten, die sich an einer Ständigen Strukturierten Zusammenarbeit beteiligen möchten, dem Rat und dem/der Hohen Vertreter/in ihre Absicht mit. Innerhalb von drei Monaten beschließt der Rat mit qualifizierter Mehrheit nach Anhörung des/der Hohen Vertreters/in über die Begründung der Ständigen Strukturierten Zusammenarbeit und die Liste der teilnehmenden Mitgliedstaaten (Art. 46 Abs. 2 EUV). EU-Staaten, die einer bestehenden Zusammenarbeit beizutreten beabsichtigen, teilen dies dem Rat sowie dem/der Hohen Vertreter/in mit. Im Folgenden bestätigt nun der Rat die Teilnahme des betreffenden Mitgliedstaates, der die Kriterien des Protokolls erfüllen muss, mit qualifizierter Mehrheit und nach Anhörung des/der Hohen Vertreters/in, wobei nunmehr die an der bestehenden Strukturierten Zusammenarbeit mitwirkenden Staaten stimmberechtigt sind (Art. 46 Abs. 3 EUV). Weiterhin kann die Mitwirkung eines bereits teilnehmenden Staates, sofern er die Kriterien nicht mehr erfüllt oder seinen Verpflichtungen nicht nachkommt, per Ratsbeschluss mit qualifizierter Mehrheit (der beteiligten Staaten) ausgesetzt werden (Art. 46 Abs. 4 EUV). Ebenso kann ein Mitgliedsland freiwillig durch schlichte Inkenntnissetzung des Rates von einer Strukturierten Zusammenarbeit „Abstand nehmen" (Art. 46 Abs. 5 EUV). Abgesehen von den zuvor beschriebenen Fällen der qualifizierten Mehrheitsentscheidung trifft der Rat ansonsten Entscheidungen im Rahmen der Ständigen Strukturierten Zusammenarbeit einstimmig, wobei sich diese auf die teilnehmenden EU-Staaten bezieht (Art. 46 Abs. 6 EUV).

Das beschriebene vertraglich definierte Verfahren zur Instandsetzung und weiteren Handhabung der Ständigen Strukturierten Zusammenarbeit ermöglicht damit eine Differenzierung, der sich einzelne EU-Staaten im Zweifelsfall nicht erwehren können, da der Grundsatzbeschluss per qualifizierter Mehrheitsentscheidung getroffen wird. Festzustellen ist, dass die Aufnahme in die Ständige Strukturierte Zusammenarbeit vergleichsweise offen gestaltet ist, sich dann aber deutlich verschärft. Letztlich erfordert die Bestätigung der Erfüllung der Kriterien durch den Rat eine vorausgehende Prüfung; auch das Verfahren des Ausschlusses macht einen Prüfungsvorgang notwendig (Rehrl 2010: 85).

Bislang ist eine äußerst vorsichtige und zurückhaltende Vorgehensweise im Umgang mit den betreffenden Vertragsartikeln zu beobachten. So ist Art. 46 Abs. 1 nicht herangezogen worden, vielmehr hat sich die Debatte um die Ständige Strukturierte Zusammenarbeit nach dem Inkrafttreten des Vertrags von Lissabon weiter intensiviert. Allerdings scheint sich noch kein durchgreifender politischer Wille abzuzeichnen, die Bestimmungen praktisch umzusetzen. Der Grund hierfür liegt zum einen in einer ausgeprägten Diskriminierungsangst einzelner Mitgliedstaaten, insbesondere aus den Reihen derer, die kaum nennenswert zu den militärischen Leistungsträgern gerechnet werden können. Aber noch entscheidender ist, ob sich die britische Regierung, nach den Wahlen von 2010 unter konservativer Führung, mit dem Konzept der Ständigen Strukturierten Zusammenarbeit anfreunden kann. Ohne Großbritannien bliebe aber die Idee einer Avantgarde im Bereich der sicherheits- und verteidigungsrelevanten Fähigkeiten recht harm- und wirkungslos – würde sie doch auf einen erstklassigen Führungsspieler verzichten. Eine Differenzierung und der damit zwangsläufig einhergehende Ausschluss einzelner EU-Länder aus diesem Kontext könnte diese zu einem beschleunigten Disengagement verleiten und in der Folge zu einer Schwächung der GSVP führen.

Weiterführende Literatur

Regelsberger, E. (2008). Von Nizza nach Lissabon – das neue konstitutionelle Angebot für die Gemeinsame Außen- und Sicherheitspolitik der EU, in: *integration* 3, 266–280.

Schmid, H.-M. (2010). EU-Außenpolitik nach Lissabon. Struktur und Wirkung, in: *Zeitschrift für Außen- und Sicherheitspolitik* 3, 457–465.

5 Die institutionelle Architektur des Krisenmanagements

Auf den ersten Blick zeichnen sich die unterschiedlichen Akteure und Instanzen des EU-Krisenmanagements durch eine gewisse Undurchsichtigkeit und Unübersichtlichkeit aus. Verschiedene Akronyme konkurrieren um die Aufmerksamkeit des Beobachters und laufen stets Gefahr, miteinander verwechselt oder unterschlagen zu werden. Diese institutionelle Vielfalt und Mehrstimmigkeit ist auch mit der Schaffung des Auswärtigen Dienstes nicht ernsthaft reduziert worden. Vielmehr wurde nunmehr ein gemeinsames Dach gebaut, unter dem sich die verschiedenen Instanzen und Akteure wiederfinden, getragen durch die Autorität des/der Hohen Vertreters/in für die Außen- und Sicherheitspolitik.

5.1 Zentrale Einrichtungen des Krisenmanagements

5.1.1 Das CMPD – Koordinierung des militärischen und zivilen Krisenmanagements

Mit der Zusammenführung zweier Direktionen innerhalb des Rates der EU wurde im November 2009 das Crisis Management and Planning Directorate (CMPD) geschaffen: die Direktion für Krisenmanagement und Planung (Gebhard 2009). Das CMPD verschmolz die zuvor eigenständigen Direktionen für Verteidigung und für ziviles Krisenmanagement in der Generaldirektion E des Generalsekretariats des Rates und trug damit dem Bedarf nach einer kohärenten und effizienten Gesamtplanung und Durchführung von europäischen Missionen Rechnung. Geleitet wird das CMPD von einem stellvertretenden Generaldirektor. Die Kernaufgaben der Direktion bestehen in der politisch-strategischen Planung sowie der Begleitung und Kontrolle ziviler und militärischer Operationen der EU; zudem sollen die unterschiedlichen

Dimensionen der Entwicklung der GSVP unterstützt werden (Rehrl/Weisserth 2010: 46), was insbesondere die Fragen der Bedarfsplanung und der benötigten Fähigkeiten und Ressourcen umfasst. Aber auch Kontakte und Verbindungen zu weiteren Akteuren des Krisenmanagements inner- wie außerhalb der EU gehören zu den Arbeitsfeldern des CMPD. Hierbei sind NATO, UN, Afrikanische Union sowie einzelne Drittstaaten von besonderer Bedeutung.

Die Kompetenzen des CMPD im Bereich der Planung erstrecken sich auf die strategische und konzeptionelle Ebene bis hin zur Ausarbeitung eines Krisenmanagement-Konzeptes (Crisis Management Concept) und beinhalten daneben die Überwachung laufender Operationen, wo integrierte Planungsteams (integrated plannning teams), bestehend aus Experten zu militärischen und zivilen Einsatzbereichen, zum Einsatz kommen.

Die Elaboration des CMC erfordert dabei das enge Zusammenwirken mit anderen Gremien und Instanzen, insbesondere dem PSK und der ihm zugeordneten Politisch-Militärischen Gruppe (Politico-Military Group, PMG) aus Vertretern der Mitgliedstaaten. Aber auch der/die Hohe Vertreter/in, welcher/r hier eine gestaltende Rolle im Vorfeld der Verabschiedung des Konzeptes durch den Rat wahrnimmt, ist stets zu beachten.

Insgesamt besteht eine der institutionellen Aufgaben des CMPD in der Zuarbeit und Unterstützung verschiedener institutioneller Akteure, ursprünglich im Rahmen des Rates der EU und seit 2009 als Teil des Europäischen Auswärtigen Dienstes (Rehrl/Weisserth 2010: 46).

5.1.2 Das CPCC – Kohärenzgarant der zivilen Missionsführung

Mit der Zunahme an Aufgaben und Aktivitäten im Bereich des zivilen Krisenmanagements wuchs der Bedarf an institutionellen Strukturen zwecks Planung, Vorbereitung und Steuerung entsprechender EU-Missionen rapide und drastisch an. Im August 2007 wurde daher die Zivile Planungs- und Leitungskapazität (Civilian Planning and Conduct Capacity) geschaffen, die damit betraut ist (Rehrl/Weisserth 2010: 47):

- zivile GSVP-Missionen zu planen, vorzubereiten und durchzuführen;
- dem/der Hohen Vertreter/in Unterstützung und Beratung im Bereich des zivilen Krisenmanagements zukommen zu lassen;
- insbesondere zivile EU-Operationen in den Feldern Polizei, Grenzüberwachung und Rechtsstaatlichkeit übergreifend zu koordinieren, zu steuern, zu überwachen und auszuwerten.

Das CPCC greift dabei stark auf nationale Experten und Praktiker zurück; vor allem Polizei- und Justizbeamte sowie Rechts-, Finanz- und Verwaltungsexperten, die von den Mitgliedstaaten abgestellt werden, kommen hier zum Zuge. Aufgrund der Nähe zu den Tätigkeitsfeldern der ehemaligen EG ist eine enge Zusammenarbeit und Koordinierung mit der Europäischen Kommission notwendig, die nunmehr im Rahmen des Europäischen Auswärtigen Dienstes umgesetzt wird, in welchen das CPCC integriert wurde.

Nicht zu unterschätzen ist die Aufgabe des CPCC, zivilen EU-Missionen eine kohärente und stimmige Gesamteinsatzführung zu ermöglichen (Gross 2008: 24). Der Direktor des CPCC fungiert nämlich für alle EU-Missionen als EU Civilian Operation Commander und übt damit unter der Politischen Kontrolle und strategischen Leitung des PSK sowie der Autorität des/der Hohen Vertreters/in die Gesamtverantwortung für die Operationen aus.

Damit unterscheidet sich das zivile Krisenmanagement der Union in einem wesentlichen Merkmal von der militärischen Einsatzführung, wo der EU Operations Commander entweder durch den NATO-DSACEUR (im Falle der Nutzung der Berlin-Plus-Vereinbarung) oder von einem Mitgliedstaat im Rahmen autonomer EU-Operationen gestellt wird. Die zivile Entscheidungskette ist damit potenziell deutlich straffer und zentralisierter organisiert (Rehrl/Weisserth 2010: 48).

5.1.3 Das Lagezentrum der EU – Informationen und Analysen aus erster Hinterhand

Das 2002 eingerichtete EU-Lagezentrum (EU Joint Situation Centre, SITCEN) dient der Bereitstellung von Frühwarnung, Lagebeurteilungen und Aufklärungsanalysen für die EU (Arnaud et al. 2008: 28). Dabei zielt ihre Arbeit vor allem auf die regelmäßige und zeitnahe Erfassung sämtlicher GASP- und GSVP-relevanter Aktivitäten, insbesondere mit Blick auf terroristische Hintergründe. Zudem leistet das EU SITCEN eine rund um die Uhr verfügbare Unterstützung für EU-Missionen, wo vor allem zeitnahe Gefahren- und Bedrohungsanalysen von Bedeutung sind. Die Bereitstellung sicherer Kommunikationswege zwischen den EU-Institutionen und den Mitgliedstaaten steht ebenfalls auf der Aufgabenliste des Zentrums (Rehrl/Weisserth 2010: 48).

In den vergangenen Jahren wurden die nachrichtendienstlichen Strukturen deutlicher gebündelt und innerhalb des Situation Centres als Single Intelligence Analysis Capacity (SIAC) organisiert (Arnaud et al. 2008: 28). Seit 2004 wurden dem SITCEN zudem erweiterte Befugnisse in der Bewertung terroristischer Gefahren innerhalb der EU zugewiesen und die Erstellung von Lagebeurteilungen anvertraut, die sich auch auf die innere Sicherheit der Union beziehen.

Die Schöpfung von EU-Intelligence kann dagegen nicht geleistet werden, vielmehr ist das Zentrum auf die Lieferung durch nationale Dienste oder das Satellitenzentrum angewiesen und damit innerhalb der geheimdienstlich geprägten Organisationen eher als schwache Instanz einzustufen, da es selber kaum Angebote auf dem Markt platzieren kann. Das EU SITCEN gehört zudem zu den eher öffentlichkeitsscheuen Einrichtungen der EU und wird von Teilen der Zivilgesellschaft daher mit einem gewissen Misstrauen betrachtet.

5.1.4 Der EU-Militärstab – Schaltstelle zur militärischen Führung

Der EU-Militärstab wurde 2000 eingerichtet und dient als Planungs-, Vorbereitungs- und Unterstützungsinstanz für militärische Missionen der Union (Gross 2008: 23). Allerdings geht der Auftrag über konkrete Operationen hinaus und umfasst grundsätzliche Aspekte und Fragen mit militärischen Bezügen, wie z. B. Einschätzungen der militärischen und der Sicherheitslage oder die Identifizierung von Bedarf und Ausrüstungsanforderungen für die an Operationen beteiligten Streitkräfte (Arnaud et al. 2008: 29). Dabei steht der EUMS einerseits im Rahmen der ursprünglich im Generalsekretariat des Rates, nunmehr des Auswärtigen Dienstes, angesiedelten institutionellen Strukturen des Krisenmanagements, ist aber zugleich als Teil der militärischen Infrastruktur auf EU-Ebene in besonderer Weise auf den EU-Militärausschuss (EUMC) durch Zuarbeit und Unterstützung ausgerichtet (Rehrl/Weisserth 2010: 48). Diese beiden Bezugspunkte sind für die Arbeit des EUMS stets zu berücksichtigen.

Geleitet wird der EUMS durch einen Generaldirektor im Range eines Dreisterne-Generals und umfasst fünf Direktionen für die Bereiche Konzepte und Fähigkeiten, Aufklärung, Operationen, Logistik sowie Kommunikations- und Informationssysteme. Er unterhält regelmäßige Kontakte mit dem EUMC auf Vorsitz- wie Arbeitsgruppenebene sowie mit der EU-Zelle innerhalb von SHAPE, dem EU-Verbindungsoffizier bei den Vereinten Nationen in New York sowie dem NATO-Verbindungsteam, das direkt am EUMS angesiedelt ist.

5.1.5 Das Operationszentrum und die zivil-militärische Zelle

Um militärische Operationen durchzuführen, bedarf es eines operativen Hauptquartiers, des Operation Headquarters (OHQ), das die notwendigen Planungs- und Führungsstrukturen bereitstellt und in Kontakt zum Operationsgebiet und dem dortigen operativ-taktischen Hauptquartier (Force Headquarters, FHQ) steht. Innerhalb der EU verfügen nur einzelne Mitgliedstaaten über geeignete Einrichtungen, die dann für Missionen der GSVP zur Verfügung gestellt werden können (Petrov 2010: 7). Es handelt sich um Hauptquartiere in Deutschland (Einsatzführungskommando Potsdam), Frankreich (Mont Valérien, Paris), Großbritannien (Northwood), Griechenland (Larissa) und Italien (Rom). Im Falle einer EU-geführten Operation werden die im Einsatz befindlichen Hauptquartiere multinationalisiert, sie stehen dann auch dem militärischen Personal der anderen an der Operation beteiligten Nationen offen. Das Land, welches als Framework-Nation das OHQ bereithält, stellt meist den Operationsbefehlshaber (Operation Commander), der die Planung und Umsetzung der Mission leitet und dem Militärausschuss sowie dem PSK hierüber berichtet.

Die nationalen OHQs werden nur für autonome EU-Operationen benötigt. Sollte die EU einen Rückgriff auf Ressourcen und Kapazitäten der NATO unter Nutzung der Berlin-Plus-Vereinbarung vornehmen, dient automatisch das NATO-Oberkommando SHAPE als Operationshauptquartier; der DSACEUR fungiert als Operation Commander.

Für die Europäische Union bedeutet die Notwendigkeit eines Rückgriffs auf nationale Hauptquartiere für die Durchführung von Operationen immer auch eine Einschränkung ihrer Handlungsfreiheit sowie eine gewisse Unsicherheit hinsichtlich der Ingangsetzung einer Operation. Eine autonome militärische Mission kann letztlich nur durchgeführt werden, wenn mindestens eines der nationalen OHQs angeboten wird. Sollte dies aus Sicht der in Frage kommenden fünf Mitgliedstaaten nicht gewünscht oder opportun sein, würde sich de facto eine Blockade ergeben, die es unmöglich machte, im Rahmen der GSVP aktiv zu werden. In der Tat kam es in der Vergangenheit immer wieder vor, dass Mitgliedstaaten die Belastungen einer Operationsführung zu vermeiden bemüht waren, sodass sich die Suche nach einem geeigneten Hauptquartier durchaus ausdehnen konnte. Zudem war es ebenso möglich, dass insbesondere kleinere Mitgliedstaaten bestimmte Länder präferierten, da sie sich einfacheren Zugang zu Mitwirkung und Informationen versprachen. Frankreich etwa genoss als Framework-Nation nicht immer den Ruf einer offenen und einladenden Operationsführung.

Bewegung kam in die Debatte durch den Minigipfel von Tervuren zwischen Frankreich, Deutschland, Belgien und Luxemburg (Dembinski 2005: 76ff.). Diese vier Länder verständigten sich auf die Schaffung eines multinationalen Hauptquartiers im Rahmen der Europäischen Sicherheits- und Verteidigungsunion (ESVU). Das rief seinerzeit den heftigen Protest Großbritanniens und den Unwillen der USA auf den Plan, führte aber in der Folge zu konstruktiven Gesprächen zwischen den großen drei EU-Staaten über eine Kompromisslösung. Ergebnis war die im Dezember 2004 beschlossene Schaffung einer militärisch-zivilen Zelle im Militärstab der EU, die im Falle einer autonomen EU-Mission zu einem Operationszentrum (EU Operations Centre, EU OpsCentre) ausgebaut werden und als OHQ dienen konnte. 2007 schließlich wurde es einsatzfähig. Es stellt keine dauerhaft bemannte Struktur dar (nur gut acht Personen bilden den permanenten Kern), sondern kann im Bedarfsfall zügig ausgebaut werden. Insgesamt 89 Offiziere und Zivilisten können im OpsCentre tätig werden und fünf Tage nach einem Beschluss des Rates ihre Arbeit aufnehmen. Innerhalb von 20 Tagen nach dem Ratsbeschluss ist das Operationszentrum in der Lage, in vollem Umfang die Kapazitäten zur Führung der Mission herzustellen (Gross 2008: 23f.).

Zwei Fragen stellen sich für die Zukunft. Zum einen wird diskutiert, ob das Operationszentrum in eine permanente Struktur überführt werden sollte, die damit in noch kürzeren Fristen zur Verfügung stünde und nicht für jede Operation neu aufgezogen werden müsste. Hiergegen scheint sich allerdings insbesondere Großbritannien zu sträuben. Zweitens wäre im Sinne einer kohärenten Befehlsstruktur zu prüfen, ob das Operationszentrum nicht als einzige Führungsebene für sowohl militärische als auch zivile Einsätze genutzt werden könnte und damit die Funktion des CPCC als OHQ für das zivile Krisenmanagement übernehmen würde.

5.2 Ausschüsse und Arbeitsgruppen

Neben den genannten Einrichtungen, die ursprünglich im Kontext des Rates entstanden sind und mittlerweile in den Auswärtigen Dienst überführt wurden, sind drei Ausschüsse zu nennen, die an den Planungen und Umsetzungsentscheidungen im Krisenmanagement beteiligt sind. Hierbei handelt es sich um den EU-Militärausschuss (European Union Military Council, EUMC), die ranghöchste militärische Instanz der Union, besetzt mit den Generalstabschefs der Mitgliedstaaten bzw. ihren Vertretern, sowie den Ausschuss für die zivilen Aspekte des Krisenmanagements (Committee for the Civilian Aspects of Crisis Management, CIVCOM) und die Politisch-Militärische Gruppe (Politico-Military Group, PMG). Alle drei stehen jeweils in enger Zuordnung zum Politischen und Sicherheitspolitischen Komitee (PSK), dem sie regelmäßig berichten und im Bedarfsfall Entscheidungsvorlagen unterbreiten. Unterstützt werden Sie dabei vom CMPD, dem EUMS und dem CPCC, je nach konkreter Bedarfslage.

Der EUMC ist für militärische Operationen des Krisenmanagements die federführende Instanz, beaufsichtigt laufende Operationen und wertet sie nach Abschluss aus. Es kann Weisungen an den EU-Militärstab erteilen und liefert dem PSK und dem Rat militärische Expertise in Fragen der Planung, Vorbereitung und Durchführung von Missionen (Gross 2008: 23). Zudem kann es als doppelte Schnittstelle zwischen den nationalen militärischen Amtsträgern und der europäischen Ebene wie auch zwischen der EU und der NATO dienen. Die Generalstabschefs der Mitgliedstaaten, die zugleich Mitglieder der NATO sind, wirken dort im Militärausschuss mit. Der Vorsitzende des EUMC wird vom Rat auf Vorschlag der Mitglieder des Ausschusses für drei Jahre ernannt und nimmt an den Sitzungen des PSK sowie des Rates für Auswärtige Angelegenheiten teil (Arnaud et al. 2008: 24). Er berät den/die Hohe/n Vertreter/in für Außen- und Sicherheitspolitik in militärischen Fragen. Die Vertreter der Generalstabschefs treffen sich im Rahmen des EUMC im wöchentlichen Rhythmus. Sitzungen des Militärausschusses werden durch seine Arbeitsgruppe (EU Military Committee Working Group, EMCWG) vorbereitet, dem die Stellvertreter der militärischen Repräsentanten (also der Vertreter der Generalstabschefs) bzw. deren Mitarbeiter angehören.

Das Pendant im zivilen Bereich hierzu ist das CIVCOM, das ebenfalls eng dem PSK und dem Rat zuarbeitet und zwischen nationalen und europäischen Instanzen als Verbindungsglied dient (Gross 2008: 23). Es wurde im Jahr 2000 eingerichtet. Formal gesehen stellt das CIVCOM eine Arbeitsgruppe des PSK dar und genießt damit nicht denselben Stellenwert wie der EUMC. Es besteht aus Vertretern der Mitgliedstaaten und der Kommission. Das CIVCOM richtet Empfehlungen und Ratschläge an das PSK zu allen Fragen und Aspekten des zivilen Krisenmanagements (wie Polizei, Grenzschutz, Rechtsstaatlichkeit, zivile Verwaltung und Zivilschutz) und berät auch in Fragen der Planung und Kapazitätsverbesserung (Mölling 2010: 9). Zudem erörtert der Ausschuss die Bilanzen der Missionen im zivilen Bereich und zieht daraus Schlussfolgerungen für künftige Einsätze (Arnaud et al. 2008: 24f.). Da die Kommission an den Sitzungen des CIVCOM teilnimmt, dient das Gremium noch als interinstitutionelle Koordinierungsinstanz.

Die PMG agiert als Arbeitsgruppe unterhalb des PSK, berät es und formuliert Empfehlungen zu politisch-militärischen Fragen einer Operation (Arnaud et al. 2008: 25). Es ist damit ein erstrangiges Forum für die Entwicklung von Konzepten und Instrumenten für die militärische und zivil-militärische Vorgehensweise der Union. Zu den Aufgaben der PMG gehört daneben die Überwachung militärischer Aspekte der Reform des Sicherheitssektors (die insgesamt in den Bereich des zivilen Krisenmanagements fällt) sowie die Bewertung der Fortschritte im Aufbau von Kapazitäten des Krisenmanagements in Afrika (Arnaud et al. 2008: 25). Auf Wunsch des PSK kann sie auch einzelne Sitzungen vorbereiten. Schließlich ist die Arbeitsgruppe Außenbeziehungen (Working Group of Foreign Relations Counsellors, RELEX) zu nennen, die sich aus den fachlich zuständigen Mitarbeitern der Ständigen Vertretungen rekrutiert und insbesondere für institutionelle, rechtliche und budgetäre Aspekte einer Operation zuständig ist (Arnaud et al. 2008: 25). Zu ihren Aufgaben gehört zudem die Überwachung des Athena-Mechanismus zur Finanzierung gemeinsamer Kosten bei EU-Missionen.

5.3 Die Agenturen der GSVP

Neben den genannten Einrichtungen und Ausschüssen sind noch drei Agenturen im Rahmen der GSVP angesiedelt: die Verteidigungsagentur, das EU-Satellitenzentrum und das EU-Institut für Sicherheitsstudien (Walter 2010: 10ff.). Während die Verteidigungsagentur aus den Debatten des Konvents um den Entwurf über einen EU-Verfassungsvertrag hervorging, wurden das Satellitenzentrum und das EUISS von der WEU übernommen, waren also bereits seit Jahren in ihrem Betätigungsfeld aktiv.

Die Verteidigungsagentur ist dabei ohne Zweifel die bedeutendste der drei genannten Einrichtungen, da sie zunehmend eine Schlüsselrolle im Prozess der Verbesserung der militärischen Fähigkeiten einnimmt, der die GSVP seit Anbeginn prägt und der zunehmend multinationale Lösungen attraktiv erscheinen lässt.

5.3.1 Die Europäische Verteidigungsagentur

Mit der Schaffung der Europäischen Verteidigungsagentur (EVA; englisch: European Defence Agency, EDA) wurde die institutionelle Basis der GSVP deutlich gestärkt. Die EDA stellt die jüngste, aber mit Abstand auch bedeutendste der GSVP-Agenturen dar (Keohane 2004). Ihre Kernaufgaben liegen im Bereich der militärischen Kapazitätsverbesserung, der Forschung und technologischen Entwicklung sowie der rüstungspolitischen Zusammenarbeit zwischen den EU-Mitgliedstaaten (Arnaud et al. 2008: 66). Die Initiative zur Schaffung einer Verteidigungsagentur ging aus dem Kontext des Konvents zur Zukunft Europas hervor, der sie im Rahmen des Verfassungsvertrags verankerte; vor der Ratifizierung beschlossen allerdings die Staats- und Regierungschefs, die EDA bereits vorab zu gründen, und verabschiedeten auf dem Treffen des Europäischen Rates in Thessaloniki im Juni 2003 einen entsprechenden Beschluss. Damit war das Projekt der Agentur durch das Scheitern des Verfassungsvertrags nicht gefährdet, sondern konnte seinen Gang nehmen.

Von Anbeginn lagen der Idee einer EU-Agentur in diesem Bereich sehr unterschiedliche Konzeptionen und Interessen zugrunde. Insbesondere die Zielvorgabe unterschied sich je nach nationaler Präferenz. So befürwortete die britische Regierung eine durchaus handlungsfähige Einrichtung, die sich mit der Aufgabe befassen sollte, die erkannten militärischen Fähigkeitsdefizite anzugehen und den Druck auf die Mitgliedstaaten zu erhöhen, um ihre verteidigungspolitischen Beiträge zu erhöhen; keinesfalls gewünscht war aber eine Beschaffungsbehörde, die in großem Stil europäische Rüstungsprojekte in Auftrag geben oder koordinieren würde. Der französischen Position stand eine solche durchaus nahe, um insbesondere die Wettbewerbsfähigkeit der europäischen Rüstungsindustrie zu verbessern. Von deutscher Seite sollte eine übermächtige bürokratische Struktur vermieden, eine allzu strikte Definition von Fähigkeitszielen umschifft und bestehende Projekte und Strukturen mit der neuen Agentur vernetzt werden. Letztlich wurde eine multifunktionale Agentur geschaffen, die kaum exklusive Handlungsfelder erhielt und die sich ihr Profil erst selbst erarbeiten musste.

Entsprechend ihres multiplen Aufgabenprofils ist die EDA in verschiedene Direktionen eingeteilt, welche unterschiedliche thematische Schwerpunkte behandeln; folgende Aufgabenfelder werden abgedeckt (Arnaud et al. 2008: 67f.):

— Fähigkeiten,
— Forschung und technologische Entwicklung,
— Rüstungsfragen,
— Industrie- und Marktfragen.

Die einzelnen Direktionen arbeiten eng mit anderen institutionellen Akteuren in der EU zusammen. So wird die Identifizierung des Bedarfs an militärischen Fähigkeiten in Abstimmung mit dem EUMS und dem EUMC durchgeführt (Arnaud et al. 2008: 67). Im Lenkungsausschuss der EDA entscheiden die Verteidigungsminister über die Grundausrichtung der Aktivitäten der Agentur und können dabei auf Mehrheitsbeschlüsse zurückgreifen. Der/die Hohe Vertreter/in übt die politische Leitung der EDA aus, während für die operative Leitung ein Hauptgeschäftsführer zuständig ist, der auf Vorschlag des/der Hohen Repräsentanten/in vom Lenkungsausschuss ernannt wird (Rat der Europäischen Union 2004).

Im Laufe der letzten Jahre ist es der EDA zunehmend gelungen, die Rolle des Motors im Prozess um die militärischen Fähigkeitsziele einzunehmen und als zentrale Schnittstelle von europäischen und nationalen Bedarfs- und Leistungsprofilen die Debatte zu gestalten. Mit der Initiierung des Capability Development Plan (CDP), der auf die Long-Term-Vision des Rates der EU vom Oktober 2006 zurückgeht, wurde eine neue Dynamik in die Bemühungen um eine Verbesserung der Kapazitäten in der GSVP in Gang gesetzt.

5.3.2 Das EU-Institut für Sicherheitsstudien

Das Institut für Sicherheitsstudien (EU Institute for Security Studies, EUISS) wurde durch eine Gemeinsame Aktion des Rates vom 20. Juli 2001 in eine Agentur der EU überführt, nachdem es bereits seit 1990 als Einrichtung der Westeuropäischen Union gedient hatte. Zum 1. Januar 2002 nahm es offiziell seine neue Tätigkeit für die Gemeinsame Außen- und Sicherheitspolitik der Europäischen Union auf. Durch seine Analysen und Berichte begleitet das EUISS die Sicherheits- und Verteidigungspolitik der Union und erreicht dabei eine breite akademische und politische Öffentlichkeit, die an den neuesten Entwicklungen in diesem Politikbereich interessiert ist. Bereits als WEU-Institut war das EUISS Teil der wissenschaftlichen Debatte und genoss als europäischer Think-Tank Anerkennung (Arnaud et al. 2008: 31). Daneben kann das EUISS auch vertrauliche Analysen für mitgliedstaatliche Institutionen anfertigen, die der breiten Öffentlichkeit nicht zugänglich sind.

Das EUISS macht Forschungs- und Analyseergebnisse auf seiner Website[12] öffentlich und wartet mit einer Reihe von Publikationsreihen wie den Occasional Papers und den Chaillot Papers auf, die der Fachwelt seit Jahren ein Begriff sind. Von besonderem Wert ist die Funktion eines Chronisten der GSVP, welche das EUISS wahrnimmt. Es veröffentlicht in regelmäßigen Abständen alle relevanten EU-bezogenen wie nationalen und bilateralen Dokumente zur Entwicklung der europäischen Sicherheits- und Verteidigungspolitik im Rahmen seiner Chaillot Papers.

5.3.3 Das Satellitenzentrum der EU

Zum Erbe der WEU gehört ebenfalls das Satellitenzentrum der EU (EU Satellite Centre, SATCEN), das der Auswertung satellitengestützter Daten dient und von den Mitgliedstaaten, der Kommission, aber auch von Drittländern oder internationalen Organisationen nachgefragt werden kann (Arnaud et al. 2008: 31). In Konkurrenz zu ihm stehen die nationalen Auswertungsorganisationen, die nur ungern hochwertige Informationen und Analysen weitergeben. Im Gegensatz zu diesen kann das EU-Satellitenzentrum für mehrere Staaten oder die Union als Ganzes tätig werden und ihre Ergebnisse in flexiblen Abstufungen verfügbar machen. Das Satellitenzentrum hat seinen Sitz im spanischen Torrejón de Ardoz nahe Madrid und wurde 2001 als Agentur der Europäischen Union etabliert (Arnaud et al. 2008: 30).

Im Rahmen einer Mission des Krisenmanagements dienen die Daten und Auswertungen des SATCEN dem Lagezentrum der EU und dem Militärstab zur Formulierung strategischer Optionen (Arnaud et al. 2008: 30). So wurde Material des Satellitenzentrums dem operativen Hauptquartier in Mont Valérien zur Verfügung gestellt, um die GSVP-Operation im Tschad und in Zentralafrika vorzubereiten (Arnaud et al. 2008: 31).

5.4 Der Europäische Auswärtige Dienst

Mit der Schaffung des Europäischen Auswärtigen Dienstes (EAD; englisch: European External Action Service, EEAS) wurde durch den Vertrag von Lissabon erstmals eine Zusammenführung von Dienststellen der Kommission

12 Siehe http://www.iss.europa.eu/.

und des Rates bewerkstelligt (Quille 2010; Lieb/Kremer 2010), die einen insgesamt homogeneren und kohärenteren Prozess der Vorbereitung, Herstellung und Durchführung von Entscheidungen in den EU-Außenbeziehungen herbeiführen soll (Art. 27 Abs. 3 EUV). Auf der Grundlage des Vertrags über die Europäische Union verabschiedete der Rat im Juli 2010 einen Beschluss über die Organisation und Arbeitsweise des Europäischen Auswärtigen Dienstes (Rat der Europäischen Union 2010d).

Dabei gilt es allerdings, ein Missverständnis zu beseitigen. Der Kommission verbleiben selbst nach Schaffung des EAD substanzielle Kompetenzen und Ressourcen im Bereich der externen Politikgestaltung, etwa im Bereich der Handels-, Entwicklungs- oder Erweiterungspolitik, die nicht in den Auswärtigen Dienst einfließen. Zwar koordiniert der/die Hohe Vertreter/in für Außen- und Sicherheitspolitik innerhalb der Kommission alle Politikfelder im Bereich der Außenbeziehungen, doch impliziert dies keine Weisungsbefugnis gegenüber anderen Kommissionsmitgliedern oder gar Dienststellen der Behörde. Auffällig ist zudem, dass die Europäische Nachbarschaftspolitik, die zweifelsohne im Kernbereich der Aufmerksamkeit des EAD und der Kompetenzen des/der Hohen Vertreters/in angesiedelt ist, durch ein anderes Mitglied der Kommission federführend betreut wird. Zwar ist der EAD hier an zentraler Stelle beteiligt, muss sich dabei aber regelmäßig abstimmen. Durch den EAD wird also die grundsätzlich fragmentierte Kompetenzstruktur der EU-Außenbeziehungen keinesfalls aufgehoben, sondern allenfalls abgeschwächt. Auch im Bereich des europäischen Krisenmanagements, das als Kernaktivität der GSVP innerhalb des Auswärtigen Dienstes angesiedelt ist, lässt sich weniger von einer Fusion der Dienststellen sprechen als davon, dass nunmehr alle relevanten Instanzen unter ein gemeinsames Dach gefunden haben. Die Vielfalt und Mehrgleisigkeit der Planungs-, Vorbereitungs-, Umsetzungs- und Auswertungsmechanismen bleibt erhalten und erscheint bisweilen recht intransparent (Major/Bail 2011: 29ff.).

Der Aufbau des EAD ist durch das Nebeneinander unterschiedlicher Organisationsprinzipien geprägt. Dabei spielen regionale, thematische und funktionale Kriterien eine Rolle. Die Mehrzahl der Generaldirektionen ist nach geographischen Zuständigkeiten geordnet, aber auch übergreifende horizontale Themenfelder im globalen und multilateralen Raum finden Berücksichtigung (Rehrl/Weisserth 2010: 37). Daneben sind besondere Dienststellen für die Verwaltung und Finanzkontrolle zuständig. Der Bereich des Krisenmanagements kann als ein besonders strukturierter funktionaler Aktionsbereich des EAD angesehen werden, der in besonderer Weise mit innerinstitutioneller Vielfalt und Aufgabenteilung verknüpft ist und eine entsprechend hohe Differenzierung ausweist.

Grundlegend ist der EAD in zwei Ebenen gegliedert: die Zentralverwaltung in Brüssel und die insgesamt gut 160 Delegationen der EU, die in Drittländern und Internationalen Organisationen akkreditiert sind. Die Delegationen sind als ehemalige Vertretungen der Europäischen Kommission nunmehr zu Repräsentationen der gesamten EU avanciert und bilden wichtige Stütz- und Anlaufpunkte für die weltweit angelegten Handlungsbereiche der Union (Schmid 2010: 460).

An der Spitze des EAD steht die Figur des/der Hohen Vertreters/in für Außen- und Sicherheitspolitik. Die administrative Leitung des Dienstes hat allerdings der Geschäftsführende Generalsekretär inne. Daneben fungieren zwei stellvertretende Generalsekretäre zur Unterstützung des/der Hohen Vertreters/in. Weiterhin ist eine Reihe von Einrichtungen mit zentralen Leitungsfunktionen befasst. Hierzu zählen ein Sekretariat, Einheiten für Politikkoordinierung, Rechtsfragen, strategische Planungen sowie Beziehungen zum EP und nationalen Parlamenten.

Die Mehrheit der Generaldirektionen ist nach regionalen Aspekten eingeteilt. So finden sich GDs zu Asien, Afrika, Europa/Zentralasien, Nordafrika/Naher Osten/Arabische Halbinsel/Iran/Irak sowie zu Amerika (also Nord-, Mittel- und Südamerika) mit entsprechenden Unterabteilungen und Referaten. Den Generaldirektionen sind zudem die Vorsitzenden der außenpolitischen Arbeitsgruppen der EU zugeordnet, mit denen sie in engem Kontakt stehen. Thematisch findet sich schließlich eine Generaldirektion zu globalen und multilateralen Fragen, welche die stärkste Binnendifferenzierung aller GDs aufweist und sich Länder und Regionen übergreifend übergeordneten Themen- und Problemstellungen insbesondere im Bereich der Demokratie und Menschenrechte, der Krisenprävention, internationaler Zusammenarbeit und der Entwicklungsförderung widmet.

Innerhalb des EAD nehmen die Arbeitseinheiten und Einrichtungen, die mit Fragen der GSVP befasst sind, eine gewisse Sonderstellung ein. So existiert neben den genannten Generaldirektionen eine weitere zu Krisenreaktion und operativer Koordinierung, die in engem Kontakt zur Person des/der Hohen Vertreters/in steht und engstens mit anderen Dienststellen verbunden ist (Rehrl/Weisserth 2010: 37f.). Hierzu gehören das Lagezentrum der EU, die Agenturen (Satellitenzentrum, Institut für Sicherheitsstudien und Verteidigungsagentur) sowie in besonderem Maße die EAD-Krisenmanagementstrukturen, in denen der EUMS (EU Military Staff, EU-Militärstab), das

CPCC und das CMPD (Crisis Management and Planning Directorate, Direktion für Krisenmanagement und Planung) eingebettet sind (Schmid 2010: 461). Enge Beziehungen bestehen darüber hinaus mit dem EUMC, der PMG und dem CIVCOM, die selbst nicht dem EAD angehören, aber mit diesem koordiniert zusammenwirken (siehe Schaubild 3).

Schaubild 3: Der Aufbau des Europäischen Auswärtigen Dienstes

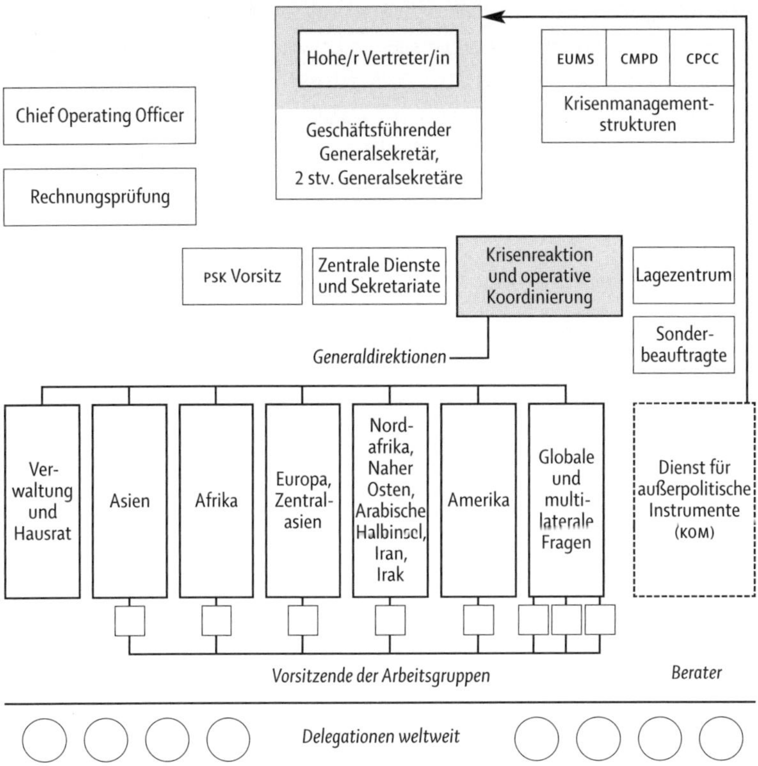

Quelle: Eigene Aufstellung nach Informationen des EAS.

Die Entstehungs- und Aufbauphase des EAD war insgesamt recht mühsam. Nur langsam kam der Betrieb in Fahrt, sodass die neuen Abläufe Tritt fassen konnten; Kompetenzstreitigkeiten, Koordinierungsprobleme und Kommunikationsdefizite prägten zunächst das Bild (Major/Bail 2010: 29ff.). Überraschen kann dies nicht, da bislang keine Erfahrungswerte für eine derartige institutionelle Neuordnung innerhalb der EU bestehen und die beschriebenen Konstruktionsmerkmale darauf schließen lassen, dass ein enorm hoher Steuerungsbedarf gegeben ist.

Weiterführende Literatur

Arnaud, L., et al. (2008). *Guide to the European Security and Defence Policy (ESDP)*, Brüssel: Permanent Representation of France to the European Union and French Delegation to the Political and Security Committee.

Rehrl, J./Weisserth, H.-B. (Hg.) (2010). *Handbook on CSDP. The Common Security and Defence Policy of the European Union*, Vienna: Federal Ministry of Defence and Sports of the Republic of Austria.

6 Die parlamentarische Dimension der GSVP

Einer besonderen Aufmerksamkeit bedarf die parlamentarische Dimension der GSVP – wie auch der gesamten GASP (Thym 2006; Wagner 2006). Parlamentarische Beteiligung sichert demokratische Legitimation für Einsätze im Rahmen des Krisenmanagements und kann dazu beitragen, die Akzeptanz in der Öffentlichkeit für derartige Einsätze zu erhöhen.

Dabei sind zwei Ebenen von Bedeutung: Es geht einerseits um die Einbindung des Europäischen Parlaments als institutionellen Mitspieler auf europäischer Ebene (Diedrichs 2004a); andererseits um die Mitwirkung nationaler Parlamente an der Entscheidungsfindung und -umsetzung, insbesondere im Rahmen militärischer Einsätze (Born et al. 2008). Die parlamentarische Überwachung und Kontrolle militärischer Einsätze ist sowohl im nationalen Rahmen wie auch auf EU-Ebene eine höchst umstrittene und sensible Thematik. Das EP ist aus der Willensbildung und Beschlussfassung der Union in Fragen des militärischen Krisenmanagements formal ausgeschlossen, verfügt aber in der zivilen Dimension über einige teils beachtliche Kompetenzen. Darüber hinaus spielt es in der budgetären Ausstattung der EU eine zentrale Rolle.

Da die GSVP grundsätzlich als intergouvernementales Politikfeld strukturiert ist, erfordert jeder Beschluss über eine Aktion der Union den Konsens der Mitgliedstaaten. Die nationalen Regierungen besitzen je nach verfassungsrechtlicher Lage und der aktuellen politischen Gesamtkonstellation unterschiedliche Freiräume, wenn es um den militärischen Beitrag zu einer EU-Mission geht. So muss die deutsche Regierung in jedem Fall die Zustimmung des Bundestages einholen, wenn Soldaten außerhalb des Geltungsbereichs des Grundgesetzes zum Einsatz kommen sollen. Im Falle anderer EU-Länder ist ein solcher förmlicher Akt nicht nötig, hier verfügt die Regierung über erheblich größere Handlungsmöglichkeiten. Allerdings begleitet in allen EU-Staaten eine aufmerksame Öffentlichkeit das Agieren der militärischen Einsatzkräfte und bildet damit einen kritischen Resonanzboden, den Regierungen – und Parlamente – in der Regel berücksichtigen müssen.

6.1 Das Europäische Parlament in der GSVP – vom Beobachter zum Mitspieler?

Laut dem Vertrag von Lissabon wird das EP regelmäßig durch den/die Hohe/n Vertreter/in für Außen- und Sicherheitspolitik über die GASP insgesamt informiert und kann dabei seine Positionen zum Ausdruck bringen. Der EU-Vertrag besagt: „Der Hohe Vertreter der Union für Außen- und Sicherheitspolitik hört das Europäische Parlament regelmäßig zu den wichtigsten Aspekten und den grundlegenden Weichenstellungen der Gemeinsamen Außen- und Sicherheitspolitik und der Gemeinsamen Sicherheits- und Verteidigungspolitik und unterrichtet es über die Entwicklung der Politik in diesen Bereichen"; zudem ist festgehalten, dass der/die Hohe Vertreter/in dafür Sorge trägt, die Auffassungen des EP „gebührend" zu berücksichtigen; im Übrigen können auch Sonderbeauftragte dem EP gegenüber Informationen beisteuern (Art. 36 EUV).

Neben der Nutzung seiner passiven Beteiligungsrechte kann das EP auf eigene Initiative tätig werden: „Das Europäische Parlament kann Anfragen oder Empfehlungen an den Rat und den Hohen Vertreter richten. Zweimal jährlich führt es eine Aussprache über die Fortschritte bei der Durchführung der Gemeinsamen Außen- und Sicherheitspolitik, einschließlich der Gemeinsamen Sicherheits- und Verteidigungspolitik" (Art. 36 EUV). Einen prägenden Einfluss auf die Gestaltung der GSVP, insbesondere im Vorfeld und im Verlauf einer Operation des Krisenmanagements, kann das EP direkt jedoch nicht ausüben.

Diese Bestimmungen des Lissabonner Vertrags waren im Übrigen bereits mit kleinen Abweichungen im EU-Vertrag verankert gewesen, damit verändert sich die bereits bestehende Praxis de facto und de jure kaum. Zugleich bleibt die Beteiligung des EP an der Gestaltung der GSVP äußerst begrenzt, von einer Parlamentarisierung der Außen- und Sicherheitspolitik kann keine Rede sein. Allerdings sollte die Analyse nicht beim Artikel 36 stehen bleiben. So müssen zugleich die Ausführungen des Art. 41 EUV in Betracht gezogen werden. Hierin ist bestimmt, dass die Verwaltungsausgaben sowie die operativen Ausgaben für die GASP aus dem EU-Budget finanziert werden (Art. 41 Abs. 1 und 2 EUV). Eine Ausnahme bilden lediglich die operativen Ausgaben für Maßnahmen mit militärischen oder verteidigungspolitischen Bezügen oder wenn der Rat einstimmig etwas anderes beschließt (Art. 41 Abs. 2 EUV). Die Anwendung des Haushaltsverfahrens beinhaltet eine erhebliche Mitsprache des Europäischen Parlaments, selbst wenn sich diese nicht auf alle Bereiche der GASP erstreckt. Falsch wäre es, darin eine Grenzziehung entlang der GSVP zu sehen. Zwar bleiben Maßnahmen mit militärischen und verteidigungspolitischen Bezügen von gemeinschaftlicher Finanzierung ausgeschlossen, doch gilt dies nicht per se für Missionen des zivilen Krisenmanagements. Gerade hier und an der Schnittstelle von EU-Operationen mit traditionellen Gemeinschaftspolitiken lassen sich auf dem Weg des Budgets erhebliche Einflussmöglichkeiten erschließen.

Nach Art. 41 Abs. 3 beschließt der Rat nach Anhörung des EP, wenn er in einem besonderen Verfahren den „schnellen Zugriff" auf EU-Mittel vornehmen möchte, um insbesondere Missionen im Krisenmanagement vorzubereiten. Eine Anhörung bietet dem EP sicherlich die Möglichkeit zu einer öffentlichen Positionierung gegenüber dem Rat und den Mitgliedstaaten – verhindern oder zwingend ändern kann es den Beschluss damit allerdings nicht.

Ergänzend finden sich Regelungen speziell zur GASP in der Interinstitutionellen Vereinbarung zwischen dem Rat, der Kommission und dem EP vom Mai 2006. So werden die operativen Ausgaben der GASP, soweit sie aus dem Haushalt der Union bestritten werden, von den drei Institutionen im Rahmen eines Konzertierungsverfahrens einvernehmlich festgelegt (Interinstitutionelles Abkommen 2006: 7). Dies ermöglicht dem EP eine gleichberechtigte Mitsprache. Sollten sich die Institutionen nicht einigen können, wird der Ansatz des vorangehenden Jahres zugrunde gelegt. Jährlich wird das Parlament zudem in einem „zukunftsorientierten Dokument über die Hauptaspekte und grundlegenden Optionen der GASP, einschließlich der finanziellen Auswirkungen für den Gesamthaushaltsplan der Europäischen Union und einer Bewertung der im Jahr n–1 eingeleiteten Maßnahmen" (Interinstitutionelle Vereinbarung 2006: 7) informiert. Damit wird die vertraglich vorgesehene Berichtspflicht nochmals konkretisiert und spezifiziert. Diese mittlerweile durch die/den Hohe/n Repräsentantin/en übernommene Aufgabe ist für das Europäische Parlament von besonderer Bedeutung, da es in der Vergangenheit seitens der Abgeordneten immer wieder offene Kritik an der routinierten und politisch eher unspektakulären Berichtspraxis des Rates zur GASP gegeben hatte (Diedrichs 2004a). Weiterhin wird das EP mindestens fünfmal im Jahr in gemeinsamen Beratungssitzungen im Rahmen eines „politischen Dialogs zur GASP" über laufende und anstehende Entwicklungen in Kenntnis gesetzt. Der Rat verpflichtet sich schließlich, dem Parlament bei jedem kostenwirksamen Beschluss Angaben über die zu erwartende Höhe der Ausgaben zu machen.

Trotz dieser beachtlichen budgetären Mitspracherechte ist es dem Europäischen Parlament bislang nicht gelungen, sich als politisch aktiver Mitgestalter der GSVP zu profilieren. Eines der grundlegenden Probleme ist daher die Feinabstimmung der Instrumente des Europäischen Parlaments auf die GSVP. Die haushaltspolitischen Rechte sind kaum geeignet, auf konkrete Missionen im Krisenmanagement planerisch, konzeptionell oder operativ Einfluss zu nehmen. Eine Kontrolle der handelnden Akteure lässt sich ohnehin kaum effektiv bewerkstelligen. Auch der/die Hohe Vertreter/in für die Außen- und Sicherheitspolitik als der zentrale Ansprechpartner des EP unterliegt zwar ‚mit einem Bein' als Kommissionsmitglied der Möglichkeit, im Zuge eines Misstrauensvotums durch das EP das Amt zu verlieren. Ob sich diese politische Sanktionsmöglichkeit (für die im Übrigen in der Geschichte der EG/EU das EP noch nie die erforderliche Mehrheit aufgebracht hat) für den Versuch der Einflussnahme auf beispielsweise eine zivile oder militärische Operation eignet, erscheint mehr als fraglich.

6.2 Nationale Parlamente in der GSVP – Topographie der demokratischen Kontrolle in der EU

Die Lage hinsichtlich der Beteiligungsrechte nationaler Parlamente an Entscheidungen in der GSVP stellt sich äußerst heterogen dar. Paradoxerweise verfügen die Legislativen der Mitgliedstaaten traditionell eher über höhere Einflussmöglichkeiten auf die Entsendung von Truppen und Militär als auf zivile Amtsträger. Im Falle des EP sind die Einflussmöglichkeiten umgekehrt gelagert. Hier finden sich stärkere Einfluss- und Gestaltungsmöglichkeiten im Bereich des zivilen Krisenmanagements.

Obwohl de jure und de facto die parlamentarischen Formen der Beteiligung an Entscheidungen über den Einsatz von Truppen im Rahmen von Operationen des europäischen Krisenmanagements sehr unterschiedlich ausfallen, sind in den vergangenen Jahren deutliche Tendenzen einer weichen Parlamentarisierung erkennbar, welche insgesamt darauf hinauslaufen, der Legislative ein stärkeres Mitspracherecht einzuräumen und ihre Kontrollbefugnisse auszubauen. Auffällig sind diese Tendenzen besonders bei den beiden wichtigsten Akteuren der GSVP: Frankreich und Großbritannien.

In Frankreich sieht die 2008 auf Initiative Präsident Sarkozys verabschiedete Verfassungsreform vor, dass das Parlament über jede Entsendung von

Truppen informiert werden muss, und zwar spätestens drei Tage nach dem Einsatz; hierbei kann sich auch eine Debatte – ohne Abstimmung – anschließen. Einsätze, deren Dauer die Frist von vier Monaten überschreiten, bedürfen darüber hinaus für ihre Verlängerung einer Autorisierung durch das Parlament.[13] Damit ist die Handlungsfreiheit der Regierung eingeschränkt worden, zugleich bleiben ihr deutlich breitere verfassungsrechtliche Spielräume als etwa der deutschen Bundesregierung, die für jeden Einsatz eine Zustimmung des Bundestages benötigt. Nicht zu unterschätzen ist dabei aber, dass selbst weiche Formen der Beteiligung wie die Information des Parlaments und die Möglichkeit einer Debatte dazu beitragen können, politische Prozesse und Entscheidungen zu beeinflussen. Die Notwendigkeit der Rechtfertigung eines Einsatzes von militärischen Kräften durch die Regierung mag sie dazu zwingen, Rücksichten auf das Meinungsbild im Parlament oder in der Öffentlichkeit zu nehmen.

Auch in Großbritannien wurde – hier insbesondere als Folge des Irak-Krieges – der Versuch unternommen, dem Recht der Exekutive zum Einsatz von Truppen (Royal Prerogative) eine stärkere parlamentarische Rückbindung zu verleihen. Die Debatte wurde durch das Weißbuch der Regierung Brown mit dem Titel ‚Governance of Britain' vom März 2008 neu belebt und durch die im Mai 2010 ins Amt gekommene konservativ-liberale Koalition aufgegriffen (Taylor/Kelly 2008; Allen 2011). Die Regierung Blair hatte bereits mehrfach die parlamentarische Zustimmung zu Truppeneinsätzen in Afghanistan und Irak eingeholt, dies aber als freiwilligen Akt der Regierung angesehen und einer gesetzlichen Bindung der Exekutive an die Autorisierung durch das Unterhaus ablehnend gegenübergestanden (Allen 2011). Wie weit die Konsultierung des Parlaments bei künftigen Einsätzen gehen und welche Bindungswirkung sie entfalten wird, bleibt abzuwarten.[14]

In der Bundesrepublik Deutschland ist jede Entscheidung der Regierung über den Einsatz der Bundeswehr im Ausland an eine parlamentarische Zu-

13 Siehe Art. 35 der Verfassung der französischen Republik; Constitution du 4 Octobre 1958, à jour de la révision constitutionelle du 23 juillet 2008; darin heißt es in Art. 35 Abs. 1: „Le Gouvernement informe le Parlement de sa décision de faire intervenir les forces armées à l'étranger, au plus tard trois jours après le début de l'intervention. Il précise les objectifs poursuivis. Cette information peut donner lieu à un débat qui n'est suivi d'aucun vote." Weiter heißt es in Abs. 2: „Lorsque la durée de l'intervention excède quatre mois, le Gouvernement soumet sa prolongation à l'autorisation du Parlement. Il peut demander à l'Assemblée nationale de décider en dernier ressort."

14 Außenminister Hague äußerte während der Debatte um den Einsatz britischer Kräfte in Libyen: „We will also enshrine in law for the future the necessity of consulting parliament on military action" (zitiert nach Allen 2011).

stimmung geknüpft, Gleiches gilt für jede Verlängerung des Mandates. Seit dem Urteil des Bundesverfassungsgerichts aus dem Jahre 1994 gilt damit eine strenge und enge Bindung militärischer Einsätze an die Autorisierung durch den Bundestag. Mit dem Parlamentsbeteiligungsgesetz aus dem Jahre 2005 wird der bestehende Parlamentsvorbehalt im Hinblick auf das anzuwendende Verfahren zwischen Bundesregierung und Bundestag spezifiziert und ausdifferenziert (Weiß 2005). So wurde insbesondere eine Rückholbefugnis durch das Parlament und ein vereinfachtes Verfahren im Falle von Einsätzen mit geringer Intensität gesetzlich festgeschrieben (Weiß 2005: 100). Beim Einsatz von Polizeikräften im Rahmen ziviler Missionen sind die Beteiligungsrechte des Bundestages dagegen deutlich eingeschränkt; eine zuvor zu erteilende Autorisierung ist nicht nötig, allerdings besteht laut Bundespolizeigesetz für die Beamten des Bundes eine parlamentarische Rückholmöglichkeit (Born et al. 2008: 22). Aufgrund der föderalen Kompetenzverteilung in Deutschland müssen die Länder dem Einsatz von eigenen Polizeikräften zustimmen.

In Spanien bedarf es auf Grundlage des Gesetzes über die nationale Verteidigung vom Dezember 2005 einer parlamentarischen Zustimmung zur Entsendung von Truppen in Auslandseinsätzen, zuvor wird der Entwurf dem zuständigen Ausschuss zwecks Billigung zugeleitet (Born et al. 2008: 25). Polen und Rumänien sehen wiederum keine Möglichkeit einer Autorisierung von Einsätzen im Rahmen der GSVP durch die Legislative vor. In Rumänien ist eine parlamentarische Autorisierung für die Entsendung von Truppen nur in den Fällen erforderlich, in denen keine Bindung des Landes durch internationale Verträge besteht. Für Einsätze im Rahmen der GSVP wird daher das Parlament nicht befragt (Born et al. 2008: 24).

Grundsätzlich ist ein wachsender Trend zur parlamentarischen Absicherung von militärischen Einsätzen erkennbar, auch und gerade in Ländern, in denen dies traditionell nicht der Fall war. Allerdings stellt sich in der Praxis häufig das Problem, dass Regierungen mit dem Hinweis auf einen Beschluss auf EU-Ebene die Parlamente unter Druck setzen können, da die Verweigerung der Zustimmung mit politischen Kosten verbunden wäre (Born et al. 2008: 29). Die meisten Regierungen müssen vor der Verabschiedung eines Beschlusses im Rahmen der GASP, also auch zu Fragen der GSVP, ihre Parlamente nicht konsultieren und sind daher in der Lage, bei Bedarf die europäische Ebene gegen ihre Parlamente in Stellung zu bringen.

Im Bereich des zivilen Krisenmanagements ist allmählich ein Bemühen um eine parlamentarische Absicherung erkennbar, wenngleich hier noch erhebliche Lücken und Brüche in den nationalen Praktiken und Rechtslagen existieren, die es erschweren, eine ähnlich gelagerte Legitimation herzustellen wie im Falle militärischer Einsätze. Hier kann zunächst das Europäische Parlament dazu beitragen, durch seine Partizipation auf EU-Ebene eine stärkere Kontrolle auszuüben. Eine Autorisierung für die Entsendung von Kräften etwa des Polizei- und Justizwesens durch die nationalen Parlamente kann dies allerdings kaum kompensieren.

Weiterführende Literatur

Born, H./Anghel, S./Dowling, A./Fuior, T. (2008). *Parliamentary Oversight of ESDP Missions,* Policy Paper Nr. 28, Genf: Geneva Centre for the Democratic Control of Armed Forces (DCAF).

Taylor, C./Kelly, R. (2008). *Parliamentary Approval for Deploying the Armed Forces: An Introduction to the Issues,* House of Commons Research Paper 08/88, 27. 11.

7 Die Finanzierung der GSVP

Die wachsende Zahl an militärischen und zivilen Missionen seit 2003 hat die Frage der Finanzierung der GSVP deutlich verschärft. War die GASP traditionell mit einem vergleichsweise bescheidenen Budget ausgestattet gewesen, so stieg mit der Einführung der Sicherheits- und Verteidigungspolitik der Ressourcenbedarf dramatisch an. Die Finanzierung der GSVP hat sich seit 2003 deutlich in Richtung gemeinsamer Grundsätze und Instrumente entwickelt, zumal die nationalen Haushalte aufgrund übergeordneter Sparzwänge schnell an ihre Grenzen stießen. Grundsätzlich werden die Verwaltungsausgaben in der GASP und GSVP durch den EU-Haushalt abgedeckt (Art. 41 Abs. 1 EUV). Die operativen Ausgaben der GASP werden im Prinzip ebenfalls über das EU-Budget abgewickelt, mit Ausnahme von Ausgaben für Maßnahmen mit militärischen und verteidigungspolitischen Bezügen sowie im Falle einer einstimmigen Entscheidung des Rates, den Haushalt der Union nicht zu nutzen (Art. 41 Abs. 2 EUV). Damit ist nicht per se der gesamte operative Bereich der GSVP aus der Unionsfinanzierung ausgeklammert, vielmehr ist sie im zivilen Krisenmanagement durchaus üblich. Somit bleibt die Frage der militärischen und verteidigungspolitischen Bezüge. Aber auch hier haben sich in den vergangenen Jahren Veränderungen und zunehmend koordinierte und gebündelte Finanzierungsoptionen ergeben.

Im Grundsatz galt für die Durchführung von Operationen im militärischen Krisenmanagement, dass die beteiligten Staaten die jeweils für sie anfallenden Kosten tragen müssen. Dieses Prinzip des „costs lie where they fall" war der Praxis der NATO entlehnt und implizierte insbesondere die Deckung des Unterhalts und der Ausrüstung eingesetzter Truppen, bedurfte aber einiger Ergänzungen. So erforderte die Nutzung gemeinsamer Infrastrukturen wie etwa der Hauptquartiere einen Verteilungsschlüssel, der es ermöglichte, dass die beteiligten Staaten die Kosten gemeinsam tragen. Die Erfahrung der ersten militärischen Operationen in Mazedonien und im Kongo ließ das Bedürfnis nach einem stabilen und berechenbaren Finanzierungsmechanismus deutlich werden (Grevi/Keohane 2009: 76). Um hier eine dauerhafte Regelung zu ermöglichen, wurde im Februar 2004 der Athena-Mechanismus geschaffen, der sich aus nationalen Beiträgen speist und für die Bestreitung gemeinsamer Kosten, sogenannter „common costs", von EU-Operationen zuständig ist (Grevi/Keohane 2009: 75).

Der Beschluss des Rates ist in der Folge mehrfach geändert und aktualisiert worden (Rat der Europäischen Union 2008d). Athena wird durch einen Sonderausschuss beaufsichtigt, in dem jeder beitragende Mitgliedstaat vertreten ist. Die Handhabung des Mechanismus obliegt einem Verwalter, der jeweils aber mit dem Befehlshaber der Operation (Operation Commander) zusammenarbeiten muss, und einem Rechnungsführer, der für die ordnungsgemäße Abwicklung der Einnahmen und Ausgaben Sorge trägt und den Rechnungsbericht erstellt. Dem Operationsbefehlshaber kommt insofern eine besondere Stellung zu, als er in der Lage ist, dem Sonderausschuss Vorschläge darüber zu unterbreiten, ob bestimmte Ausgaben als gemeinsame Kosten deklariert werden sollen (Rat der EU 2008d).

Gemeinsame Kosten sind in unterschiedliche Kategorien eingeteilt (siehe Tabelle 1). Zunächst kann Athena Kosten übernehmen, die nicht unmittelbar einer einzelnen Operation zugeordnet werden können, und zwar unabhängig vom Zeitpunkt des Beginns der Operation. Hierzu zählen z. B. bestimmte Dienstreisen, Lagerung von Material, aber auch Bank- und Rechnungsprüfungskosten. Davon unterschieden werden die gemeinsamen operativen Kosten, die einer bestimmten Operation zugerechnet werden können; diese sind ebenfalls in verschiedene Kategorien unterteilt. So können Ausgaben für die Vorbereitung einer Operation übernommen werden (z. B. für Transport, Unterbringung, Übersetzungen, ärztliche Versorgung) sowie Kosten in der aktiven Phase eines Einsatzes. Letztere umfassen diejenigen operativen Kosten, die Athena in jedem Fall übernimmt (wie Hauptquartiere, Kommunikation, Infrastruktur), und solche, die auf Beschluss des Rates oder auf Ersuchen des Operationsbefehlshabers durch Athena getragen werden. Als letzte Kategorie sind jene Kosten definiert, die mit der Abwicklung einer Operation verbunden sind.

Der Verteilungsschlüssel sieht einen Beitrag der beteiligten Staaten nach dem jeweiligen Bruttoinlandsprodukt vor. Athena steht damit außerhalb des Rahmens des EU-Haushaltes und stellt ein im Kern intergouvernementales Instrument der Lastenverteilung und Leistungserbringung im EU-Krisenmanagement dar, bietet aber gegenüber einer rein nationalen Mittelausstattung durchaus Anreize für gemeinsames Vorgehen, zumal sich seit Einführung des Mechanismus eine zunehmende Inanspruchnahme feststellen lässt. Allerdings darf die Tragweite des Athena-Mechanismus nicht überschätzt werden. Nach Schätzungen von Experten decken die so getragenen gemeinsamen Kosten ca. zehn Prozent einer militärischen Operation ab, der weitaus größte Teil wird aus den nationalen Haushalten bestritten (Grevi/Keohane 2009: 76). Französische Bemühungen um eine Aufstockung von Athena sind bislang nicht erfolgreich gewesen.

Tabelle 1: Kostenkategorien nach dem Athena-Mechanismus

Gemeinsame Kosten, die nicht unmittelbar einer Operation zugeordnet werden können	Gemeinsame Operative Kosten				
	Vorbereitung einer Operation	Operative Kosten, die stets übernommen werden	Operative Kosten, die auf Beschluss des Rates übernommen werden	Operative Kosten, die auf Ersuchen des Operationsbefehlshabers übernommen werden	Operative Kosten zur Abwicklung einer Operation
Dienstreisen, Lagerung von Material, Kontenkosten, Buchprüfung, Rechnungslegung	Sondierungsmissionen, Vorbereitungen: Transport, Unterbringung, Nutzung von Kommunikationsmitteln, lokales Personal, ärztliche Versorgung	Hauptquartiere, OHQ, FHQ, CCHQ, Verlegung von FHQ/CCHQ, Kommunikation, spezielles Zivilpersonal, Beförderungen innerhalb des Einsatzgebietes, Infrastruktur für HQ, Satellitenbilder zur Nachrichtengewinnung; Öffentlichkeitsarbeit, Repräsentationskosten	Transportkosten für Einsatzkräfte, multinationale Hauptquartiere der Task Forces	Kasernen/ Unterkünfte im Einsatzgebiet, unbedingt erforderliche Ausrüstung, Informationsgewinnung, kritische Fähigkeiten im Einsatzgebiet, ärztliche Dienste	Kosten zur Festlegung der Endbestimmung von Ausrüstung und Infrastruktur, die gemeinsam finanziert wurde

Quelle: Rat der Europäischen Union 2008d.

Ein weiterer Trend besteht in der Verknüpfung von Finanzierungsquellen, die auch den EU-Haushalt einbezieht. Insbesondere im Bereich des zivilen Krisenmanagements bietet die Nutzung des Unionsbudgets für die Mitgliedstaaten attraktive, weil entlastende Möglichkeiten einer Kostenteilung.

Schließlich sieht der Vertrag von Lissabon die Möglichkeit von Sofortmaßnahmen im Rahmen der GASP vor, insbesondere zur Vorbereitung von Operationen im Krisenmanagement. Diese können in zwei Richtungen realisiert werden (Rehrl 2010: 96f.). Durch Beschluss des Rates können Verfahren für den schnellen Zugriff auf das Unionsbudget verabschiedet werden, um hier zügiger Mittel mobilisieren zu können; das Europäische Parlament muss allerdings zuvor gehört werden (Art. 41 Abs. 3 EUV). Tätigkeiten zur Vorbereitung von Missionen, die nicht aus dem Haushalt der Union bestritten werden, können dagegen durch einen Anschubfonds abgedeckt werden, der sich aus Beiträgen der Mitgliedstaaten speist. Hierzu erlässt der Rat auf Vorschlag der/des Hohen Repräsentantin/en mit qualifizierter Mehrheit Beschlüsse über die Einzelheiten der Bildung, Finanzierung und Mittelzuweisung des Fonds sowie seiner Verwaltung und der Finanzkontrolle (Art. 41 Abs. 3 EUV). Der Rat ermächtigt den/die Hohe/n Vertreter/in im Bedarfsfall zur Inanspruchnahme des Anschubfonds, wobei damit Berichtspflichten gegenüber dem Rat verbunden sind. Damit bieten sich für die Finanzierung der GSVP im Wesentlichen drei Optionen:

— *Intergouvernementale Option:* Jeder Mitgliedstaat trägt die Kosten einer Mission aus eigener Kraft nach dem Grundsatz „costs lie where they fall". Die exakten Ausgaben für Operationen in Rahmen des Krisenmanagements aus den nationalen Quellen zu erhalten, ist allerdings äußerst schwierig, zumal seitens der beteiligten Ministerien kaum Interesse an einer umfassenden Offenlegung aller Kosten besteht.

— *Kooperative Option:* Bestimmte gemeinsame operative Kosten („common costs") werden gebundelt und durch den Finanzierungsmechanismus Athena getragen; die Beiträge der Mitgliedstaaten bemessen sich dabei nach ihrer Wirtschaftskraft, abgeleitet vom BIP. Athena wird seit Einführung des Mechanismus intensiv und in zunehmenden Umfang herangezogen, um damit die Mitgliedstaaten unmittelbar zu entlasten. Zudem müssen die Ausgaben innerhalb des Budgetpools nicht öffentlich aufgegliedert werden. Auch die Nutzung des Anschubfonds aus Beiträgen der Mitgliedstaaten nach Art. 41 Abs. 3 EU entspricht diesem Muster.

— *Integrative Option:* Die Kosten werden zentral über den Haushalt der EU abgedeckt und unterliegen damit den Verfahren und institutionellen Vorgaben des Vertrags. Diese auf den ersten Blick für die GSVP kaum in Frage kommende Option ist de facto zu einem wichtigen begleitenden und flankierenden Instrument der EU-Krisenbewältigung geworden, vor allem in Rahmen des zivilen Krisenmanagements.

Innerhalb des EU-Budgets sind die GSVP-bezogenen Ausgaben im Titel 19 (Außenbeziehungen) und dann spezifisch im Kapitel 1903 (Gemeinsame Außen- und Sicherheitspolitik) enthalten (siehe Tabelle 2).

Tabelle 2: EU-Haushaltsplan 2011, Einzelplan III – Kommission, Titel 19, Außenbeziehungen

Titel 19 Kapitel[15]	Mittel in Euro (mit Reserven)	Verpflichtungen 2011	Zahlungen 2011
1901	Verwaltungsausgaben des Politikbereichs „Außenbeziehungen"	153 049 047	153 049 074
1902	Zusammenarbeit mit Drittländern in den Bereichen Migration und Asyl	54 000 000	47 608 950
1903	Gemeinsame Außen- und Sicherheitspolitik	326 624 000	271 643 337
1904	Europäisches Instrument für Demokratie und Menschenrechte (EIDHR)	157 710 000	132 678 814
1905	Beziehungen zu und Zusammenarbeit mit industrialisierten Drittländern	25 021 000	19 843 580
1906	Krisenreaktion und globale Sicherheitsbedrohungen	357 444 700	257 199 807
1908	Europäische Nachbarschaftspolitik und Beziehungen zu Russland	1 899 135 179	1 405 163 553
1909	Beziehungen zu Lateinamerika	393 286 000	299 079 847
1910	Beziehungen zu Asien, Zentralasien und den Ländern des Nahen und Mittleren Ostens (Iran, Irak, Jemen)	917 900 740	769 864 676
1911	Allgemeine operative Unterstützung und Koordinierung des Politikbereichs „Außenbeziehungen"	30 500 000	28 565 370
1949	Verwaltungsausgaben im Rahmen der Programme, für die die Mittel nach Maßgabe der alten Haushaltsordnung	—	p.m.
	Gesamt (mit Reserven) Titel 19	**4 314 670 693**	**3 384 697 008**

Quelle: Gesamthaushaltsplan der Europäischen Union für das Haushaltsjahr 2011 (2011/125/EU, Euratom), ABL L 68, 15. 3. 2011.

15 Die Kapitel sind nicht konsistent durchnummeriert; Kapitel 1907 und 1910 sind nicht vergeben.

Der Blick auf den Haushaltsplan macht zugleich deutlich, dass nicht allein die strikt dem Bereich der GSVP zugeordneten Titel in einem weiteren und umfassenderen Sinne den Zielen der Sicherheits- und Verteidigungspolitik, insbesondere im Bereich des Krisenmanagements, dienen können. Entsprechend dem Verständnis der Europäischen Sicherheitsstrategie und ihrer Betonung des Präventionsgedankens lässt sich die strikte Trennung von Instrumenten der GSVP und anderen Unionspolitiken, etwa in der Entwicklungszusammenarbeit, der humanitären und Katastrophenhilfe, nicht aufrechterhalten. Vielmehr identifiziert ein derartiges Verständnis die GSVP als zentrales, aber eben nicht exklusives politisches Gravitationszentrum im Kontext sicherheitspolitisch relevanter Maßnahmen. Insbesondere das Kapitel 1906 zu Krisenreaktion und globalen Sicherheitsbedrohungen reflektiert die Vielfalt und Komplexität moderner sicherheitspolitischer Instrumentarien, die nicht über die GSVP abgedeckt sind.

Innerhalb des Kapitels zur GASP wiederum finden sich in Artikel 190301 Finanzierungsinstrumente für Maßnahmen im Rahmen der Konfliktverhütung, des Krisenmanagements sowie der Unterstützung von Friedens- und Sicherheitsprozessen (siehe Tabelle 3). Hier sind die bei weitem finanzkräftigsten Mittel angesiedelt, um die zivilen Missionen der GSVP zu finanzieren.

Tabelle 3: Kapitel 1903 (GASP) des EU-Haushalts 2011

Kapitel 1903 Artikel[16]	Gemeinsame Außen- und Sicherheitspolitik, Mittel in Euro (mit Reserven)	Verpflichtungen 2011	Zahlungen 2011
190301	Krisenmanagementoperationen, Konfliktverhütung, Konfliktbeilegung und Stabilisierung, Monitoring und Umsetzung von Friedens- und Sicherheitsprozessen	274 524 000	234 970 163
190302	Nichtverbreitung und Abrüstungsmaßnahmen	15 000 000	11 426 148
190304	Sofortmaßnahmen	30 550 000	19 043 580
190305	Vorbereitende Maßnahmen und Folgemaßnahmen	6 550 000	5 965 401
190306	Sonderbeauftragte der Europäischen Union	p.m.	238 045
	Gesamt (mit Reserven) Kapitel 1903	326 624 000	271 643 337

Quelle: Gesamthaushaltsplan der Europäischen Union für das Haushaltsjahr 2011 (2011/125/EU, Euratom), ABL L 68, 15. 3. 2011.

16 Die Artikel sind nicht konsistent durchnummeriert; Artikel 190303 ist nicht vergeben.

Unterhalb des Artikels 190301 werden schließlich konkrete Mittelzuweisungen für den EU-Beitrag zu einzelnen Missionen im zivilen Krisenmanagement wie der Beobachtermission in Georgien, EULEX Kosovo, EUPOL Afghanistan und anderer Operationen aufgeführt (siehe Tabelle 4). Die mit Abstand finanzträchtigste Mission, EULEX Kosovo, wies dabei für 2011 einen Verpflichtungsumfang von 144 Millionen Euro und einen Zahlungsumfang von über 124 Millionen Euro aus. Mit weitem Abstand folgte dann EUPOL Afghanistan.

Tabelle 4: Ziviles Krisenmanagement im Rahmen der GSVP

Titel 19 Kapitel 1903 Artikel 190301 Posten	Krisenmanagementoperationen, Konfliktverhütung, Konfliktbeilegung und Stabilisierung, Monitoring und Umsetzung von Friedens- und Sicherheitsprozessen	FR	Haushaltsplan 2011	
			Verpflichtungen	Zahlungen
19030101	Beobachtermission in Georgien	4	30 000 000	27 422 755
19030102	EULEX Kosovo	4	144 000 000	124 247 247
19030103	EUPOL Afghanistan	4	48 000 000	41 007 028
19030104	Andere Krisenbewältigungsmaßnahmen und -operationen	4	52 524 000	42 293 133
	Artikel 190301 – Teilsumme		274 524 000	234 970 163

Quelle: Gesamthaushaltsplan der Europäischen Union für das Haushaltsjahr 2011 (2011/125/EU, Euratom), ABl L 68, 15. 3. 2011.

Allerdings ist zu beachten, dass die hier ausgewiesenen Mittel keinesfalls die Gesamtausgaben der Missionen abdecken. Die aus den nationalen Haushalten aufgebrachte Finanzierung findet sich nicht aufgeführt, insbesondere für das entsandte Personal. Einen Gesamtansatz für eine bestimmte Mission zu erstellen, erweist sich als äußerst schwierig, da die Mitgliedstaaten die anfallenden Kosten einer Mission nicht kohärent und transparent zugänglich machen.

Die erwähnte Vielfalt an Instrumenten und Programmen des Krisenmanagements macht es dem Leser nicht leicht, einen systematischen Einblick zu erlangen. Die in Kapitel 1906 aufgeführten Ausgaben beziehen sich im Wesentlichen auf die ursprünglich durch die Kommission im Rahmen des sogenannten Krisenreaktionsmechanismus gebündelten Ressourcen, welche aus damaligen Gemeinschaftsmitteln eine Unterstützung für Drittstaaten in Krisensituationen bereitstellen sollten (siehe Tabelle 5). Seit 2007 ist hier das Instrument für Stabilität an die Stelle des Krisenreaktionsmechanismus getreten. Wie aus der Tabelle 5 ersichtlich, ist das Instrument für Stabilität nicht einem einzelnen Artikel zugeordnet, sondern findet sich innerhalb des übergeordneten Kapitels (1906) auf einzelne hier aufgeführte Projekte, Maßnahmen oder Programme verteilt. Den größten Block bilden dabei die in Artikel 190601 ausgewiesenen Mittel für die Reaktions- und Einsatzbereitschaft im Krisenfall, mit denen die Kommission flexibel und zeitnah auf Entwicklungen in Drittstaaten reagieren kann.

Anhand der budgetären Mittelverwendung lässt sich zugleich ersehen, dass die Ursprünge des zivilen Krisenmanagements der EU in ihren vielfältigen Aktivitäten auf dem Gebiet der internationalen Entwicklungs-, Kooperations- und Menschenrechtspolitik liegen, die bereits die Europäische Gemeinschaft lange vor der Schaffung der Sicherheits- und Verteidigungspolitik auf den Weg gebracht hatte. Erst die GSVP hat dann eine auch rückblickend wirksame Perspektive ins Spiel gebracht, die das Spektrum der auswärtigen Instrumente und Programme der Union als Ausdruck einer vorsorgenden Krisenabwendung erscheinen ließ, selbst wenn diese Intention bei der Entstehung der einzelnen Handlungsmöglichkeiten nicht unbedingt im Vordergrund stand.

Seit dem Beginn des neuen Jahrtausends steht allerdings immer deutlicher die Thematik des Krisenmanagements in einem ausdrücklichen und umfassenden Verständnis – von der Prävention bis zur Stabilisierung – im Zentrum der europäischen Aufmerksamkeit. Das im Jahre 2001 verabschiedete Programm zur Verhütung gewaltsamer Konflikte bildete hier einen prominenten Anknüpfungspunkt, der ein Spektrum politischer, diplomatischer, sozialer, finanzieller und ökonomischer, aber auch normativer Handlungsfelder identifizierte, die der Union für eine Konfliktbewältigung zur Verfügung standen (Ioannides 2010: 35). Damit einher ging ein Prozess der Straffung und Systematisierung der auswärtigen Hilfs- und Fördermittel, die sich im Laufe der Jahrzehnte expansiv aufgefächert hatten.

Tabelle 5: Kapitel 1906 (Krisenmanagement und globale Sicherheitsbedrohungen) im EU-Haushalt 2011

Kapitel 1906 Artikel[17]	Krisenreaktion und globale Sicherheitsbedrohungen	Verpflichtungen 2011	Zahlungen 2011
190601	Reaktions- und Einsatzbereitschaft im Krisenfall (Instrument für Stabilität)	202 900 000	155 205 177
190602	Maßnahmen zum Schutz von Ländern und deren Bevölkerung vor bedrohlichen technologischen Entwicklungen	49 000 00	25 480 310
190603	Grenzübergreifende Maßnahmen in den Bereichen organisierte Kriminalität, Menschenhandel, Schutz von kritischer Infrastruktur, Bedrohungen der öffentlichen Gesundheit sowie Kampf gegen den Terrorismus (Instrument für Stabilität)	30 000 000	9 521 790
190604	Unterstützung im Nuklearbereich	74 544 700	66 652 530
190606	Konsularische Zusammenarbeit	p.m.	p.m.
190607	Pilotprojekt – Unterstützung von Überwachungs- und Schutzmaßnahmen für Schiffe der Union, die von Piraten bedrohte Regionen durchqueren	p.m.	340 000
190608	Vorbereitende Maßnahme – Notfallmaßnahmen zur Bewältigung der Finanz- und Wirtschaftskrise in den Entwicklungsländern	p.m.	p.m.
190609	Pilotprojekt – Programm für friedensbildende Maßnahmen von NRO	1 000 000	p.m.
	Kapitel 1906 – Teilsumme	357 444 700	257 199 807

Quelle: Gesamthaushaltsplan der Europäischen Union für das Haushaltsjahr 2011 (2011/125/EU, Euratom), ABl L 68, 15. 3. 2011.

Weiterführende Literatur

Grevi, G./Keohane, D. (2009). ESDP Resources, in: G. Grevi/D. Helly/D. Keohane (Hg.), *European Security and Defence Policy. The First 10 Years (1999–2009)*, Paris: EU Institute for Security Studies, 69–114.

17 Die Artikel sind nicht konsistent durchnummeriert; Art. 190605 ist nicht vergeben.

8 Die GSVP im Einsatz – Mechanismen des EU-Krisenmanagements

Das EU-Krisenmanagement findet in unterschiedlichen Phasen auf verschiedenen Ebenen statt, die jeweils eine Vielzahl von Akteuren mobilisieren. Dabei ergibt sich in der Wirklichkeit ein Ablauf, der sehr viel unübersichtlicher und unsystematischer ist, als dies in Darstellungen, Abhandlungen und Lehrbüchern festgehalten werden kann (Björkdahl/Strömvik 2008: 23). Wenn im Folgenden die unterschiedlichen Schritte und Stufen des Krisenmanagements nachgezeichnet werden, sei darauf hingewiesen, dass dies eine idealtypische Vorgehensweise ist, die im empirischen Einzelfall immer wieder durch Besonderheiten und Beschränkungen konterkariert wird.

8.1 Die Verfahren des Krisenmanagements

Mit der Schaffung erster institutioneller Strukturen für die GSVP entstand schnell der Bedarf nach verlässlichen und effizienten Regeln und Verfahren, nach denen die Europäische Union in der Lage sein würde, die militärischen und zivilen Kapazitäten und Ressourcen zu mobilisieren (Mattelaer 2010; Gross 2008).

Hierzu verabschiedete der Rat in Zusammenarbeit mit dem Hohen Repräsentanten für die GASP 2001 und 2003 erste Grundlagendokumente, welche in der Folge angepasst und aktualisiert wurden (Schröder 2007: 24). Die ersten Entwürfe für die Verfahrensabläufe im Krisenmanagement definierten verschiedene Phasen, in denen die Akteure tätig werden und über den Einsatz spezifischer Instrumente entscheiden (Council of the European Union 2001 und 2003c). Folgende sechs Phasen spielen dabei seit 2003 eine Rolle (Council of the European Union 2001 und 2003):

— Phase 1: Routinephase;
— Phase 2: Krisenentstehung und Erarbeitung des Entwurfs für das Krisenmanagementkonzept;
— Phase 3: Verabschiedung des Krisenmanagementkonzepts und Entwicklung strategischer Optionen;
— Phase 4: Entscheidung zum Handeln und Entwicklung der Planungsdokumente;
— Phase 5: Implementierung;
— Phase 6: Neuausrichtung der Aktion und Beendigung der Operation.

Jede dieser Phasen beinhaltet spezifische Koordinierungsschritte, Beratungen und gegebenenfalls auch Entscheidungen der beteiligten Akteure (Rehrl/Weisserth 2010: 59ff.). Ohne im Detail sämtliche Regelungen und Bestimmungen wiedergeben zu können, sollen im Folgenden die wesentlichen Elemente vorgestellt werden (Mattelaer 2010: 3ff.). In der Routinephase (Phase 1), während derer keine akute Krise festgestellt wird, auf die reagiert werden muss, befassen sich die zuständigen EU-Organe und Einrichtungen mit Aufgaben der Lagebeurteilung, Frühwarnung und Risikoabschätzung sowie, darauf bezogen, mit den Vorausplanungen für den Ernstfall. Phase 2 ist durch das Aufkommen einer akuten Krisensituation gekennzeichnet, ohne dass die EU als ganze bislang eine Entscheidung darüber getroffen hätte, zu intervenieren. Schnittstelle und Bezugspunkt der folgenden Aktivitäten ist das PSK, das aktiv werden kann, um ein Krisenmanagementkonzept (Crisis Management Concept, CMC) vorzubereiten. Das CMC bildet die Grundlage für einen Einsatz und umfasst eine Lagebeurteilung sowie die Identifizierung von Optionen für ein Eingreifen der EU. Mit der Erarbeitung des Konzepts beauftragt wird ein Crisis Response Coordination Team, das ad hoc zusammentrifft und aus Vertretern der Mitgliedstaaten besteht, aber auch der Kommission eine Beteiligung ermöglicht. Mit der Phase 3, der Verabschiedung des CMC, tritt die EU aktiv in die Rolle als Krisenmanager und bereitet sich ernsthaft auf einen Einsatz vor. Phase 4 ist mit dem Beschluss des Rates über eine zivile oder militärische Mission der EU verbunden; dieser Entscheidung folgt die Verabschiedung weiterer planungs- und operationsrelevanter Dokumente durch nachgeordnete Gremien und Einrichtungen. Die Implementierung (Phase 5) einer Mission unterliegt der politischen Kontrolle und strategischen Leitung durch das PSK, ist aber ebenso durch die Handlungsmöglichkeiten der Befehlshaber bzw. zivilen Missionschefs geprägt. Eine ständige Rückkoppelung zwischen der Brüsseler Ebene, den nationalen Hauptstädten und dem Einsatzgebiet findet statt, die zudem mit weiteren internationalen Akteuren koordiniert wird. In der 6. Phase kann eine Mission hinsichtlich ihres Mandats, der Dauer oder formaler Vorgaben verändert und aktualisiert werden; im Falle ihrer Beendigung müssen entsprechende Vorkehrungen getroffen werden (Council of the European Union 2003).

8.2 Die Abläufe des EU-Krisenmanagements

In der folgenden Darstellung soll von den oben genannten Phasen der Entscheidungsverfahren im Krisenmanagement leicht abgewichen werden, um einzelne Aspekte und Problemstellungen deutlicher sichtbar werden zu lassen und zudem – wo angebracht – auch eine umfassendere Perspektive der realen Verfahren und Abläufe zur Geltung zu bringen. Gleichwohl gilt weiterhin, dass es keine verbindliche Roadmap für jede Mission im zivilen und militärischen Krisenmanagement gibt, dass also auch diese Darstellung idealtypisch zu verstehen ist und sich im Einzelfall Abweichungen ergeben können, die der jeweils spezifischen Situation geschuldet sind.

8.2.1 Prozesse des Krisenmanagements zwischen Routine und operativem Einsatz

Routinemäßig vollziehen sich in der GSVP dauerhaft und regelmäßig Prozesse der Überwachung, Lagebeurteilung, Frühwarnung und Vorausplanung, auch ohne dass eine konkrete Krise oder ein Konflikt ansteht (Rehrl/Weisserth 2010: 60). Gebündelt werden diese Prozesse durch das PSK, nachdem die Vorarbeiten innerhalb des Europäischen Auswärtigen Dienstes betrieben wurden. Zentrale Schnittstellen sind hier der EU-Militärstab, das CMPD und die CPCC. Im Falle einer internationalen Krise greifen dann verschiedene Mechanismen, die auf nationaler, europäischer und internationaler Ebene angesiedelt sind. Das Lagezentrum der EU liefert hier ebenso Informationen und Analysen zu sicherheitsrelevanten Risiken und Bedrohungen. Damit die GSVP aktiv in die Einsatzplanung für eine bestimmte Krise eintreten kann, bedarf es der Entscheidung des PSK, dass ein Handeln der EU geboten sei (‚EU action is appropriate'). Zuvor muss aber geklärt sein, dass die Mitgliedstaaten ein Vorgehen der Europäischen Union gutheißen. Das Agenda Setting ist hier von zentraler Bedeutung (Björkdahl/Strömvik 2008: 24).

8.2.2 Das Agenda Setting – das Krisenmanagement auf der Tagesordnung der EU

Bevor die EU eine Operation im Rahmen des Krisenmanagements formal in Angriff nimmt, bedarf es einer tragfähigen Initiative, die sich aus verschiedenen Richtungen heraus entwickeln kann (Gourlay 2011). So sind hier insbesondere die Mitgliedstaaten als Impulsgeber in Erscheinung getreten; daneben kann es aber sein, dass sich aus EU-Institutionen wie der Kommission oder dem Europäischen Parlament Stimmen erheben, die für ein Eingreifen der Union in einer konkreten Lage plädieren (Björkdahl/Strömvik 2008: 24). Externe Akteure, ob Staaten oder internationale Organisationen wie die UN, können ebenso ein Engagement der Europäischen Union fordern. Oder bestimmte internationale Entwicklungen führen zu einer Umorientierung und Neubewertung bisheriger Vorstellungen und Einsatzpräferenzen (Mölling 2010: 16).

Es gibt in der Frage des Agenda Setting weder einen Königsweg innerhalb der GSVP noch sind monokausale Erklärungsansätze sonderlich vielversprechend. In der Regel überlagern sich unterschiedliche Beweggründe für ein militärisches oder ziviles Vorgehen der Union. Sicher ist aber festzustellen, dass ohne die Zustimmung bzw. Unterstützung der operativ und politisch besonders handlungsfähigen EU-Mitgliedsländer kaum eine Möglichkeit besteht, ein Tätigwerden der Union zu erwirken. So erschiene es höchst unwahrscheinlich, dass eine militärische Operation der EU ohne Zustimmung oder gar Beteiligung Frankreichs und Großbritanniens, womöglich auch Deutschlands, auf die Tagesordnung gesetzt würde.

In den vergangenen Missionen waren insbesondere Großbritannien und Frankreich als Agenda-Setter und treibende Kräfte für GSVP-Operationen aktiv, während aus der Kommission oder dem Generalsekretariat des Rates kaum entscheidende Impulse zu verzeichnen waren; die Funktion der Ratspräsidentschaft erwies sich bis zum Vertrag von Lissabon interessanterweise als dynamischer Antriebsfaktor. Insbesondere Großbritannien stieß in dieser Funktion eine Vielzahl von Missionen an, während der/die Hohe Repräsentant/in sich dagegen bislang nicht auffällig als Impulsgeber hervorgetan hatte – weder Javier Solana noch Catherine Ashton (Gourlay 2011: 14ff.). Kleinere Mitgliedstaaten wiederum hielten sich bisher mit ihrem Aktivismus in der Regel bedeckt: Entweder suchten sie wie im Falle Belgiens den Schulterschluss mit Frankreich bei EUSEC DR Congo oder EUPOL Kinshasa (Martinelli 2008) oder den Portugals mit Großbritannien bei der EU SSR in

Guinea-Bissau; es kam mitunter vor, dass sie als Gruppe auftraten wie die baltischen Staaten, die sich vehement für die Einrichtung der Mission EU-JUST Themis in Georgien einsetzen (Gourlay 2011: 15f.).

Von eminenter Wichtigkeit ist zunächst der politische Diskussions- und Bewertungsprozess in den nationalen Hauptstädten, der sich im Zuge krisenhafter Entwicklungen ergibt (Gourlay 2011). Die Annahme, dass es eines breiten Diskurses in den Gesellschaften der Mitgliedstaaten und ihrer politischen Öffentlichkeiten bedürfte, lässt sich allerdings bislang nicht durchweg erhärten. Ob also seitens der EU überhaupt eine Aktion ins Auge gefasst wird, bedarf vielmehr des politischen Willens der Regierungen; dieser kann durchaus von einem breiten gesellschaftlichen Konsens getragen werden, der dafür sorgt, dass eine ausreichende Akzeptanz und Legitimität des internationalen Vorgehens der Union gesichert ist. Ebenso ist es aber möglich, dass eine geringe öffentliche Aufmerksamkeit für ein Einschreiten der EU zu beobachten ist, sodass sich hierüber letztlich keine nennenswerte politische Debatte entfacht.

Höchst unwahrscheinlich ist dabei zugleich, dass sich in allen EU-Staaten gleichermaßen ähnliche Debatten und Initiativen entwickeln. Stattdessen sind es in der Regel bestimmte Länder, in denen ein politischer Druck entwickelt wird, der gezielt auf ein Eingreifen der EU gemünzt werden kann. So waren es im Falle der Demokratischen Republik Kongo vor allem Frankreich und Belgien, die hier Handlungsbedarf durch die EU formulierten, nachdem in beiden Ländern eine öffentliche Beschäftigung mit der Lage in dem zentralafrikanischen Land stattgefunden hatte. Besonders augenfällig war dies ebenso bei der Mission im Tschad, die auf französisches Betreiben zustande kam und in der Öffentlichkeit anderer EU-Staaten kaum wahrgenommen wurde. Im Falle der Missionen im indonesischen Aceh oder der Operation im palästinensischen Rafah bestand zudem ein hohes Interesse der internationalen Gemeinschaft daran, eine nicht in den Konflikt eingebundene Partei zu gewinnen, um deeskalierend und regulierend wirken zu können (Gourlay 2011: 15).

Das Agenda Setting erweist sich insgesamt durch die gewachsenen Praktiken der GASP geprägt. Vorschläge werden primär durch die Mitgliedstaaten eingebracht und reflektieren häufig deren besondere Interessen an einem Land oder einer Region. Oftmals suchen mehrere Länder den Schulterschluss, um nicht als Einzelgänger aufzutreten oder um im eigenen Land gewichtigere Mitspieler vorweisen zu können. Da die Kosten einer Operation zu einem beträchtlichen Teil oder gar vollständig von den Mitgliedstaaten aufgebracht werden müssen, ist das Gewicht der größeren und leistungsfähigeren EU-Länder nicht überraschend. Institutionelle Akteure der EU scheinen keinen übermäßig prägenden Einfluss auszuüben, wenn es um Initiativen für Einsätze geht. Der Wegfall der rotierenden Präsidentschaft in der GASP und GSVP mag künftig sogar zu einer nachlassenden Dynamik führen.

8.2.3 Die Befassung des PSK – erste Formalisierungen

Als zentraler institutioneller Rahmen zur ersten Behandlung von Vorschlägen für ein europäisches Krisenmanagement dient das PSK, das auf Initiative der Präsidentschaft (nunmehr der Hohen Repräsentantin) oder einzelner Mitgliedstaaten ein Meinungsbild einholen kann, um die EU-weite Resonanz auf ein mögliches Eingreifen auszuloten. Lediglich für die Mission EUJUST Themis in Georgien wurde der Vorschlag zunächst im CIVCOM eingebracht, statt an das PSK zu gehen (Gourlay 2011: 17). Dies blieb aber eine einmalige Ausnahme.

Sollte sich bereits im Frühstadium kein ausreichendes Interesse an einem Engagement der Union abzeichnen, wird der entsprechende Punkt fallengelassen. Andernfalls wird die Frage im Regelfall zur weiteren Behandlung an die zuständigen Einrichtungen und Gremien verwiesen, um die Lageeinschätzungen und Optionen zu eruieren. Im militärischen Bereich wird hier der EUMS aktiv, das dem EUMC Bericht erstattet. Im zivilen Bereich wird das CPCC eingebunden, das dem CIVCOM zuarbeitet. Sowohl EUMC als auch CIVCOM diskutieren den betreffenden Vorschlag mitsamt den strategischen Optionen und leiten ihre Ergebnisse dem PSK weiter.

Für die Beratungen und Verhandlungen stehen die Aspekte der politischen Machbarkeit, der strategischen Notwendigkeit und der vorhandenen Kapazitäten im Zentrum des Interesses, deren Austarierung eine zentrale Bedeutung zukommt (Björkdahl/Strömvik 2008: 26f.). Aus politischer Perspektive ist dabei entscheidend, ob unter den EU-Mitgliedern ein Konsens über die grundlegenden Ziele und Absichten des geplanten Einsatzes hergestellt werden kann, und darüber hinaus, in welcher Weise sich das Verhalten externer Akteure absehen lässt. Dies betrifft nicht nur mögliche Konfliktparteien, sondern auch Drittstaaten, die eigene strategische Interessen in einer Region verfolgen und sich durch die EU womöglich in ihren Handlungsspielräumen eingeschränkt sehen. Nicht zuletzt die Frage, in welcher Weise die NATO eingebunden und mitunter priorisiert werden sollte, ist unter den Mitgliedstaaten zu klären. De facto hat sich ergeben, dass die Umsetzung der Berlin-Plus-Vereinbarung und die hierzu notwendige EU-NATO-Kooperation sehr viel unregelmäßiger und modellresistenter verlaufen, als dies den offiziellen Dokumenten zu entnehmen ist.

Aus strategischer Sicht wäre zu fragen, in welche Weise sich militärische oder zivile Ziele definieren und umsetzen lassen und wie sich die Verantwortlichkeiten hier verteilen. Ein klares Profil der Mission mit konkreten und umsetzbaren Vorgaben für die operativen Akteure ist hier von zentraler Bedeutung. Nicht zuletzt spielt dabei die Frage der Zielerfüllung und damit der Beendigung eines Einsatzes eine wesentliche Rolle.

Mit Blick auf die Kapazitäten werden die zu erwartenden Kosten und ihre Finanzierung diskutiert, ebenso die Suche nach einem operativen Hauptquartier (Operation Headquarters, OHQ) und ausreichenden administrativen und personellen Ressourcen seitens der Mitgliedstaaten und der EU. Hier müssen insbesondere die Mitgliedstaaten ausreichende Beteiligungen in Aussicht stellen, soll eine Mission erfolgreich durchgeführt werden (Björkdahl/Strömvik 2008: 27).

8.2.4 Das Krisenmanagementkonzept – erstes Grundlagendokument für den Einsatz

Wenn im Grundsatz Einigkeit darüber besteht, eine Operation seitens der EU durchzuführen, wird in einem ersten formalen Schritt das Krisenmanagement-Konzept (Crisis Managament Concept, CMC) entwickelt und verabschiedet (Arnaud et al. 2008: 32). Die Erstellung eines ersten Entwurfs für das CMC delegiert das PSK in der Regel an ein Ad-hoc-Koordinierungsteam (ad hoc Crisis Response Coordination Team, CRCT), das sich aus Vertretern der Mitgliedstaaten, der Kommission und des Rates, nunmehr auch des EAD, zusammensetzt und spezifisch für einen bestimmten Einsatz tätig wird. Diese Teams werden nach erledigter Arbeit wieder aufgelöst, ihre Mitglieder können bei späteren Einsatzvorbereitungen in unterschiedlicher Kombination wieder tätig werden. Die Erstellung und Weiterentwicklung des CMC ist im Übrigen ein Vorgang, der sich in enger Kooperation verschiedener für das Krisenmanagement zuständiger Einrichtungen vollzieht. Überwacht und koordiniert wird dieser Vorgang durch das CMPD (Mattelaer 2010: 5).

Das CMC ist das Grundlagendokument einer EU-Operation. Hier werden frühzeitig die Ziele, Optionen und mögliche Exit-Strategien identifiziert. Auch die Kombination militärischer und/oder ziviler Instrumente zur Erfüllung der anvisierten Ziele wird in der Regel behandelt. Das Koordinierungsteam bedient sich zur Verfassung seines Entwurfs für das CMC der Expertise der militärischen und zivilen Planungsinstanzen innerhalb der EU. Die Federführung für die militärischen Optionen liegt beim EUMS, während die zivile Planung wesentlich aus dem CPCC gespeist wird (Björkdahl/Strömvik 2008: 28). Beide unterstehen dabei zunächst dem EUMC bzw. dem CIVCOM, die wiederum direkt an das PSK berichten. Hinzugezogen werden bei Bedarf die Politisch-Militärische Gruppe und die Gruppe für Außenbeziehungen (insbesondere für rechtliche, institutionelle und budgetäre Aspekte). Der gesamte Vorbereitungsprozess einer EU-Operation beinhaltet entsprechend einen hohen Koordinierungs- und Abstimmungsbedarf sowohl zwischen den EU-Einrichtungen als auch zwischen diesen und den Mitgliedstaaten, die eng mit den Vorbereitungen verknüpft sind.

Auf der Grundlage der Empfehlungen von EUMC und CIVCOM wiederum befasst sich das PSK mit dem CMC und leitet es im Falle einer Einigung über den COREPER II an den Rat, der den Beschluss hierüber fasst. Eine zentrale Koordinierungsfunktion kommt in diesem Kontext dem/der Hohen Vertreter/in zu, dessen/deren Repräsentant den Vorsitz im PSK führt. Die Kompromissbildung zwischen den Mitgliedstaaten bildet hier eine wesentliche Aufgabe.

8.2.5 Der Beschluss einer Operation im Krisenmanagement – Rechtsakt und Verhandlungen

Nach Verabschiedung des CMC beauftragt das PSK den EU-Militärausschuss mit der Vorlage militärisch-strategischer Optionen (ausgearbeitet durch den EUMS); im Falle einer zivilen Mission übernimmt das CIVCOM die Entwicklung polizeilich-strategischer Optionen oder sonstiger zivil-strategischer Optionen; die Kommission kann ihrerseits Vorschläge zum Einsatz eigener Instrumente einbringen (Arnaud et al. 2008: 32; Mattelaer 2010: 5). Zudem werden die nationalen Beiträge zum vorgesehenen Einsatz eruiert und spezifiziert. Zwar sind ausreichende Signale der Regierungen hinsichtlich einer Beteiligung an einer Operation geradezu Voraussetzung für die Befassung mit der Thematik, doch können sich zwischen politischen Absichtserklärungen und verbindlichen wie planerisch verwertbaren Zusagen erhebliche Lücken ergeben (Björkdahl/Strömvik 2008: 29). Drei Dimensionen spielen eine Rolle: Personal, Material und Finanzmittel.

Dabei hat sich die Bereitstellung zivilen Personals als durchaus heikler und problematischer erwiesen als die Entsendung von Soldaten, da beispielsweise für Polizisten oder Justizangestellte, die ja in der Regel einer aktiven Tätigkeit in ihren Mitgliedstaaten nachgehen, unmittelbar Ersatz gefunden werden muss, während begrenzte Truppenkontingente sicherlich nicht einfach zu stellen sind, aber keine imminenten Ersatznotwendigkeiten schaffen. Angesichts der in vielen EU-Ländern ohnehin dünnen Personaldecke etwa im polizeilichen Dienst kann ein EU-Einsatz durchaus zu Engpässen führen, die verkraftet werden müssen. Die Finanzierung der Operation ist ebenso Gegenstand bisweilen kontroverser Debatten und Verhandlungen, zumal die Mitgliedstaaten hier in der Regel auf ihre knappen Budgets verweisen. Je nach dem Charakter der Operation und dem politischen Willen der Mitgliedstaaten können unterschiedliche Finanzierungsmodalitäten gewählt werden, die zwischen einem Einsatz des Unionsbudgets, einem gebündelten Finanzierungsmechanismus (Athena) oder einer rein nationalen Deckung der Kosten variieren.

Auf der Grundlage des CMC und nach de facto Klärung der Beiträge und Zuständigkeiten der nationalen und institutionellen Akteure wird ein Rechtsakt verabschiedet, durch den die geplante Operation beschlossen wird.

Traditionell wurde vor dem Vertrag von Lissabon eine Gemeinsame Aktion im Rahmen der GASP verabschiedet (Mattelaer 2010: 5). Seit Lissabon ist diese als Beschluss im Rahmen der Gemeinsamen Außen- und Sicherheitspolitik gekennzeichnet, der nach Art. 28 und Art. 43 Abs. 2 EUV getroffen wird. Der Beschluss enthält die Rechtsgrundlagen, Ziele und Aufgaben der Mission, ihren Aufbau, die Struktur und Befehlskette sowie die Anbindung von Drittstaaten.

8.2.6 Umsetzungsbeschlüsse – das Räderwerk der Operation bewegt sich

An die Verabschiedung des Beschlusses über eine Mission im Krisenmanagement sind wiederum weitere strategisch, taktisch und operativ relevante Dokumente geknüpft, die in der Folge verabschiedet werden. Das PSK beauftragt nunmehr den EUMC, und dieser leitet die Anfrage an den EUMS weiter, mit der Erstellung einer „Initiating Military Directive" (IMD), die dem Operation Commander als Rahmen und Richtschnur für die weitere Konkretisierung der Einsatzführung dient (Mattelaer 2010: 5). Daran anknüpfend werden das Operationskonzept (Concept of Operations, CONOPS) sowie das Statement of Force Requirements (SOR) verabschiedet. In diesem Stadium intensiviert sich ein Prozess, der üblicherweise bereits zuvor begonnen hat und nunmehr in die entscheidende Phase eintritt: die Festlegung der nationalen Kontingente und Kapazitäten für militärische Operationen wird im Zusammenspiel von EUMC, EUMS und dem Operation Commander vollzogen und hängt dabei engstens von den nationalen Hauptstädten ab, die nunmehr verbindliche Zusagen tätigen müssen. Zivile Missionen werden dagegen federführend vom Missionsleiter, dem CPCC und dem CIVCOM koordiniert (Björkdahl/Strömvik 2008: 32f.).

So Zeit und Lage es zulassen, werden eine oder mehrere „Force Generation Conferences" organisiert, auf denen die als notwendig erachteten Kapazitäten seitens der Mitgliedstaaten zugesichert werden. Sollte es hier zu Konflikten kommen, kann sich der Vorgang durchaus mehrfach wiederholen. In diesem Stadium wird deutlich, wie wichtig das Agenda Setting ist, denn nur wenn die ernsthafte und glaubwürdige Bereitschaft einer ausreichenden Zahl an Mitgliedstaaten, sich zu engagieren, von Anbeginn erkennbar ist, wird der Prozess der ‚Force Generation' einigermaßen zügig zum Abschluss kommen.

Das CONOPS und das SOR wiederum dienen dem Operation Commander dazu, den Operationsplan zu entwerfen (Operations Plan, OPLAN), in dem die geplante Einsatzführung dargestellt wird und der als Voraussetzung für die Lancierung der Mission durch den Rat gilt. Damit liegt die Initiative in dieser Phase der Einsatzvorbereitung auf Seiten der militärisch oder zivil Befehlshabenden, auch wenn sich natürlich ein enger Abstimmungsprozess zwischen EU und Mitgliedstaaten ergibt. Eine Schlüsselrolle nehmen hier das EUMC und das CIVCOM ein, die stark in den nationalen Hauptstädten verankert und darüber hinaus mit der atlantischen Dimension in Gestalt der NATO vertraut sind, zugleich aber als EU-Einrichtung firmieren. Mit der Erstellung des Operationskonzeptes kann der Rat im Falle ziviler Missionen ein Planungs- oder Vorbereitungsteam betrauen, das bereits vom künftigen Missionsleiter angeführt wird, wie etwa im Falle der Polizeimission EUPM in Bosnien-Herzegowina geschehen (Art. 2 der Gemeinsamen Aktion 2002/210/GASP, Rat der EU 2002).

Der zuvor getroffene Beschluss über die Operation ist also noch kein Einsatzbefehl, der bereits zu operativen Tätigkeiten im Krisenszenario führt. Erst der formale Einsatzbeschluss des Rates setzt die Kräfte und Ressourcen der EU und ihrer Mitgliedstaaten in Bewegung. Hierzu bedarf es eines eigenen Rechtsaktes.

8.2.7 Die Operationsführung vor Ort – Befehlskette und Koordinierungsmechanismus

Jede Mission, ob militärisch oder zivil, beruht auf einer Befehlskette, an deren Spitze das PSK steht, das die politische Kontrolle und strategische Leitung des Einsatzes innehat. Für die Mission verantwortlich ist der Operationsbefehlshaber (Operation Commander), der im Falle einer militärischen Mission meist durch die Framework-Nation gestellt wird. Im Falle einer NATO-geführten Operation nach der Berlin-Plus-Vereinbarung nimmt der DSACEUR im NATO-Hauptquartier diese Aufgabe wahr.

Der Operationsbefehlshaber übt seine Tätigkeit am operativen Hauptquartier (OHQ) aus, in dem die militärischen Vertreter aller beteiligten EU-Staaten mitwirken und den Einsatz unter der Federführung der Rahmennation steuern. Im Operationsgebiet ist das operativ-taktische Hauptquartier (Force Headquarters) angesiedelt; von hier aus übt der Einsatzbefehlshaber die militärische Befehlsgewalt aus. Es hat sich die Praxis eingebürgert, dass die am stärksten beteiligten EU-Staaten in einem Rotationssystem die Funktionen des Einsatzbefehlshabers (Force Commander), seines Stellvertreters (Deputy Force Commander) sowie des Leiters des Stabes (Chief of Staff) abwechselnd besetzen. Neuernennungen des Einsatzbefehlshabers werden vom PSK beschlossen und bedürfen keines Rechtsaktes des Rates.

Für zivile Missionen ist das OHQ immer zentral in Brüssel angesiedelt und wird vom CPCC übernommen, dessen Leiter die Rolle des Operationsbefehlshabers übernimmt. Der Einsatz vor Ort wird vom Leiter der Mission (Head of Mission) geführt (Björkdahl/Strömvik 2008: 32).

Zunehmend werden auch die Sonderbeauftragten der EU, insbesondere bei zivilen Missionen, in die Durchführung eingebunden (Pirozzi/Sandawi 2009: 10f.). Die Stellung der Sonderbeauftragten ist allerdings nicht durchgehend für alle Missionen einheitlich zu bestimmen. Sie können eine unmittelbare Führungsaufgabe wahrnehmen wie im Falle von EUBAM Moldau und Ukraine, in der Regel besteht ihre Tätigkeit allerdings in der Koordinierung unterschiedlicher Instrumente und Akteure im Einsatzgebiet. Für die Drittstaaten ist die Existenz eines einheitlichen Ansprechpartners von hohem Nutzen, insbesondere in den Fällen, in denen neben der EU-Operation auch die Kommission eigene Ressourcen einsetzt oder wenn mehrere EU-Einsätze im Lande laufen. Die Sonderbeauftragten profitieren dabei von ihrer Nähe zur/zum Hohen Repräsentantin/en, aber auch von ihren eigenen

Erfahrungen im Einsatzgebiet, wo sie mit den relevanten politischen und gesellschaftlichen Umständen in der Regel gut vertraut sind.

8.2.8 Die multilaterale Einbettung des EU-Krisenmanagements

Die innerhalb der EU bereits erhebliche Komplexität der interinstitutionellen und zwischenstaatlichen Abstimmungen in der Vorbereitung und Umsetzung einer Krisenmanagementoperation wird zusätzlich durch die externen Sondierungs- und Koordinierungsnotwendigkeiten erweitert und erhöht. Das externe Umfeld spielt aber für die Entscheidung der EU, eine militärische, kombinierte oder zivile Mission in Gang zu setzen, eine zentrale Rolle.

So waren alle bisherigen EU-Missionen, ob zivilen oder militärischen Charakters, durch ein Mandat des UN-Sicherheitsrates gedeckt. Dem Prinzip des ‚effektiven Multilateralismus' entsprechend, tritt die EU als Instrument der Weltgemeinschaft auf – und als Nutznießer ihrer vermeintlichen Legitimität.

Die NATO und ihre Führungsmacht USA sind in der Regel bereits im frühesten Stadium in die Überlegungen und Debatten um eine EU-Operation einbezogen und signalisieren dabei ihre Position zu einer möglichen Nutzung der NATO durch die Europäische Union (Arnaud et al. 2008: 19). Durch einen Aktionsplan vom Dezember 2007 zur Kooperation zwischen der EU und den USA im Bereich des Krisenmanagements sollten die Abläufe und Verfahren optimiert werden. Die USA beteiligen sich im Übrigen mittlerweile auch an Missionen unter Führung der EU. So stellte Washington für die EULEX-Kosovo-Mission gut 100 Polizeibeamte bzw. Richter zur Verfügung. Durch ein förmliches Abkommen zwischen der EU und den USA wurde diese Zusammenarbeit auf eine rechtliche Grundlage gestellt (Arnaud et al. 2008: 19).

Diese Kanäle werden in hohem Maße über nationale Hauptstädte aktiviert und nicht nur innerhalb des institutionellen Brüsseler Labyrinths. Dabei bewegt sich vieles auf der informellen Ebene. Zudem gibt es trotz der Berlin-Plus-Vereinbarung und regelmäßiger PSK-NAC-Kontakte keine formalisierten Verfahren, die etwa im Vorfeld einer Operation die Koordinierungsschritte und mögliche Arbeitsteilung in und zwischen beiden Organisationen verbindlich definieren würden.

Schließlich dürfen Drittstaaten nicht außer Acht gelassen werden, die sich an der Umsetzung einer Mission beteiligen möchten und hierzu beispielsweise Truppen zur Verfügung stellen (Pirozzi/Sandawi 2009: 11). In der Regel sind EU-Missionen hinsichtlich ihrer Träger durchaus heterogene und flexible Vorhaben: So müssen nicht zwangsläufig alle EU-Staaten operativ an der Durchführung einer Mission beteiligt sein – im Falle Dänemarks ist dies bei militärischen Operationen ja sogar zwingend so –, umgekehrt können durchaus externe Regierungen ihre Ressourcen einbringen, um in einer bestimmten, für sie relevanten Region Flagge zu zeigen oder der EU durch ihre Präsenz das Monopol der Konfliktlösung streitig zu machen. Erstmals nahm übrigens Russland an einer Operation der EU teil, als es sich in der EUFOR Tschad/Zentralafrika beteiligte.

An der Entscheidungsfindung werden sie aber formal nicht beteiligt, diese wird in den zuständigen Gremien der EU vollzogen. Das „Committee of Contributors", das alle an einer Mission beteiligten Staaten zusammenbringt und koordiniert, darf nicht als formales Beschlussgremium missverstanden werden. Neben den NATO-Partnern Türkei, Norwegen und Kanada nehmen auch Anrainerstaaten immer wieder an Operationen der GSVP teil, was zur internationalen wie lokalen Akzeptanz eines Einsatzes beitragen kann (Pirozzi/Sandawi 2009: 11); zugleich spiegelt es die Betroffenheit der Nachbarländer durch Krisen und Konflikte in ihrem regionalen Umfeld wider. Die Kooperation innerhalb eines GSVP-Einsatzes beruht in der Regel auf vertraglichen Vereinbarungen, welche die Union mit den an einer Mission beteiligten Drittstaaten abschließt.

Nicht vergessen werden darf schließlich, dass in der Regel auch mit den Ländern, in denen die GSVP operiert, gesonderte Vereinbarungen getroffen werden, um etwa den Status des eingesetzten Personals zu klären und der Mission die notwendige rechtliche Grundlage für ihren Einsatz zu ermöglichen.

Die Zunahme vertraglicher Vereinbarungen im Rahmen der GASP seit 2003 ist im Wesentlichen auf die Missionen im Krisenmanagement zurückzuführen, die einen erweiterten internationalen Koordinierungsbedarf mit sich bringen.

Weiterführende Literatur

Björkdahl, A./Strömvik, M. (2008). *EU Crisis Management Operations. ESDP Bodies and Decision-Making Procedures,* Danish Institute for International Studies (DIIS), DIIS report 2008: 8, Copenhagen: DIIS.

Mattelaer, A. (2010). The CSDP Mission Planning Process of the European Union: Innovations and Shortfalls, in: S. Vanhoonacker/H. Dijkstra/H. Maurer (Hg.), *Understanding the Role of Bureaucracy in the European Security and Defence Policy. European Integration online Papers (EIoP)*, Special Issue 1, Vol. 14, http://eiop.or.at/eiop/texte/2010-009a.htm.

9 Ziviles Krisenmanagement und zivil-militärische Formen der Zusammenarbeit

9.1 Die Konjunktur des zivilen Krisenmanagements

Mit der zunehmenden Bewährung der GSVP im Krisenmanagement wuchs die Bandbreite der Aufgaben und Instrumente (Pirozzi/Sandawi 2009: 9). So wurde der Bedarf an einer zivilen Dimension des Krisenmanagements sichtbar, die über ein engeres militärisches Verständnis hinausgehen und dabei dem besonderen Charakter der EU als internationaler Zivilmacht Rechnung tragen sollte. Derartige Missionen erforderten allerdings sowohl strategisch wie instrumentell eine andere Ausstattung der GSVP. Dabei enthalten weder der EU-Vertrag noch die Sicherheitsstrategie oder andere fundamentale Dokumente der EU eine präzise Definition dessen, was mit zivilem Krisenmanagement eigentlich gemeint sei (Ioannides 2010: 31; Nowak 2006b: 16). Häufig wird auf seinen nicht militärischen Charakter verwiesen – oder es finden sich schlicht die einzelnen Aufgabenbereiche aufsummiert, denen es sich widmet. Die definitorische Unbestimmtheit hat seit 2003 letztlich eine deutliche Expansion ziviler Missionen begünstigt.

Zivile Missionen waren aus verschiedenen Gründen für die EU besonders attraktiv. Im Regelfall waren derartige Operationen weit weniger konfliktgeladen als ein militärisches Vorgehen und bargen geringere Gefährdungen und Verlustrisiken für Mensch und Material. Zudem war hier das Verhältnis zur NATO weitgehend entspannt, da eine unmittelbare Konkurrenzsituation in der Regel nicht gegeben war.[18] In den Mitgliedstaaten sind zivile Missionen der Öffentlichkeit deutlich weniger aufwändig zu vermitteln und wirken dem Vorwurf einer schleichenden Aufrüstung bzw. Militarisierung der EU durch die GSVP entgegen. Insbesondere die nördlichen EU-Mitgliedstaaten (Dänemark, Schweden, Finnland) legten traditionell hohen Wert darauf, dass

18 EUPOL Afghanistan mag hier ein gegenteiliges Beispiel sein.

das Projekt einer europäischen Sicherheits- und Verteidigungspolitik nicht nur auf eine militärische Komponente baut, sondern zivile Instrumente einbezieht, die in den dortigen Gesellschaften eine breite Akzeptanz erfahren und mit ihrem jeweiligen Wertekanon hochgradig kompatibel sind.

Der Bereich des zivilen Krisenmanagements zeichnet sich darüber hinaus durch enge Verknüpfungen und Überschneidungen zwischen der GSVP und den ehemals gemeinschaftlichen Politikfeldern der EU aus. Hier kann insbesondere die Kommission ihr eigene Ressourcen und Instrumente zum Einsatz bringen.

Bereits mit dem Gipfel vom Helsinki im Dezember 1999 wurde ein Aktionsplan für ziviles Krisenmanagement verabschiedet, welcher der Gipfelerklärung beigefügt war (Grevi/Keohane 2009: 99). Ein ernst zu nehmender Impuls ergab sich dann während der portugiesischen und der schwedischen Präsidentschaft im ersten und zweiten Halbjahr 2000. So definierte der Europäische Rat von Feira im Juni 2000 vier Schwerpunktbereiche des zivilen Krisenmanagements, denen sich die EU künftig widmen würde: die Förderung des Polizeiwesens, der Aufbau rechtsstaatlicher Strukturen, die Stärkung der Zivilverwaltung und der Zivilschutz (Nowak 2006b: 19). Zudem sollte die EU in der Lage sein, schnell auf internationale Entwicklungen zu reagieren und nationale Experten in das Krisengebiet zu schaffen. Die Mitgliedstaaten verpflichteten sich, durch nationale Beiträge insgesamt 5 000 Polizeibeamte bereitzustellen, von denen 1 000 innerhalb von 30 Tagen im Einsatzgebiet tätig werden können.

Auf dem Europäischen Rat von Göteborg im Juni 2001 wurden Planziele für Missionen im Bereich der Rechtsstaatlichkeit, der Zivilverwaltung und des Zivilschutzes verabschiedet. Zudem spezifizierte ein Aktionsplan die Verfahren und Planungen für den Bereich der polizeilichen Fähigkeiten. Insgesamt wurde die GSVP durch diese Entwicklungen in die Lage versetzt, erste konkrete Missionen des zivilen Krisenmanagements umzusetzen (Grevi/Keohane 2009: 100). Die im November 2001 und im Frühjahr 2002 durchgeführten Beitragskonferenzen der Mitgliedstaaten sicherten letztlich die Bereitstellung ausreichenden Personals für das zivile Krisenmanagement. Bis Ende 2003 waren die Vorbereitungen und Grundlagen für die Durchführung ziviler Missionen weitgehend abgeschlossen. Die Zusage der Kapazitäten seitens der Mitgliedstaaten, die Verabschiedung der Konzepte für verschiedene Aspekte des zivilen Krisenmanagements durch das PSK, die Einrichtung eines Koordinierungsmechanismus mit Datenbanken für polizeiliche und rechtsstaatliche Missionen, die Schaffung einer Einheit für polizeiliche Einsätze im Generalsekretariat des Rates, die Definition der Modalitäten für Vereinbarungen mit Drittstaaten sowie die Grundzüge der Zusammenarbeit mit der UNO und der OSZE ermöglichten nunmehr ein operatives Vorgehen der Union (Grevi/Keohane 2009: 101).

Mit der Polizeimission der EU in Bosnien wurde dann auch 2003 der Startschuss für das europäische Krisenmanagement gegeben, seither folgten verschiedene zivile Missionen zu unterschiedlichen Themen- und Aufgabenfeldern. Um die Einsatzfähigkeit der polizeilichen Kräfte zu verbessern, vereinbarten fünf EU-Staaten 2004 zudem die Gründung einer European Gendarmerie Force (EGF), die Mitglieder von militärisch-polizeilichen Einheiten umfasste und ein stehendes Hauptquartier in Vicenza erhielt (Nowak 2006b: 20).[19] Insbesondere im Anschluss an militärische Operationen waren die Gendarmeriekräfte für Stabilisierungsmissionen geeignet, in denen robuste polizeiliche Aufgaben wahrgenommen werden mussten.

Schnell erwiesen sich die ursprünglichen Konzepte und Planungen als nicht ausreichend, um der Vielzahl der unterschiedlichen Herausforderungen gerecht zu werden, denen sich die GSVP ausgesetzt sah (Gross 2008: 11). Eine Weiterentwicklung des zivilen Krisenmanagements war notwendig. Im Juni 2004 wurden ein Aktionsplan und das ‚Headline Goal 2008' für das zivile Krisenmanagement verabschiedet. Im November des Jahres fand eine weitere Beitragskonferenz der Mitgliedstaaten statt. Hierbei wurden weitere Schwerpunktbereiche identifiziert (Grevi/Keohane 2009: 102ff.). Zunächst galt es, die Synergien mit anderen Akteuren der damaligen Europäischen Gemeinschaft zu verbessern, um möglichst kohärente Instrumente einsetzen zu können. Auch die Verknüpfung mit militärischen Einsätzen musste dringend optimiert werden. Zudem erwies es sich als nötig, das Spektrum der Einsatzformen auszuweiten, das weit über die in Feira skizzierten Schwerpunkte hinausreichte. So wurden z. B. Beobachtungsmissionen ebenso benötigt wie Unterstützungseinsätze für die EU-Sonderbeauftragten; daneben spielte die Reform des Sicherheitssektors und die Demobilisierung von Gesellschaften in der Post-Konfliktphase eine wachsende Rolle.

Ein weiterer Fokus lag in der Multifunktionalität von Einsätzen, die nicht nur einen, sondern mitunter verschiedene Zwecke erfüllen mussten und hierfür eine umfassende Ausstattung an Fachpersonal und Ausrüstung benötigten. Die Mechanismen und Strukturen der EU zur Einsatzplanung und

19 Beteiligt waren Frankreich (Gendarmerie), Italien (Carabinieri), Spanien (Guardia Civil), Niederlande (Marechaussee) und Portugal (Guarda Nacional Republicana).

Einsatzführung mussten ausgebaut und verfeinert werden, um eine Mehrzahl von Missionen gleichzeitig durchführen zu können. Schließlich ergab sich ein Bedarf an schnellen und reibungslosen Finanzierungs- und Ausstattungsregelungen für Einsätze, um nicht durch administrative Hemmnisse in ihrer Wirksamkeit eingeschränkt zu werden. Und nicht zuletzt waren umfassende Anstrengungen im Bereich der Schulung und Ausbildung von kompetentem Fachpersonal sowohl auf europäischer wie nationaler Ebene zu leisten. Die Liste der Desiderata machte deutlich, dass die rasante Entwicklung der zivilen Einsätze der GSVP seit 2003 die EU schnell an die Grenzen ihrer Leistungsfähigkeit geführt hatte. Zugleich spiegelte sie die Tatsache wider, dass im zivilen Krisenmanagement eine höhere Expansionsdynamik lag als in der militärischen Komponente.

Im November 2007 wurde das Planziel aktualisiert und unter dem Titel Civilian Headline Goal 2010 (CHG 2010) publik gemacht. Darin waren weitere Verbesserungen der Fähigkeiten im zivilen Krisenmanagement anvisiert, insbesondere im Hinblick auf die qualitative Dimension der Einsatzfähigkeit vor dem Hintergrund der bereits gewonnenen Erfahrungen mit den bislang durchgeführten Missionen (Grevi/Keohane 2009: 108). Im Jahr 2007 wurden zugleich die institutionellen Kapazitäten innerhalb des Generalsekretariates des Rates weiter aufgestockt, um Missionen des zivilen Krisenmanagements effizienter durchführen zu können. Mit dem Ausbau der Generaldirektion E-IX (ziviles Krisenmanagement) und der Schaffung der zivilen Planungs- und Einsatzführungskapazität (Civilian Planning and Conduct Capacity, CPCC) wurde es möglich, alle zivilen Einsätze einer gemeinsamen Brüsseler Leitungsebene zuzuordnen.

Seit 2003 wurden insgesamt 24 Operationen der GSVP durchgeführt, davon 16 im zivilen Bereich. Der stärkste Schub an zivilen Missionen konnte 2005 beobachtet werden, als allein sechs Einsätze in Gang kamen.[20] Mit der Übernahme der Mission EULEX Kosovo 2008 stand die bislang größte Herausforderung für die zivile Komponente der GSVP an. Von den derzeit (Stand: Februar 2012) laufenden Missionen sind zehn ziviler und drei militärischer Natur.

20 Siehe hierzu die Website des Rates: http://www.consilium.europa.eu/eeas/security-defence/eu-operations?lang=de.

9.2 Die zivil-militärische Zusammenarbeit als Herausforderung für die GSVP

Mit der Konjunktur des zivilen Krisenmanagements wuchs auch der Bedarf an Koordinierungsmechanismen zwischen der militärischen und der zivilen Dimension der GSVP, die unter dem Stichwort ‚Civil-Military Coordination' (CMCO) Eingang in die öffentliche und akademische Debatte gefunden haben (Gross 2008: 11ff.). Von der CMCO zu unterscheiden ist die CIMIC. Erstere fokussiert die institutionelle und strategische Abstimmung auf EU-Ebene, während Letztere im engeren Sinne für die Abstimmung mit zivilen Akteuren (z. B. NGOs) im Einsatzgebiet militärischer Operationen genutzt wird, auch im Rahmen der NATO oder der UN.

Zweifelsohne ist die verbesserte Abstimmung und Zuordnung der Akteure, Instrumente und Strategien von erheblichem Nutzen für GSVP-Missionen, doch lässt sich der Koordinierungsbedarf nicht ausschließlich entlang der zivil-militärischen Achse feststellen; vielmehr verbergen sich schon im Bereich des zivilen Krisenmanagements äußerst heterogene und fragmentierte Strukturen, die ein umfassendes und kohärentes Vorgehen im Zusammenspiel von europäischer und nationaler Ebene erschweren (Major/Bail 2011: 29ff.). Zugleich wird aber immer wieder darauf verwiesen, dass die komplexe, nicht mehr eindeutig zwischen ziviler und militärischer Dimension zu unterscheidende Natur zeitgenössischer Sicherheitsrisiken und -bedrohungen neue und anspruchsvollere Formen der Koordinierung notwendig mache (Rehrl/Weisserth 2010: 76). Unter dem Stichwort eines umfassenden Ansatzes (comprehensive approach) versucht die EU daher, die Planungs- und Entscheidungsprozesse zu bündeln und harmonisch abzustimmen (Gross 2008: 11ff.)

Die zivil-militärische Zusammenarbeit kann auf unterschiedlichen Ebenen angesiedelt werden. Auf der politisch-institutionellen Ebene haben sich zweifelsohne einige Verbesserungen ergeben. Die Schaffung der zivil-militärischen Zelle 2003 und die daran angekoppelte Einrichtung des Operationszentrums, das seit 2007 einsatzbereit ist, zeugen von dem Bemühen, in Brüssel eine institutionelle Infrastruktur zu schaffen, die kombinierte zivil-militärische Einsätze erleichtern soll. Auch der 2009 erfolgte Schritt zur Etablierung des Crisis Management and Planning Directorate (CMPD) lässt sich in diese richtige Richtung deuten (Rehrl/Weisserth 2010: 76f.). Schließlich ist mit dem Europäischen Auswärtigen Dienst die Erwartung verbunden, die Abstimmungs- und Steuerungsprozesse in Brüssel reibungsärmer und ergebnisfreudiger zu machen. Bislang hat sich diese Erwartung allerdings kaum erfüllt. Insbesondere das Zusammenspiel von CMPD und CPCC war in der Anfangsphase des EAD durch gegenseitige Konkurrenz und Kompetenzstreitigkeiten geprägt. Die effiziente und wirksame Koordinierung von zivilem und militärischem Krisenmanagement ist daher nur bedingt in einzelnen Fällen gelungen, zu einer dauerhaften und zuverlässigen Praxis ist es noch ein weiter Weg (Major/Bail 2011: 30).

Auch die Transmission von Wissen und Erfahrungen zwischen der Brüsseler Arena und der Einsatzebene verläuft nicht wie vorgesehen (Klein 2010). Die zeitgleich laufenden zivilen und militärischen Missionen im Kongo 2005 bis 2006 wurden kaum koordiniert, sondern liefen weitgehend parallel (Major/Bail 2011: 31f.). Die schwedische Präsidentschaft identifizierte 2009 eine Reihe von Bereichen, in denen sich Synergien von ziviler und militärischer Nutzung erzielen ließen (etwa Logistik, Kommunikation und Transport), ohne allerdings damit bislang substanzielle Fortschritte erzielen zu können (Major/Bail 2011: 32).

Das Verhältnis zur Kommission im Ganzen ist grundsätzlich noch nicht ausreichend bestimmt. Im Rahmen der Einsatzplanung und -vorbereitung scheint die Trennlinie durch die Schaffung des EAD zwar aufgeweicht. Aber selbst nach der Schaffung des/der Hohen Vertreters/in für die Gemeinsame Außen- und Sicherheitspolitik verbleiben der ‚Kernkommission' wie erläutert im Bereich der Außenbeziehungen und im Besonderen der Krisenprävention substanzielle rechtliche, politische und vor allem finanzielle Kompetenzen, welche die Koordinierung der Akteure und Institutionen zu einer Daueraufgabe der GSVP werden lassen.

Daneben ist auf der EU-Ebene zu untersuchen, welche Mechanismen greifen, um ein abgestimmtes Vorgehen der Akteure und einen stimmigen Instrumenteneinsatz zu ermöglichen, der sowohl zivile wie militärische Eigenschaften aufweist. Die Einrichtung gemeinsamer Einsatzplanungs- und -führungsinstanzen ist hier ebenso von Bedeutung wie die regelmäßige Konsultation der maßgeblichen Akteure. Vor allem ist auf der Einsatzebene der zivile und militärische Mitteleinsatz zu optimieren, um ein möglichst kohärentes Gesamtbild der Europäischen Union entstehen zu lassen.

Die Grauzonen der Abgrenzung zwischen den unterschiedlichen Kompetenzbereichen machen pragmatische Lösungen und Arrangements notwendig, zumal die in früheren Zeiten gängige Unterscheidung zwischen Gemeinschaftskompetenz und GASP nunmehr zugunsten einer Unionszuständigkeit entfallen ist. Nicht zu unterschätzen ist dabei der politische und institutionelle Ehrgeiz der Kommission, weiterhin eine eigenständige außenpolitische Rolle zu spielen und sich dabei nicht völlig auf die Doppelfunktion des/der Hohen Vertreters/in oder den EAD zu verlassen. In der Vergangenheit stand die Kommission dem zivilen Krisenmanagement durchaus skeptisch gegenüber. So plädierte sie 2003 gegen die EU-Mission EUPOL RD Congo; sie setzte sich für eine kleinere, von der Kommission geleitete Mission ein, welche längerfristig im Lande aktiv sein sollte, statt eines kürzeren, aber zugleich robusteren Einsatzes im Rahmen des Krisenmanagements (Gourlay 2011: 6).

Weiterführende Literatur

Ioannides, I. (2010). EU Civilian Capabilities and Cooperation with the Military Sector, in: E. Greco/N. Pirozzi/S. Silvestri (Hg.), *EU Crisis Management: Institutions and Capabilities in the Making,* Quaderni IAI 19, English Series, Rom: Istituto Affari Internazionali, 29–43.

Nowak, A. (Hg.) (2006). *Civilian Crisis Management: the EU way,* Chaillot Paper 90, Paris: EU Institute for Security Studies.

10 Die GSVP im Realitätstest – Missionen seit 2003

10.1 Die Missionen der GSVP im Überblick – EU-Krisenmanagement in der Bewährung

Ein Blick auf die seit 2003 von der Europäischen Union durchgeführten Missionen im Krisenmanagement offenbart einige deutliche Schwerpunkte (siehe Tabelle 6).

In geographischer Hinsicht konzentrierte sich das Engagement der EU auf den Balkan, hier insbesondere auf Bosnien-Herzegowina, und zum anderen auf Afrika, wo die Demokratische Republik Kongo eine herausragende Rolle spielt. Daneben hat die EU aber auch Operationen in Zentral- und Südostasien, im Kaukasus sowie im Nahen Osten durchgeführt. Damit stellte sie ihre globale Einsatzfähigkeit unter Beweis und dokumentierte zugleich ihren Anspruch, strategische Ziele zu verfolgen. In funktionaler Hinsicht erwies sich die Nutzung ziviler Missionen als dynamischer und expansiver als das rein militärische Krisenmanagement. Innerhalb des zivilen Krisenmanagements kommt den polizeilichen Missionen wiederum eine herausgehobene Stellung zu. Polizeiliche Einsätze wiederum sind eng verknüpft mit Fragen der Justizreform sowie mit Fragen der Reform des Sicherheitssektors. Daneben sind Fragen der Grenzsicherung, der Rechtsstaatlichkeit und der Verwaltungsreform bedeutender geworden.

Tabelle 6: Übersicht der GSVP-Einsätze seit 2003

	2003	2004	2005	2006
Militärische Operationen	Concordia (Mazedonien) Artémis (Dem. Rep. Kongo)	Althea (Bosnien-Herzegowina)		
Zivile Missionen	EUPM (Bosnien-Herzegowina)	EUJUST Themis (Georgien) EUPOL Proxima (Mazedonien)	EUBAM Moldau/Ukraine (Moldau und Ukraine) EUBAM Rafah (palästinensische Autonomiebehörde) EUJUST LEX Irak (EU und Irak) EUSEC RD Congo (Dem. Rep. Kongo) EUPOL Kinshasa (Dem. Rep. Kongo) Aceh Monitoring Mission (AMM)	EUPOL COPPS (Palästinensische Autonomiebehörde) EUPAT (Mazedonien)
Gemischte Missionen			Support for AMIS II (Sudan)	

	2007	2008	2010*	2011
Militärische Operationen		EUNAVFOR Somalia Atalanta (Somalia/Horn von Afrika) EUFOR Chad/RCA (Tschad/Zentralafrika)		EUFOR Libya (Libyen)
Zivile Missionen	EUPOL Afghanistan (Afghanistan) EUPOL RD Congo (Dem. Rep. Kongo)	EULEX Kosovo (Kosovo) EUMM Georgia (Georgien) EU SSR Guinea-Bissau (Guinea-Bissau)	EUTM Somalia (Uganda/Somalia)	

** keine Einsätze 2009*

Quelle: Rat der Europäischen Union, abrufbar unter: http://www.consilium.europa.eu/eeas/security-defence/eu-operations?lang=de.

Seit Beginn der operativen Phase der GSVP wurden insgesamt 24 zivile und militärische Missionen durchgeführt, selten wurden beide Dimensionen offiziell miteinander verknüpft wie im Falle der AMIS-II-Unterstützungsmission im Sudan. Dennoch bewegen sich die meisten Operationen in einem komplexen Umfeld unterschiedlicher sicherheitspolitischer Herausforderungen, die es oft unmöglich machen, zivile und militärische Aspekte präzise zu bestimmen und sauber voneinander zu trennen. Themenfelder wie insbesondere die Reform des Sicherheitssektors (Security Sector Reform) lassen sich in einem Land wie der Demokratischen Republik Kongo schlicht nicht nach den Regeln und Praktiken westeuropäischer Rechtsstaaten kategorisieren, sondern erfordern einen pragmatischen und flexiblen Umgang mit den Akteuren vor Ort und der gewachsenen politischen und gesellschaftlichen Kultur.

Die Wiege des europäischen Krisenmanagements liegt auf dem Balkan. Im Jahre 2003 wurde die EU Police Mission (EUPM) in Bosnien als erste Operation der GSVP überhaupt in Gang gesetzt. Ziel war hier die Unterstützung und Begleitung bei der Reform des Polizeiwesens sowie die Hilfe beim Vorgehen gegen organisierte Kriminalität (Agathonos 2010: 100). Am Anfang der operativen Tätigkeit der damaligen ESVP stand also eine zivile Mission. Die EUPM wurde seit ihrem Bestehen mehrfach verlängert und dabei in ihren Aufgaben und Zielen verändert, um den sich wandelnden Rahmenbedingungen Rechnung zu tragen und die eigenen Erfahrungen vor Ort zu nutzen. Insbesondere wurde die Militärpräsenz der EU im Laufe der Jahre drastisch reduziert.

Mit der Operation Concordia in Mazedonien 2003 begann die Ära der militärischen Missionen der EU mittels ihrer eigenen Sicherheits- und Verteidigungspolitik. Ziel der Operation war die Stabilisierung der Lage und die Überwachung der Entwaffnung der albanischen Milizen, die bereits durch die NATO begonnen worden war. Voraussetzung für Concordia war die Verabschiedung des Berlin-Plus-Abkommens, das der EU Zugriff auf Ressourcen und Kapazitäten der NATO erlaubte. In den Folgejahren übernahm die EU eine Reihe von weiteren Operationen, die sich schwerpunktmäßig auf die Schauplätze Südwesteuropa, Naher Osten und Afrika erstreckten.

Mit der Operation Artémis in der Demokratischen Republik Kongo, dem ehemaligen Zaire, wurde schließlich ebenfalls im Jahre 2003 die erste autonome Operation der EU ohne Rückgriff auf Ressourcen und Dienste der NATO beschlossen und umgesetzt. Damit konnten 2003 bereits in der Frühphase ihrer operativen Tätigkeit klare Signale gesetzt werden, die erwarten ließen, dass die im Entstehen begriffene ESVP/GSVP ihre Möglichkeiten ausschöpfen würde, um sich künftig in vielfältiger Weise zu engagieren. Weniger stand in diesen ersten Missionen die effektive Problemlösung vor Ort im Zentrum des Geschehens – so dauerte die Operation Artémis gerade einmal gut drei Monate und war von vergleichsweise geringer Nachhaltigkeit begleitet –, sondern der Beleg dafür, dass die EU sich erfolgreich als Krisenmanager behaupten und ihrem eigenen Anspruch gerecht werden kann. Missionen mussten also bewusst überschaubar und in ihren Aufgaben begrenzt sein, um die Gefahr eines Scheiterns zu minimieren, welche das noch junge Projekt der ESVP/GSVP zu einem jähen Ende hätte führen können.

Die Mission EUFOR Libya zeichnet sich durch eine Besonderheit aus. Der Beschluss des Rates wurde nicht durch entsprechende Umsetzungsentscheidungen ergänzt, sodass die Mission nicht durchgeführt werden konnte. Dieser bislang erste Fall einer beschlossenen, im Folgenden dann aber ‚eingeschlafenen' Operation galt als Ausdruck mangelnder Handlungsfähigkeit der EU (Koenig 2011: 334).

Seit den Anfangstagen der GSVP haben sich die Zahl und Bandbreite der EU-Missionen im Krisenmanagement deutlich erhöht und aufgefächert (Agathonos 2010: 100). Die Expansion und Diversifizierung ihres internationalen Auftretens hat insbesondere im zivilen Bereich zu vielfältigen Formen der Intervention seitens der EU geführt. 2004 wurde mit der Mission EUJUST Themis in Georgien erstmals das Thema der Justizreform auf die Agenda gesetzt, aus dem Erfahrungen für spätere Operationen gewonnen werden konnten. Ihre bisher größte militärische Operation übernahm die EU im Dezember 2004 von der NATO, die ihre SFOR-Operation in Bosnien durch die EUFOR Althea ablösen ließ. Ursprünglich mit über 7000 Kräften gestartet, wurde Althea im Laufe der folgenden Jahre schrittweise reduziert und soll im Laufe des Jahres 2012 auslaufen. Über die fast zehn Jahre ihrer Tätigkeit ist es der Operation gelungen, die Lage in Bosnien-Herzegowina zu stabilisieren und den Ausbruch offener Gewalt zu verhindern. Die Gefahr eines Wiederauflebens von Konflikten kann zwar nicht ausgeschlossen werden, hat sich aber deutlich reduziert. Aktuell sind 13 Missionen aktiv im Einsatz (siehe Tabelle 7), allerdings hat die EU im Laufe der letzten Jahre die Personalstärke ihrer größten Einsätze deutlich reduziert. Begrenzte personelle und finanzielle Ressourcen und veränderte sicherheitspolitische Rahmenbedingungen führten dazu, dass die Präsenz der EU vor Ort eingeschränkt wurde.

Tabelle 7: Laufende Operationen der GSVP (Stand: Februar 2012)

Operation	Einsatzart	Beginn der Operation	Personal	Einsatzgebiet
EUPM	Zivil	2003	277	Bosnien-Herzegowina
EUFOR Althea	Militärisch	2004	1.448	Bosnien-Herzegowina
EUBAM	Zivil	2005	200	Moldawien, Ukraine
EUBM Rafah	Zivil	2005	21	Palästina
EUJUST LEX	Zivil	2005	63	Irak/Brüssel
EUSEC RD Congo	Zivil	2005	52	RD Congo
EUPOL COPPS	Zivil	2006	77	Palästina
EUPOL Afghanistan	Zivil	2007	487	Afghanistan
EUPOL RD Congo	Zivil	2007	59	RD Congo
EUNAVFOR Atalanta	Militärisch	2008	1.216	Horn von Afrika
EULEX Kosovo	Zivil	2008	2.844	Kosovo
EUMM Georgien	Zivil	2008	417	Georgien
EUTM Somalia	Militärisch	2010	99	Uganda
EUFOR Libyen	Militärisch	2011	—	—

Quelle: Website des Rates der Europäischen Union, abrufbar unter: www.consilium.europa.eu.

10.2 Die laufenden Missionen der GSVP

10.2.1 Operation Althea

Mit der Operation Althea übernahm die EU 2004 die militärische Verantwortung für die Sicherheitslage in Bosnien-Herzegowina und die Überwachung des Daytoner Abkommens von 1995, das den Bosnien-Krieg beendet hatte und eine neue Grundlage für ein friedliches Zusammenleben der verschiedenen Ethnien bereitstellte. Nach dem als unzulänglich angesehenen Agieren während des Jugoslawienkrieges bot sich nun die Gelegenheit, einen substanziellen Beitrag zur Stabilisierung des Landes und seiner Heranführung an die Europäische Union zu leisten (Bertin 2008: 67).

Das Dayton-Abkommen hatte mit der muslimisch-kroatischen Föderation und der Republika Srpska zwei weitgehend autonome Gliedstaaten geschaffen, die von einer politisch schwach ausgestatteten zentralstaatlichen

Ebene überwölbt wurden. Diese Struktur hatte zwar konfliktminimierend gewirkt, zugleich aber die ethnische Trennung des Landes verfestigt (Bertin 2008: 62).

Als die EU 2004 die Mission in Bosnien-Herzegowina begann, war die Sicherheitslage im Lande seit Jahren stabil (Bertin 2008: 61). Auch wenn keine imminente Bedrohung vorlag, wurden die Risiken eines Rückfalls in ethnische Konflikte aber keineswegs unterschätzt (Keohane 2009: 213). Auf lokaler Ebene kam es immer wieder zu Disputen und Auseinandersetzungen zwischen Angehörigen der verschiedenen Ethnien, die sich zwar nicht zu gravierenden Szenarien ausweiteten, aber die weiterhin vorhandenen Ressentiments dokumentierten (Bertin 2008: 62). Die Spannungen zwischen den verschiedenen Volksgruppen hatten sich nur langsam und unvollkommen abgebaut, und auf der politischen Ebene bestanden deutliche Frakturen, die sich augenfällig in den Erfolgen ethnischer Parteien und einer mangelnden Kooperationsbereitschaft auf der gesamtstaatlichen Ebene manifestierten. Das Abkommen von Dayton, das einen Spagat zwischen einer akuten Konfliktlösung und dem Aufbau effektiver staatlicher Strukturen leisten musste, erwies sich dabei in der Folge zunehmend als Hypothek. Insbesondere die schwach ausgeprägte gesamtstaatliche Ebene erschwerte den Aufbau stabiler demokratischer und rechtsstaatlicher Strukturen – und damit auch die Annäherung Bosnien-Herzegowinas an die EU.

EUFOR Althea übernahm 2004 die Mission von der NATO, die zuvor mit der SFOR-Mission für die Sicherheit in Bosnien-Herzegowina gesorgt hatte. Vorausgegangen waren intensive Konsultationen innerhalb des Rates sowie mit den Gremien der Allianz. Als Gründe für den Rückzug der NATO galten neben der Tatsache, dass die militärische Lage in Bosnien-Herzegowina als stabil eingeschätzt wurde, vor allem der Wunsch der USA nach einer Reduzierung ihrer Präsenz im Lande und die Überzeugung, dass die EU mit ihren ersten Missionen in Mazedonien und im Kongo im Jahre 2003 bewiesen hatte, eine militärische Operation erfolgreich durchführen zu können (Keohane 2009: 212). Drei EU-Staaten nehmen nicht an der Operation teil: Dänemark, Malta und Zypern.[21]

Da EUFOR Althea auf der Grundlage der Berlin-Plus-Vereinbarung durchgeführt wird, greift sie auf Ressourcen und Mittel der NATO zurück und wird vom DSACEUR als Operation Commander militärisch geführt. Mit ursprüng-

21 Da sie nicht am Partnership-for-Peace-Programm teilnehmen, hatten Malta und Zypern keine ausreichenden Sicherheitsabkommen mit der NATO abgeschlossen. Diese sind aber Voraussetzung für die Teilnahme an einer Berlin-Plus-Mission.

lich gut 7000 Soldaten stellte sie die größte Mission der GSVP dar, wurde aber schrittweise auf eine Truppenstärke von mittlerweile nunmehr gut 1200 Personen (2011) reduziert. Eines der Hauptprobleme der Übergangsphase 2004 bestand im Ersatz für die gut 1000 US-amerikanischen SFOR-Soldaten, welche nun ausschieden. Es gelang der Europäischen Union aber recht zügig, ausreichende Kontingente zu stellen. Gut 80 Prozent der SFOR-Kräfte waren bereits durch die EU-Staaten beigesteuert worden und konnten nun durch EUFOR Althea übernommen werden (Keohane 2009: 215).

Als Rechtsgrundlage für EUFOR Althea diente die Gemeinsame Aktion des Rates vom 12. Juli 2004 (Rat der EU 2004), nachdem der UN-Sicherheitsrat in seiner Resolution 1551 vom 9. Juli 2004 die Übernahme der SFOR-Mission durch die Europäische Union willkommen geheißen hatte (United Nations Security Council 2004a). Zuvor hatte der Rat das Konzept der Operation am 26. April 2004 gebilligt.

Das PSK legte in der Folge in einer Reihe von Entscheidungen weitere für die Operation notwendige Konditionen fest. So wurden die Beiträge von Drittstaaten für die Operation akzeptiert, der Ausschuss der beitragenden Staaten (Committee of Contributors) eingerichtet und insbesondere die Befehlskette aufgebaut. In Abstimmung mit den EU-internen Entscheidungsschritten vollzog die Allianz den schrittweisen Abschied und die Übergabe der SFOR-Mission. Auf dem NATO-Gipfel von Istanbul vom 28. zum 29. Juni 2004 war beschlossen worden, den Einsatz bis Ende des Jahres zu beenden (Rat der EU 2004). Auf der Grundlage des Briefwechsels zwischen dem Generalsekretär der NATO und dem damaligen Hohen Repräsentanten der GASP vom 17. März 2003 wurde in der Folge eine Konsultation beider Seiten eingeleitet, um die Nutzung der Berlin-Plus-Vereinbarung praktisch auszuloten. In einem weiteren Briefwechsel erklärte sich der Nordatlantikrat bereit, den DSACEUR als Operation Commander zur Verfügung zu stellen und das Operation Headquarters bei SHAPE anzusiedeln (Rat der EU 2004).

Wurden mit General Rainer Feist der EU Operation Commander und mit General David Leakey der Force Commander in der Gemeinsamen Aktion vom Juli 2004 durch den Rat bestätigt, so zeichnete in der Folge das PSK für Entscheidungen verantwortlich, wenn es um die Neubesetzung der zentralen militärischen Positionen ging. Nach dem Wechsel in der Position des DSACEURS wurde im September 2004 General John Reith folgerichtig zum Operationsbefehlshaber (Operation Commander) der Operation Althea ernannt. Am 25. November 2004 erfolgte schließlich durch den Rat der Beschluss über die Einleitung der militärischen Operation in Bosnien und Herzegowina, sodass die operative Umsetzung vor Ort beginnen konnte. Hierzu wurde der EU Operation Commander dazu ermächtigt, den Aktivierungsbefehl (ACTORD) für die Truppen zu erteilen (Rat der EU 2004b). Halbjährlich berichtet der/ die Hohe Vertreter/in für die Außen- und Sicherheitspolitik über den Fortgang der Operation und formuliert bei Bedarf Empfehlungen. Der Bericht wird durch den Rat aufgegriffen und diskutiert und dient als Basis für mögliche Entscheidungen über den Fortgang der Mission.

Das Mandat der Mission besteht darin, durch ihre militärische Präsenz zu einem sicheren Umfeld in Bosnien-Herzegowina beizutragen, das Wiederaufleben von gewaltsamen Konflikten zu verhindern und damit die Umsetzung des Abkommens von Dayton zu ermöglichen. Zugleich soll der Aufbau eines eigenen Sicherheitsapparates im Lande unterstützt und überwacht werden. Auf dieser Grundlage waren der Operation von Anbeginn militärische Kernaufgaben sowie unterstützende Tätigkeiten zugewiesen worden. Im Kernbereich erfüllt Althea seine Funktionen durch regelmäßige Patrouillen, das Auffinden und die Sammlung von Waffen, die Gewinnung von Informationen, nachrichtendienstliche Aufklärung sowie die Kontrolle über den Aufbau der bosnischen Streitkräfte (Bertin 2008: 68). Mit den lokalen und regionalen Akteuren wird der Kontakt über Verbindungs- und Beobachtungsteams (Liaison and Observation Teams, LOT) hergestellt, die über das ganze Land verteilt sind und im Laufe der Jahre enge und kooperative Beziehungen aufgebaut haben.

Im Bereich der unterstützenden Aufgaben standen vor allem der Kampf gegen das organisierte Verbrechen und das Auffinden von international gesuchten mutmaßlichen Kriegsverbrechern auf dem Programm. Damit besaß Althea neben einer militärischen auch eine polizeiliche Funktion, die insbesondere durch die bereits unter der Ägide der SFOR bestehende Multinationale Polizeieinheit (Multinational Specialised Unit, MSU), nunmehr in Integrierte Polizeieinheit (Integrated Police Unit, IPU) umgetauft, wahrgenommen wurde. Einige Mitgliedstaaten, darunter Frankreich, Finnland, Spanien und Schweden, plädierten für eine Überführung der IPU in die EU-Polizeimission in Bosnien, da ihre Aufgaben im Kern ziviler und nicht militärischer Natur seien und daher in das Spektrum der EUPM fallen würden (Keohane 2009: 214). Allerdings setzte sich diese Position nicht durch, die IPU verblieb in der Operation Althea.

Es gelang Althea insgesamt zügig, an die Tätigkeiten der SFOR anzuknüpfen und durch ihre Anwesenheit eine abschreckende Wirkung auf alle Versuche einer Wiederaufnahme der Gewalt in Bosnien-Herzegowina zu erzielen. Ihre militärische Kernfunktion konnte sie damit gut bewältigen. Auch in der Kriminalitätsbekämpfung wurden Erfolge verbucht, wenngleich sich diese Problematik insgesamt als äußerst hartnäckig und resistent erwies. Korruption und organisiertes Verbrechen bleiben komplexe und tief verwurzelte Dauerprobleme der gesamten Region, denen eine einzelne Mission letztlich nur bedingt begegnen kann.

Im Februar 2007 wurde auf der Grundlage der Einschätzungen Javier Solanas sowie weiterer Akteure in der Region beschlossen, eine Phase des Übergangs der Operation Althea einzuleiten und dabei die Präsenz der EU auf eine Personalstärke von 2500 zu reduzieren (ISIS Europe 2011d). Die Sicherheitslage hatte sich im Laufe der Jahre deutlich stabilisiert und bot so keinen Anlass zu übermäßiger Sorge. Daher konnte die EU damit beginnen, Umfang und Zuschnitt der Operation neu auszurichten. Die Kernelemente von Althea sind seither das multinationale Bataillon, die Integrierte Polizeieinheit (IPU), die Verbindungs- und Beobachtungsteams (Liaison and Observation Teams) sowie die mobilen Training-Teams.[22] In den folgenden Jahren verknüpfte sich die Thematik der Personalstärke immer enger mit der Frage, ob die Mission in der bisherigen Form überhaupt noch benötigt werde (Keohane 2009: 219f.; ISIS Europe 2011d). Nach kontroversen Debatten im Rat einigten sich die Mitgliedstaaten im Oktober 2011 darauf, EUFOR Althea mit reduziertem Personal und begrenztem Mandat – insbesondere im Bereich der Ausbildung und des Trainings bosnischer Streitkräfte – fortzuführen (ISIS Europe 2011d).

Während hinsichtlich der Mandatserfüllung eine insgesamt positive Bilanz der Mission gezogen werden kann, ist zugleich der enorme Koordinierungsbedarf in Rechnung zu stellen, der sich auf verschiedenen Ebenen mit unterschiedlichen Akteuren ergab. So hat sich Althea erst schrittweise und allmählich in einen Koordinierungsrahmen mit der zivilen EUPM-Operation bewegt. Die bereits beschriebene Überschneidung der Aufgaben im Bereich der polizeilichen Tätigkeit hat damit zu Ineffizienzen und zu Konkurrenzen geführt, die in der unsauberen Trennung der Mandate begründet lagen. Über die Einsatzzeit hinweg hat sich eine Zunahme der Rolle und Be-

22 Siehe zu diesen Elementen und ihren aktuellen Tätigkeiten die Website von EUFOR Althea: http://www.euforbih.org/.

deutung des EU-Sonderbeauftragten ergeben, der insbesondere die Koordinierung von EUPM und Althea ins Zentrum seiner Aufmerksamkeit rückte (Keohane 2009: 219).

10.2.2 EUNAVFOR Somalia (Atalanta)

Die Operation EUNAVFOR Somalia (Atalanta) reagiert auf eine neue Art der Sicherheitsherausforderungen, die virulent durch transnationale Akteure verursacht werden, namentlich die Piraterie vor dem Horn von Afrika, welche für die internationale Schifffahrt von strategischer Bedeutung ist (Helly 2009b). Allerdings lässt sich das zugrunde liegende Problem nicht lediglich auf das illegale Aufbringen von Handels- und Passagierschiffen beschränken, sondern erweist sich als eng mit der politischen Lage in der Region verknüpft (ISIS Europe 2011k). Kriminelle und terroristische Organisationen konnten im Schatten fragiler Staatlichkeit eine Operationsbasis aufbauen, welche nicht nur das unmittelbare regionale Umfeld destabilisierte, sondern potenziell auch globale Handelsströme zu stören vermochte. Die Piraterie entwickelte sich unter diesen Umständen zu einem lukrativen Geschäft, von dem organisiertes Verbrechen, aber auch lokale Fischer, Söldner, Milizen und korrupte Beamte insbesondere in der Verwaltung der nordöstlichen Provinz Puntland und in der Zentralregierung Somalias profitieren (Helly 2009b: 392). Zudem erleichterte die wenig durchsetzungsfähige Staatsgewalt in den vergangenen Jahren islamistischen Gruppen die Möglichkeit eines Rückzugs- und Aufmarschgebietes in dem ostafrikanischen Land.

Vorläufer der Operation Atalanta war die Koordinierungsmission EU NAVCO, die zunächst nur die Abstimmung der militärischen Einsätze einzelner Staaten vor dem Horn von Afrika zum Inhalt hatte und durch die Gemeinsame Aktion vom 19. September 2008 beschlossen wurde (Rat der Europäischen Union 2008a). Am 10. November 2008 erfolgte bereits die Ausweitung und operative Neubestimmung in Form einer weiteren Gemeinsamen Aktion, welche die Mission Atalanta begründete (Rat der Europäischen Union 2008b). Im Dezember 2010 beschloss der Rat, die Operation bis zum Dezember 2012 zu verlängern (Rat der Europäischen Union 2010c). Großbritannien stellt für die Operation in Northwood das Operation Headquarters und zugleich den Operationsbefehlshaber (Operation Commander). Nicht-EU-Staaten wie Kroatien, Montenegro, Norwegen und die Ukraine beteiligen sich ebenfalls an EUFOR Atalanta.

Auf der Grundlage verschiedener Resolutionen des UN-Sicherheitsrates, insbesondere der Resolutionen 1814 und 1816 über den Kampf gegen die internationale Piraterie (Arnaud et al. 2008: 46) besteht die Mission der Operation EUFOR Atalanta darin, folgende Ziele zu erreichen:

— die Verhinderung und Bekämpfung von Akten der Piraterie und bewaffneter Raubüberfälle vor der somalischen Küste;
— die Sicherung von Hilfslieferungen des UN-World-Food-Programms sowie der Mission der Afrikanischen Union in Somalia;
— den Schutz der Schifffahrt und die Überwachung der Fischerei vor der somalischen Küste.

Parallel zu den Bemühungen um die Sicherheit der Meere beteiligt sich die EU an verschiedenen Foren und Initiativen in der Region. So ist sie Mitglied der internationalen Kontaktgruppe zur Piraterie vor der Küste Somalias, zugleich ist sie in eine enge Kooperation mit anderen Missionen und Akteuren vor Ort eingebunden. Neben der EU sind die NATO, die Combined Maritime Forces (CMF) unter Führung der USA sowie einzelne Staaten (wie z. B. Indien, China, Russland, Japan und Taiwan) am Horn von Afrika an der Bekämpfung der Piraterie beteiligt.

Der bisherige Verlauf und die erzielten Ergebnisse der Mission wurden sowohl in der politischen Arena Brüssels wie auch in den nationalen Hauptstädten zunächst als bedingt erfolgreich bewertet (ISIS Europe 2011k). Hilfslieferungen gelangten weitgehend ungehindert an ihr Ziel, zugleich wurden mehrfach Versuche einer Kaperung von Schiffen unterbunden oder beendet. Zudem konnte ein Informationssystem geschaffen werden, das präventiv wirksam Schiffe vor Piraterie schützt. Das Manko der Mission ist daher weniger in ihrer eigenen Umsetzung zu suchen als in dem Umfeld, in dem sie sich bewegt. So scheint die Operation mit den Symptomen einer sicherheitspolitischen Gefährdung befasst, ohne die tief greifenden Ursachen behandeln zu können. Solange in Somalia keine funktionierende Staatlichkeit eingerichtet werden kann, wird sich das Problem des Küstenschutzes und der Bekämpfung der Piraterie weiterhin stellen.

Die EU selbst ist mit einer Vielzahl von Instrumenten und Leistungen in Somalia und seinen Nachbarn präsent. Aber auf der konkreten operativen Ebene stieß die Operation Atalanta immer wieder an Grenzen, selbst wenn es ihr gelang, Schiffe vor Übergriffen zu schützen und die Täter zu stellen. Zum einen konnte sie diese nicht selbst zur Verantwortung ziehen, sondern musste sie den somalischen Behörden überlassen. Das Ergebnis ist bisher eine bestenfalls lückenhafte Strafverfolgung. Weiterhin ist es Atalanta zunächst nicht möglich gewesen, die bisher bekannten Lager der Piratengruppen entlang der Küste im Landesinneren zu attackieren, sodass den Tätern selbst bei gelegentlichen Fehlschlägen funktionierende Basen für weitere Aktionen sowie Flucht- und Rückzugsgebiete zur Verfügung stehen. Schrittweise wurde das Mandat der Operation daher robuster und expansiver ausgestaltet. Allerdings sind die jüngsten Änderungen politisch umstritten und belasten den außen- und sicherheitspolitischen Konsens in einigen Mitgliedstaaten (wie der Bundesrepublik Deutschland). So erklärten die Oppositionsparteien im Deutschen Bundestag im Mai 2012, die angestrebte Ausweitung des Operationsgebietes von Atalanta – und damit auch der dort tätigen Bundeswehreinheiten – auf einen breiteren Küstenstreifen mit Ablehnung oder Enthaltung zu quittieren (FAZ, 9. 5. 2012).

10.2.3 EUTM Somalia

Somalia gilt wie bereits erwähnt als Musterfall gescheiterter Staatlichkeit. Mit dem Sturz des langjährigen Diktators Siad Barre 1991 kollabierte die politische Ordnung; das Land fiel einem dauerhaften Bürgerkrieg anheim. Nach Fehlschlägen in den 1990er Jahren intensivierten sich im Laufe der 2000er Jahre die Bemühungen der internationalen Gemeinschaft, dem ostafrikanischen Land bei der Wiederherstellung seiner Staatlichkeit Unterstützung zukommen zu lassen. Verschiedene Anläufe, eine Übergangsregierung zu etablieren, führten bislang allerdings nicht zu einer dauerhaften Stabilisierung der Lage. Die Übergangsregierung Somalias (Transitional Federal Government, TFG) genießt zwar eine weitgehende internationale Anerkennung, kontrolliert aber nur einen Teil des Landes und kann sich ohne externe Hilfe kaum im Amt halten. Im Lande verankerte Clan-Milizen, islamistische Gruppen und auch externe Einflussnahme erschweren die Schaffung einer effektiven Staatlichkeit.

Die EU beteiligte sich insbesondere an Projekten und Initiativen der UNO und der Afrikanischen Union und mobilisierte dabei aus ihrem Haushalt erhebliche Finanzmittel (ISIS Europe 2011f). Im Februar 2010 beschloss der Rat der EU auf der Grundlage der Resolution des UN-Sicherheitsrates 1872 (2009), eine militärische Ausbildungsmission auf den Weg zu bringen, um die Kampfkraft der somalischen Sicherheitskräfte zu erhöhen und um Kenntnisse im Bereich des Völkerrechts, der humanitären Hilfe und des Schutzes der Zivilbevölkerung zu vermitteln. Durchgeführt wird die Mission in Uganda, wo gut 2 000 somalische Rekruten ausgebildet werden. Ein Verbindungsbüro wurde in Nairobi eingerichtet. Das EU-Hauptquartier in Uganda nimmt dabei zugleich die Aufgaben eines operativen (Operation Headquarters, OHQ) wie eines operativ-taktischen Hauptquartiers (Force Headquarters, FHQ) wahr (Art. 3 des Beschlusses 2010/96/GASP, Rat der Europäischen Union 2010a).

Die gemeinsamen Kosten der Operation, die über den Athena-Mechanismus abgewickelt wurden, beliefen sich auf fünf Millionen Euro für 2010 und zwei Millionen Euro für 2011. Im Juli 2011 beschloss der Rat, die Mission bis Juli 2012 zu verlängern.

Die Bilanz fällt insgesamt bescheiden aus. Zwar wurden die gesetzten Ausbildungsziele bislang erreicht, und die Gesamtzahl von 2 000 Personen wird bis zum Auslaufen der Mission 2012 auch das Trainingsprogramm absolviert haben, doch bleibt insgesamt recht unklar, welche nachhaltigen, also dauerhaft wirksamen Effekte damit erzielt wurden. Das insgesamt instabile und fragmentierte politische und institutionelle Umfeld der Mission lässt erhebliche Zweifel daran aufkommen, ob sich eine wirklich spürbare Veränderung des Regierens und der Sicherheit in Somalia mit der Mission hat bewirken lassen (Oksamytna 2011).

10.2.4 EUPM Bosnien

Die EU-Police-Mission in Bosnia (EUPM) ist die älteste Operation der EU. Sie wurde zum 1. Januar 2003 in Gang gesetzt und übernahm die damalige International Police Task Force der Vereinten Nationen (Overhaus 2009). Auf der Grundlage des Daytoner Abkommens ist der EUPM die Aufgabe gestellt, den Aufbau polizeilicher Strukturen in Bosnien in Übereinstimmung mit internationalen Standards zu unterstützen (Mühlmann 2008). Kernaktivitäten umfassen die Überwachung, Beratung und Inspektion der bosnischen Polizeikräfte.

Das Engagement der EU in Bosnien-Herzegowina dient nach dem Zerfall Jugoslawiens und dem Bosnien-Krieg nicht nur dem Wiederaufbau des Landes, sondern auch der neu gewonnenen europäischen Ambition, nach dem Scheitern ihres außenpolitischen Auftretens während der vorangegangenen Jahre ihre Präsenz und Handlungsfähigkeit unter Beweis zu stellen (Mühlmann 2008: 43ff.). Ohne die militärische Intervention der NATO, getragen von der Bereitschaft der USA zum Einsatz ihrer Streitkräfte, wäre eine Beendigung des Bosnienkrieges nicht möglich gewesen. Das Daytoner Abkommen von 1995 war nicht zuletzt unter maßgeblicher US-amerikanischer Beteiligung zustande gekommen. Ab 2003 übernahm die EU demonstrativ die zivile und danach die militärische Verantwortung für das Krisen- und Wiederaufbaumanagement in Bosnien-Herzegowina.

Der Vorschlag zur Übernahme der EUPM wurde 2002 insbesondere von Frankreich angestoßen, um eine Gelegenheit zu nutzen, die zivile Dimension der GSVP auf den Weg zu bringen. Drei zentrale Punkte wurden dabei angeführt, die auch künftig als Begründungszusammenhänge für zivile Missionen auftreten sollten: die Machbarkeit der Mission, ihre geographische Nähe zur EU und die Übereinstimmung mit den Prioritäten für Kapazitäten der GSVP auf dem Gebiet des zivilen Krisenmanagements (Gourlay 2011: 3). Das Kalkül der EU, nunmehr ihre Fähigkeiten unter Beweis stellen zu können, war derart bestimmend, dass damit die Anstrengungen der OSZE, die bereits 2001 eine Polizeimission für Bosnien vorbereitet und hierfür bereits einen Operationsplan vorgelegt hatte, marginalisiert und schließlich fallengelassen wurden (Gourlay 2011: 3). Im Zentrum des EU-Krisenmanagements standen neben den Zielen im Operationsgebiet immer auch die institutionellen und politischen Eigeninteressen der Europäischen Union als Ganzes – und nicht nur einzelner Mitgliedstaaten. Am 11. März 2002 beschloss der Rat der EU, zunächst ein Planungsteam zur Vorbereitung der Polizeimission vorauszuschicken, um dann zum 1. Januar 2003 mit der EUPM beginnen zu können (Art. 1 der Gemeinsamen Aktion 2002/210/GASP, Rat der Europäischen Union 2002).

Der Auftrag der EUPM wird in einem Anhang zur Gemeinsamen Aktion beschrieben und umfasst eine strategische und eine operative Ebene (Anhang zur Gemeinsamen Aktion 2002/210/GASP, Rat der EU 2002). Wie insbesondere für die frühen EU-Missionen üblich, werden darin zahlreiche und teils recht konkrete Ziele definiert, die in der Praxis angesichts der begrenzten personellen und finanziellen Ressourcen auf der politisch-strategischen Ebene kaum umzusetzen waren. In den kommenden Jahren hat sich das Aufgabenprofil der EUPM deshalb weiter spezialisiert und fokussiert. Zugleich legte die EU großen Wert auf die Kontinuität zu den Aktivitäten ihrer Vorgängermission, der International Police Task Force, die sich schon darin äußerte, dass der letzte Leiter der IPTF, Sven Fredericksen, zum Chef des EU-Planungsteams und schließlich zum Leiter der EUPM ernannt wurde (Gourlay 2011: 3). Der Leiter der Mission war dem Hohen Repräsentanten für die GASP, zu Beginn also Javier Solana, verantwortlich, dem er über den Hohen Vertreter für Bosnien, zugleich EU Sonderbeauftragter, Lord Ashdown, berichtete (Mühlmann 2008: 47).

Um ihr Mandat zu konkretisieren, versuchte die EUPM vier strategische Prioritäten zu definieren: den Institutionen- und Kapazitätsaufbau, den Kampf gegen organisierte Kriminalität und Korruption, die Schaffung finanzieller Nachhaltigkeit und die Förderung polizeilicher Unabhängigkeit und Verantwortlichkeit (Mühlmann 2008: 48). Auf der Grundlage dieser Prioritäten wurden in der Folge einzelne Programme vorgelegt, die in Zusammenarbeit mit anderen internationalen Organisationen und Drittstaaten sowie lokalen und regionalen Akteuren umgesetzt wurden. Zunehmend konzentrierte sich die Mission allerdings auf die Problematik der Institutionalisierung eines wirksamen und arbeitsfähigen Polizeiwesens auf staatlicher Ebene, was angesichts der Zergliederung der Zuständigkeitsbereiche und Kompetenzen in Bosnien-Herzegowina mit erheblichen Schwierigkeiten verknüpft war. Die Tätigkeit der gesamtstaatlichen Polizeibehörden wurde immer wieder aufgrund ethnischer Differenzen behindert und blockiert, die regelmäßig den Hohen Repräsentanten zwangen, Entscheidungen gegen den Widerstand der bosnischen Instanzen durchzusetzen (Mühlmann 2008: 50).

Da die EUPM Bosnia als erste Mission im EU-Krisenmanagement überhaupt lanciert wurde, kam ihr das fragwürdige Privileg zu, sämtliche Mängel und Defizite der Anfangsphase der operativen GSVP exemplarisch vorzuführen. Trotz einer ausgiebigen Vorbereitungsphase kam es im Laufe der Operation immer wieder zu intra- und interinstitutionellen Friktionen. Die Überfrachtung des Aufgabenspektrums ist bereits angesprochen worden. Auch Rekrutierungsprobleme taten sich auf. Dabei ging es nicht nur um die rein quantitative Erfüllung der Zielvorgaben, sondern insbesondere darum, fachlich geeignete Kräfte zu gewinnen, die ihre Erfahrungen gewinnbringend vor Ort einbringen konnten. Zu Beginn fehlten vor allem zivile polizeiliche Experten, die nur in unzulänglicher Anzahl von den Mitgliedstaaten bereitgestellt wurden (Mühlmann 2008: 55). Neben Polizeiexperten fehlten Erfahrungen mit Projektmanagement und seinen spezifischen finanziellen und operativen Anforderungen. Dies führte zu Defiziten in der Durchführung der Projekte, da die eingesetzten Experten äußerst überlastet waren. Da durch die Mitgliedstaaten tendenziell eher junge und unerfahrene Beamte entsandt wurden, mangelte es an Personen mit einem breiteren Erfahrungsschatz und höherem Dienstgrad, die gegenüber den bosnischen Beamten eine gewisse Autorität und eine Führungsrolle beanspruchen konnten (Mühlmann 2008: 58). Da Anschaffungen für die Mission über die Kommission abgewickelt werden mussten, waren die entsprechenden Beschaffungsregeln anzuwenden; diese erwiesen sich aber für eine internationale Mission als ungeeignet, weil zu bürokratisch und langatmig. Es mangelte weiterhin an sicheren Kommunikationsverbindungen zwischen Brüssel und der Mission vor Ort – ein Grundproblem zahlreicher Operationen der GSVP in der Anfangsphase (Mühlmann 2008: 55).

Zu den Ressourcenproblemen gesellten sich personelle Mängel. Aufgrund der Doppelbelastung durch die auslaufende UN-geführte IPTF war der Missionsleiter der EUPM nur bedingt in der Lage, sich der neuen Operation zu widmen und wurde nicht unbedingt als Repräsentant der EU wahrgenommen. Der Übergang von der UN zur EU verlief ebenfalls nicht reibungslos. Dokumente, die dringend vor Ort benötigt wurden, fanden sich auf dem Weg nach New York und entscheidende Informationen und Erfahrungen aus den vergangenen Jahren wurden nicht weitergegeben.

Auch das Verhältnis zum Hohen Vertreter für Bosnien, Lord Ashdown, erwies sich zunächst nicht als spannungsfrei. Zum einen umging Ashdown die Mission immer wieder, da er den direkten Kontakt zu den bosnischen Behörden und Amtsträgern suchte; zudem nahm er seine Funktion als EU-Sonderbeauftragter zunächst nicht sonderlich ernst, weigerte sich sogar, eigenes Personal hierfür einzustellen (Mühlmann 2008: 53). Erst auf Druck des Rates änderte er seine Position und besetzte Stellen für das Büro des EUSR. Damit verbesserte sich die Beziehung zur EUPM, es blieben aber Spannungen zu den Mitarbeitern im Büro des Hohen Vertreters für Bosnien bestehen, die sich grundsätzlich als übergeordnete Instanz verstanden und entsprechende Umgangsformen wahrten. Als Ergebnis wurden die Prozeduren für die Übergabe einer Mission wie auch die strategischen Planungs- und Ingangsetzungsabläufe standardisiert, wovon spätere Missionen der GSVP profitieren sollten.

Ein weiteres Problem bestand in der Koordinierung der Aktivitäten der EUPM mit den anderen Operationen in Bosnien, inklusive der militärischen Operation Althea. Hier wird als Beispiel die Verbrechenshotline Krimo Lovci genannt, die durch die EUPM eingerichtet wurde und es Anrufern kostenfrei ermöglichen sollte, Straftaten zu melden. Allerdings begann auch Althea, eine eigene Hotline in ähnlicher Sache freizuschalten; daneben gab es sogar Leitungen für einzelne Projekte unter dem Dach der EUPM. Nach intensiven und mühsamen Verhandlungen gelang es, die konkurrierenden Hotlines abzuschalten und damit ein einheitliches Instrument zu schaffen, das von allen Bosniern genutzt werden konnte (Mühlmann 2008: 57).

Die Vielzahl der Koordinierungsprobleme auf der administrativen und technischen wie auf der politisch-strategischen Ebene darf nicht überraschen, da es keine Blaupause für die EU gab und die schlichte Nachahmung einer UN-Mission sich für die besonderen Bedingungen der GSVP nicht eignet. Aus den Erfahrungen der EUPM wurden allerdings sowohl für Bosnien wie für andere Missionen Konsequenzen gezogen.

Die Etablierung und Sicherung eines stabilen Polizeiapparates, der zudem mit modernen Ressourcen und deren Handhabung vertraut gemacht wurde, hat zwar die weiterhin präsenten institutionellen Probleme nicht beseitigen, wohl aber mildern können. Das Grundproblem, das in der staatlichen Struktur des Landes und seiner vielfach gebrochenen Kompetenz und Zuständigkeitsverteilung liegt, ließ sich nicht vollends aufheben.

10.2.5 EULEX Kosovo

Die EULEX Kosovo stellt die derzeit größte EU-Mission im Rahmen der GSVP dar, gemessen am Personalaufwand (gut 2 500 Personen) und an den eingesetzten EU-Mitteln (Grevi 2009b). Den Hintergrund der Mission bildete der Kosovo-Konflikt von 1998/99, der durch die Versuche der serbischen Regierung, die Autonomie des mehrheitlich von albanischer Bevölkerung bewohnten Kosovo einzuschränken und ethnische Säuberungen mithilfe militärischer Gewalt durchzuführen, ausgelöst wurde. Das militärische Eingreifen der NATO beendete das Vorgehen Belgrads 1999 und bewahrte die albanische Bevölkerung des Kosovo vor weiteren Repressionen; der Preis für die Politik Serbiens lag in dem faktischen Entzug der politischen und militärischen Kontrolle über den Kosovo, dessen Administration nunmehr auf die Vereinten Nationen und ihre Interimsverwaltung (United Nations Interim Administration in Kosovo, UNMIK) überging. Im Rahmen der von der UNMIK getragenen Verwaltungsorganisation übernahm die EU zunächst die Federführung für Fragen des Wiederaufbaus und der ökonomischen Entwicklung. Der völkerrechtliche Status des Kosovo blieb dabei offen und wurde in den folgenden Jahren Gegenstand intensiver und heftiger Debatten auch innerhalb der Europäischen Union (Weller 2008).

Im Zuge der Bemühungen um eine Klärung des völkerrechtlichen Status des Kosovo ab 2006 zeichnete sich ab, dass die Europäische Union, die ab 2003 in Bosnien-Herzegowina die Federführung wichtiger Missionen übernommen hatte, auch im Kosovo als zentraler Akteur tätig werden wollte.

Parallel hierzu waren die USA daran interessiert, ihr Engagement deutlich zurückzufahren und damit die Problemlösungen zu europäisieren.

Seit Februar 2008 befindet sich in der ehemaligen serbischen Provinz die zivile Mission im Einsatz, um den Aufbau demokratischer, rechtsstaatlicher und transparenter Strukturen im Polizei-, Justiz- und Zollwesen des Kosovo voranzutreiben und konkrete Schritte im Kampf gegen die Kriminalität durchzusetzen (ISIS Europe 2011i). Kurz nach dem Beschluss des Rates über die Mission erfolgte die Unabhängigkeitserklärung des Kosovo.

EULEX Kosovo hat ihre Aufgaben, die ein exekutives Mandat einschließen, von der UN-Mission UNMIK übernommen und begann ihre Tätigkeit unter spannungsreichen Bedingungen. Die Übergabe von Material, Ausrüstung, Fahrzeugen, Infrastruktur und Informationen ist schlicht misslungen. UNMIK wurde weit langsamer heruntergefahren, als EULEX Kosovo erwartet hatte, sodass beide parallel zueinander mit unklaren Aufgaben und Zuständigkeiten koexistierten (Grevi 2009b: 358). Die Europäische Union verfolgte eine zugleich ehrgeizige wie zwiespältige Strategie. Nicht alle EU-Staaten erkennen den Kosovo völkerrechtlich an – die EU-Staaten Spanien, Griechenland, Rumänien und die Slowakei weigern sich bislang, dies zu tun –, dennoch hängt die Reputation der EU auf der internationalen Bühne nicht zuletzt davon ab, inwieweit es ihr gelingt, die Sicherheit, Stabilität und Gewaltfreiheit auf dem Balkan zu gewährleisten (Grevi 2009b: 356).

Die Bilanz von EULEX Kosovo fällt insgesamt gemischt aus (ISIS Europe 2011i). Die brennenden Problemfelder liegen weiterhin im Kampf gegen die Korruption und die organisierte Kriminalität in verschiedenen Schattierungen; so gilt der Kosovo weiterhin als einer der Hauptumschlagplätze für den Menschenhandel und scheint eine Drehscheibe des internationalen Drogenverkehrs zu sein. Hier ist bislang kein Durchbruch zu rechtsstaatlichen Strukturen und Praktiken gelungen. Unter der serbischen Bevölkerung im Norden des Kosovo bestehen zudem Widerstände gegen die Mission fort (Grevi 2009b: 358).

Die Konsolidierung der – wenngleich minimalen – Strukturen staatlichen Handelns kann insgesamt durchaus positiv bewertet werden. Angesichts der enormen Probleme beim Aufbau einer öffentlichen Ordnung und der politischen Hypotheken aus der jüngeren Geschichte des Landes kann schon die Sicherung eines Mindestmaßes an Stabilität als Erfolg verbucht werden.

10.2.6 EUPOL RD Congo und EUSEC RD Congo

Die Demokratische Republik Kongo, ehemals Zaire, ist zum zentralen Schauplatz europäischen Krisenmanagements in Afrika avanciert. Nach dem Sturz des Mobutu-Regimes 1997 versuchte die EU, das vom Bürgerkrieg gezeichnete Land zu stabilisieren und seine Entwicklung in Richtung Demokratie und Rechtsstaatlichkeit zu fördern. Allerdings befindet sich der Kongo seither in einer Phase interner Spannungen und Konflikte, die zwischen regulären Truppen (soweit hiervon überhaupt die Rede sein kann), bewaffneten Milizen und regionalen Nachbarn ausgetragen werden – insbesondere Ruanda, Uganda und Simbabwe intervenieren regelmäßig in den grenznahen Regionen. Auch nach dem Bürgerkrieg, der das Regime Mobutu beseitigt und Laurent-Désiré Kabila an die Macht gebracht hatte, kam das Land nicht zur Ruhe (Martinelli 2008: 113f.). Erst 2003 konnte in Südafrika eine Friedensvereinbarung zwischen den Bürgerkriegsparteien getroffen werden, die eine Stabilisierung, Machtteilung und schrittweise Demokratisierung des Landes vorsah. Unter der Präsidentschaft Joseph Kabilas wurden erstmals freie Wahlen für das Jahr 2006 ausgeschrieben. In diesem Kontext war die EU bemüht, den reibungslosen Ablauf des Urnengangs und darüber hinaus die Transformation von einer Bürgerkriegs- in eine gewaltfreie Zivilgesellschaft zu unterstützen, indem sie den Umbau des Polizei- und Sicherheitsapparates förderte (Vircoulon 2009: 222ff.).

Die erste autonome militärische Operation der ESVP/GSVP, Artémis, war bereits 2003 im Kongo durchgeführt worden, im Jahre 2006 folgte die Operation EUFOR RD Congo. Artémis diente in lokalen Maßstäben dem Zweck, die öffentliche Ordnung aufrechtzuerhalten, die Bevölkerung und Hilfsorganisationen zu schützen und eine Brücke für die Übergabe an eine UN-Mission zu bauen. Allerdings war sie von ihrem geographischen Umfang und ihrer Dauer her äußerst begrenzt und damit kaum imstande, die politische Situation des Landes nachhaltig zu beeinflussen. Nun wäre es aber zu kurz gegriffen, den Zweck der Operationen ausschließlich oder schwergewichtig in der Wirkung auf die Verhältnisse im Kongo zu sehen; hinzu kamen ohne Zweifel der Anspruch und das Bemühen der Europäischen Union, den Nachweis darüber zu führen, dass sie imstande war, autonome militärische Operationen auch an räumlich entfernten Schauplätzen erfolgreich zu bewältigen. EUFOR RD Congo hingegen war konkret auf die Wahlen ausgerichtet und sollte dazu beitragen, von Juli bis November 2006 im Land für Sicherheit und Ordnung zu sorgen. Der vergleichsweise reibungslose, wenngleich nicht unumstrittene Ablauf des Urnengangs konnte für die EU durchaus als Erfolg verbucht werden.

Bereits im April 2005 war die Mission EUPOL Kinshasa angelaufen, die eine zivile Komponente des Krisenmanagements zum Ausdruck brachte und deren Mission darin bestand, durch Schulung, Ausbildung, Beratung und Unterstützung den Aufbau einer integrierten Polizeieinheit im Kongo zu begleiten, welche insbesondere die staatlichen Institutionen schützen und Unruhen im Lande kontrollieren und kanalisieren sollte (Vircoulon 2009: 223; Martinelli 2008: 118ff.). An diese Mission schloss sich im Juni 2007 die EUPOL RD Congo an, die ein erweitertes Mandat erhielt und nunmehr landesweit aktiv werden sollte, wenngleich der Schwerpunkt weiterhin auf Kinshasa lag und die Ausweitung auf andere Provinzen aufgrund der fragilen Sicherheitslage nur sehr bruchstückhaft gelang (ISIS Europe 2011c). Ihr Schwerpunkt liegt in der Unterstützung beim Aufbau einer landesweiten Polizei, der Police Nationale Congolaise (PNC).

Stärker auf die Streitkräfte des Kongos ausgerichtet ist EUSEC RD Congo, die sich als zivile Mission offiziell mit der Reform des Sicherheitssektors in dem zentralafrikanischen Land befasst. Treibende Kräfte waren in diesem Fall Frankreich und Belgien, die Ende 2004 in einem gemeinsamen ‚Non-Paper' im PSK für eine EU-Mission warben. Vor allem Belgien, das zahlreiche bilaterale Kontakte in den Kongo unterhält, machte sich hierfür stark, versprach man sich doch von einem gemeinsamen europäischen Einsatz einen höheren Wirkungsgrad (Gourlay 2011: 12).

Am 2. Mai 2005 beschloss der Rat eine Gemeinsame Aktion (Rat der Europäischen Union 2005a). Die wesentliche Tätigkeit der EUSEC RD Congo besteht darin, den für Sicherheitsfragen zuständigen Institutionen und Behörden des Landes durch Beratung und Unterstützung zur Seite zu stehen und auf die Umsetzung von Politikentscheidungen zu drängen. Neuralgische Punkte sind dabei die Strukturen des Regierens im Kongo insgesamt und die Reform der Streitkräfte. Nach jahrelangen Bürgerkriegen bildete zudem die Ausrichtung des Landes an zivilen und rechtsstaatlichen Maßstäben eine wesentliche Herausforderung (ISIS Europe 2011h).

Dem Beschluss über die Operation EUSEC RD Congo vorausgegangen waren verschiedene Maßnahmen und Initiativen, um die weiterhin instabile politische Situation des Landes und die noch ungefestigten Ansätze demokratischen Lebens zu unterstützen (Martinelli 2008: 112ff.). Die Reform des

Sicherheitssektors bildete eine beachtliche Herausforderung in einem Land, das einen jahrelangen heftigen Bürgerkrieg erlebt hatte und in weiten Teilen immer noch nicht befriedet war.

Zentrale Aufgabe der Mission ist Unterstützung der örtlichen Behörden und Institutionen bei der Integration der kongolesischen Armee und der Herstellung einer verantwortungsvollen Führung im Sicherheitssektor (Art. 2 der Gemeinsamen Aktion, Rat der Europäischen Union 2005a). Besonderes Augenmerk richtet die EU dabei auf die Grundsätze des Völkerrechts und der Rechtsstaatlichkeit, demokratische und humanitäre Prinzipien sowie verantwortungsvolle Staatsführung und Transparenz (Art. 1 der Gemeinsamen Aktion, Rat der Europäischen Union 2005a). Letztlich stellen sich bei aller Unterschiedlichkeit und Besonderheit der jeweiligen Bedingungen ähnliche Grundprobleme des Übergangs von einer militärischen Konfliktsituation hin zu Strukturen demokratischen und zivilen Regierens wie auch in anderen zivilen Missionen der EU. Das Hauptquartier der Mission liegt in Kinshasa, von wo der Leiter seinen Stab kommandiert und die Tätigkeit der Mission führt. In verschiedenen Einrichtungen des Kongo wie dem Generalstab, dem Verteidigungsministerium oder der Kommission für Entwaffnung, Demobilisierung und Wiedereingliederung sollen EU-Experten den nationalen Instanzen fachliche Empfehlungen unterbreiten und eingeleitete Maßnahmen bewerten (Gourlay 2011: 12).

Die Mission muss seit Anbeginn mit politischen Widerständen rechnen, die aus der mangelnden Bereitschaft der im Lande operierenden Milizen erwachsen, sich einer einheitlichen Sicherheitsstruktur einzugliedern. Die Regierung Kabila scheint selbst kaum an der Etablierung einer politisch neutralen, dem öffentlichen Wohl verpflichteten Polizei und Justiz interessiert als vielmehr an der Aufrechterhaltung ihrer eigenen Machtbasis, die sie letztlich den ihr treu ergebenen Truppen verdankt, die sich aus den gegen Mobutu siegreichen Milizen rekrutieren. So verzögerte sich das formelle Ersuchen der kongolesischen Regierung um ein Engagement der Europäischen Union erheblich und konnte erst in sprichwörtlich letzter Sekunde nach intensiven und heftigen Diskussionen mit der Regierung in Kinshasa erzielt werden (Gourlay 2011: 13).

Zwischen EUPOL RD Congo und EUSEC RD Congo wurden im Laufe der letzten Jahre zunehmend Bemühungen um Synergien sichtbar. So werden Gender-Experten mittlerweile für beide Missionen gemeinsam genutzt; ein systematischer Erfahrungsaustausch kam aber noch nicht zustande (ISIS Europe 2011c).

10.2.7 EUBAM Rafah und EUPOL COPPS

Mit EUBAM Rafah und EUPOL COPPS wurde die Europäische Union erstmals im Kontext des israelisch-palästinensischen Konflikts tätig (Bulut 2009a; ISIS Europe 2011e). Das Umfeld für beide Missionen war entsprechend geprägt von einer hohen Anfälligkeit für die Konfliktkonstellationen in der Region. Die immer wieder eskalierenden Spannungen erschweren den Operationen ihre Arbeit, haben sie aber bislang nicht zum Stillstand gebracht.

Zu den Aufgaben der Mission EUBAM Rafah gehören laut Gemeinsamer Aktion des Rates die Beobachtung, Überprüfung und Bewertung der Grenzabfertigung durch die palästinensischen Kräfte, die Anleitungen zum Aufbau eigener Kapazitäten im Grenzschutz sowie ein Beitrag zur Verbindung israelischer, palästinensischer und ägyptischer Behörden in Fragen des Grenzschutzes am Übertritt Rafah (Art. 2 der Gemeinsamen Aktion 2005/889/GASP, Rat der Europäischen Union 2005e).

Rafah bildet den einzigen Grenzübergang zwischen dem Territorium der palästinensischen Autonomiebehörde und Ägypten und gewann nach der israelischen Abschottung des Gazastreifens besondere Bedeutung als Transitpunkt. 2007 hatte Ägypten den Grenzübergang geschlossen, seit 2010 war es allerdings zu Lockerungen und nach dem Sturz Präsident Mubaraks 2011 zu weiteren Erleichterungen im Personenverkehr gekommen.

Die Mission wurde ermöglicht, nachdem Israel und die Palästinensische Autonomiebehörde am 15. November 2005 das Abkommen über Bewegungsfreiheit und Zugang abgeschlossen hatten, auf dessen Grundlage auch Prinzipien für den Grenzübertritt in Rafah definiert worden waren. Zur Überwachung der Einhaltung der vereinbarten Grundsätze und Regeln war die EU bereit, eine zivile Mission zu lancieren, die mit dem Einverständnis der beiden Vertragsparteien am 25. November 2005 ihre Tätigkeit aufnahm (Rat der Europäischen Union 2005e). Innerhalb der EU hatte sich Großbritannien für die Mission starkgemacht, aber auch Javier Solana warb intensiv zugunsten eines Einsatzes, um die Rolle der EU im Nahen Osten zu stärken (Gourlay 2011: 10). Allerdings blieb die Tätigkeit der EU von kurzer Dauer, da sich die politische Situation im Gazastreifen in den folgenden Jahren dramatisch veränderte und eine Machtverschiebung zugunsten der radikal-islamischen Hamas-Bewegung, die das Existenzrecht Israels in Frage stellt und sich weigert, sich offiziell vom Terrorismus loszusagen, mit sich brachte. Nachdem die Kontrolle des Grenzübergangs im Juni 2007 durch Kräfte der Hamas übernommen worden war, stellte die EU ihre Tätigkeit ein, ohne die Mission jedoch zu beenden. Vielmehr wurde diese unbefristet ausgesetzt, kann aber kurzfristig wieder aktiviert werden (Bulut 2008b: 303). Seither haben sich immer wieder Überlegungen und Diskussionen um eine Wiederauflebung des Einsatzes ergeben, allerdings ohne bislang zu einer Reaktivierung zu führen (ISIS Europe 2011e).

Die zweite EU-Mission in den Palästinensischen Autonomiegebieten, EUPOL COPPS[23], wurde am 14. November 2005 durch den Rat beschlossen und nahm ihre Tätigkeit am 1. Januar 2006 auf (Rat der Europäischen Union 2005d). Letztlich hat EUPOL COPPS das bereits im April 2005 im Büro des Sonderbeauftragten für den Nahen Osten angesiedelte EU Coordinating Office for Palestinian Police Support (EU COPPS) erweitert und neu ausgerichtet (Gourlay 2011: 4; Bulut 2008a: 287ff.). Treibende Kraft hinter der Operation war die damalige britische Ratspräsidentschaft, welche die Sichtbarkeit der EU in der Region gegenüber den USA und den Akteuren vor Ort zu erhöhen und damit ihren Einfluss auszudehnen bemüht war. Zuvor hatte Großbritannien bereits verschiedene Projekte unterstützt, welche die technischen Hilfestellungen in diesem Bereich koordinierten (Gourlay 2011: 5; ISIS Europe 2011a).

Der Auftrag von EUPOL COPPS besteht in der Unterstützung der Palästinensischen Autonomiebehörde beim Aufbau eines funktionierenden Polizeiwesens im Einklang mit internationalen Standards (Art. 2 der Gemeinsamen Aktion 2005/797/GASP, Rat der Europäischen Union 2005d). Eingebettet ist dieses Ziel in die umfassendere Perspektive der Reform des Sicherheitssektors. Als konkrete Aufgaben sind dabei die Beratung und Anleitung von Kräften der Zivilpolizei, insbesondere der höheren Beamten, die Koordinierung der internationalen Unterstützung für die palästinensische Zivilpolizei sowie die Beratung zu polizeibezogenen Fragen der Strafjustiz definiert worden (Art. 2 der Gemeinsamen Aktion 2005/797/GASP, Rat der Europäischen Union 2005d). Insgesamt soll damit ein Beitrag zur Umsetzung des Polizeientwicklungsprogramms für die palästinensischen Gebiete geleistet werden. Seit 2008 stehen zusätzlich Fragen der Rechtsstaatlichkeit im Zentrum des Interesses und werden durch Beratung, Programmplanung und Projektarbeit aufgegriffen (Bulut 2008a: 290).

Das Hauptquartier der Mission liegt in Ramallah, ein weiteres Büro findet sich in Jericho. Der EU-Sonderbeauftragte für den Nahost-Friedensprozess

23 Siehe www.eupolcopps.eu.

ist in der Lage, der Mission Anleitung zu geben (Bulut 2008a: 291). Neben Beratungs- und Ausbildungsmaßnahmen hat EUPOL COPPS auch Beiträge zur Ausstattung und Ausrüstung der palästinensischen Polizei beigesteuert und ist bemüht, die breitere internationale Hilfe zu koordinieren und möglichst effektiv einzusetzen (ISIS Europe 2011a). Ein zentrales Problem bei der Umsetzung der Mission liegt in dem instabilen und hochgradig konflikthaften Umfeld, das durch den Wahlsieg der Hamas 2006 und die daraus resultierende Spaltung zwischen dem Westjordanland und dem Gazastreifen im Jahre 2007 kaum Möglichkeiten für nachhaltiges Wirken bot. Die EU hat sich für die Unterstützung von Präsident Abbas und damit gegen die Hamas entschieden, damit allerdings auch die Möglichkeiten des eigenen Handelns eingegrenzt (Bulut 2008a: 295).

In der EU-internen wie der internationalen Koordinierung, hier insbesondere mit den USA und ihren Bemühungen um die Stärkung des Sicherheitssektors, kommt es trotz der Präsenz eines US-amerikanischen Verbindungsoffiziers bei EUPOL COPPS immer wieder zu Überschneidungen, Reibungsverlusten und Konkurrenzen (Bulut 2008a: 296). Die Arbeitsbeziehungen mit den Vertretern der Kommission verlaufen dagegen weitgehend konfliktarm, lassen aber nur bedingt eine überzeugende strategisch-politische Abstimmung erkennen. Überlegungen zu einer Fusion der Missionen EUBAM Rafah und EUPOL COPPS haben im Laufe des Jahres 2011 zu intensiven Diskussionen geführt (ISIS Europe 2011a). Ein derartiger Schritt könnte das Auftreten der EU vor Ort kohärenter erscheinen lassen, wäre aber angesichts der weiterhin angespannten politischen Lage nur ein bedingt wirksamer Beitrag zu einer Aufwertung des EU-Krisenmanagements in der Region. Nicht zuletzt durch die innerpalästinensische Konfliktkonstellation ist das europäische Krisenmanagement faktisch paralysiert; hier bedürfte es politischer Initiativen, um neue Handlungsspielräume freizusetzen.

10.2.8 EUMM Georgia

Der schwelende Konflikt zwischen der georgischen Zentralregierung und den sezessionistischen Regionen Abchasien und Südossetien, die durch Russland unterstützt werden, entlud sich 2008 in einer militärischen Auseinandersetzung, welche die internationale Gemeinschaft auf den Plan rief (Fischer 2009: 379). Die Intervention Russlands in die Kampfhandlungen gegen die georgischen Regierungstruppen führte zu heftigen internationalen Protesten und diplomatischen Bemühungen um ein Ende der Gewalt, die in einer Vereinbarung über die Einstellung der Kampfhandlungen zwischen Moskau und Tiflis mündeten. Eine führende Rolle spielte der französische Präsident Sarkozy, der zwischen den Parteien vermittelte und dabei auch als Vorsitzender des Europäischen Rates agierte (Fischer 2009: 379). In einem Sechs-Punkte-Abkommen wurde im April 2008 ein Waffenstillstand festgeschrieben und der stufenweise Rückzug russischer Truppen beschlossen, der durch die Europäische Union überwacht werden sollte. Damit war die politische Grundlage für die Beobachtermission in Georgien geschaffen worden.

Das Zustandekommen der Mission war durchaus heikel und erforderte erhebliche diplomatische und politische Anstrengungen. Seit August 2008 wurden Sonder- bzw. Erkundungsmissionen ins Land geschickt, um zu prüfen, ob die Voraussetzungen für eine Operation der EU gegeben waren, und die notwendigen Vorbereitungen zu treffen. Zusätzlich zu dem bestehenden EU-Sonderbeauftragten für den Südkaukasus wurde ein weiterer Sonderbeauftragter speziell für die Krise in Georgien ernannt. Parallel zu den Aktivitäten des Rates entsandte die Kommission ein Erkundungsteam nach Georgien; das Büro für Humanitäre Hilfe (ECHO) sondierte ebenfalls die humanitäre Lage im Land (Fischer 2009: 381). Innerhalb der EU setzte sich Frankreich vehement für die Übernahme einer zivilen Mission in Georgien ein, wurde dabei allerdings zunächst nur von einer Minderheit der EU-Staaten aktiv unterstützt. Erst allmählich wuchs die Zustimmung zu dem Einsatz, dem erhebliche symbolische Wirkung beigemessen wurde, sodass letztendlich die zugesagten Kräfte und Mittel das erforderliche Maß überstiegen (Gourlay 2011: 11f.).

Am 15. September 2008 beschloss der Rat der EU in einer Gemeinsamen Aktion, die European Union Monitoring Mission in Georgien (EUMM Georgia) einzurichten (Rat der Europäischen Union 2008c). Vorausgegangen war am 1. September 2008 das Treffen des Europäischen Rates, welcher ein Engagement der Europäischen Union politisch abgesegnet hatte (Gourlay 2011: 11). Dies war insofern bemerkenswert, als der Europäische Rat in der Regel keine übergeordnete Instanz zur Bewilligung von Missionen des Krisenmanagements darstellt, wenngleich er aber immer in der Lage ist, eine Problematik auf seine Ebene zu ziehen und zu behandeln.

Laut Gemeinsamer Aktion des Rates erfolgte die Entscheidung auf Bitte der georgischen Regierung, die mit Schreiben vom 11. September 2008 die EU eingeladen hatte, zivile Beobachter zu entsenden. Aufgrund des völkerrechtlichen Status der beteiligten Parteien konnte nur die georgische Regierung eine solche Einladung aussprechen, nicht aber die von Russland als unabhängige Republiken anerkannten Entitäten Südossetien oder Abchasien.

Die Kernaufgabe der EUMM Georgia besteht darin, durch zivile Kräfte die Einhaltung der Sechs-Punkte-Vereinbarung zu überwachen und damit zur „Stabilisierung, Normalisierung und Vertrauensbildung" (Art. 2 der Gemeinsamen Aktion 2008/736/GASP, Rat der Europäischen Union 2008c) der Lage in Georgien beizutragen und damit einen Beitrag zur Verwirklichung einer europäischen Politik in Georgien sichtbar werden zu lassen. Damit sollte das Aufflammen von Kampfhandlungen verhindert und die langfristige Stabilität Georgiens und der gesamten Region gesichert werden. Konkrete Aufgaben der Mission lagen in der Analyse und Berichterstattung über die Umsetzung des Sechs-Punkte-Plans und die Einhaltung völkerrechtlicher wie humanitärer Normen, weiterhin in der Überwachung der Entwicklungen in der Zivilgesellschaft mit Blick auf Rechtsstaatlichkeit, Strafverfolgung, die Sicherheit der Infrastruktur und die Rückkehr von Flüchtlingen. Schließlich sollten insbesondere durch die Kontaktpflege zwischen den Parteien vertrauensbildende Maßnahmen gefördert und die Präsenz der EU und ihrer Politik in der Region untermauert werden (Art. 3 Gemeinsame Aktion 2008/736/GASP, Rat der Europäischen Union 2008c).

Innerhalb von zwei Wochen nach Verabschiedung der Gemeinsamen Aktion gelang es der EU, das Hauptquartier der Mission in Tiflis und mehrere Regionale Büros zu eröffnen und insgesamt mehr als 200 Beobachter mitsamt technischem und administrativem Unterstützungspersonal nach Georgien zu entsenden. Zu den sensibelsten Aufgaben gehörte die Beobachtung des russischen Truppenrückzugs aus den hierfür vorgesehenen Zonen im Oktober 2008. Hier kam es zu ersten Spannungen, als die EUMM den Verbleib russischer Kräfte in der Ortschaft Perevi, die nicht zu den umstrittenen Regionen gehört und vollständig hätte geräumt werden müssen, monierte. Zudem entsprach der Umfang der Truppenreduzierung in Abchasien und Südossetien nach Einschätzung der EUMM nicht den Vereinbarungen (Fischer 2009: 383). Auch die georgische Regierung sah sich Kritik durch die EUMM ausgesetzt, als sie gepanzerte Kampffahrzeuge in hierfür nicht vorgesehenen Zonen einsetzte, sagte aber ihrerseits unverzüglich die Rücknahme bzw. den Aufschub dieser Entscheidung zu. Nicht nur als Kontrollinstanz, sondern auch als Informationsgarant konnte sich die EUMM bewähren. Als Moskau der Regierung in Tiflis vorhielt, dass sie ihre militärischen Verbände in grenznahen Gebieten aufstockte, konnten diese Vorwürfe durch die EUMM entkräftet werden (Fischer 2009: 383). Damit hat die Mission insgesamt erfolgreich zu einer Stabilisierung der Sicherheitslage in Georgien beitragen können.

10.2.9 EUJUST LEX Irak

Nach den heftigen internen Auseinandersetzungen im Zuge der US-amerikanischen militärischen Intervention im Irak und den Verstimmungen im transatlantischen Verhältnis war die Europäische Union bemüht, sich in doppelter Hinsicht neu aufzustellen. Einerseits sollte die Einigkeit aller EU-Partner demonstriert werden, zum anderen wurde den Vereinigten Staaten die Bereitschaft signalisiert, sich am Wiederaufbau des Landes durch einen konstruktiven Beitrag zu beteiligen (Korski 2009: 232). Dies war für die Europäische Union als Ganzes nur durch eine zivile Mission möglich, da die politischen Meinungsverschiedenheiten bezüglich eines militärischen Engagements im Irak fortbestanden und ein Konsens über die Frage einer militärischen Rolle der Europäischen Union in der Region nicht in Reichweite lag. Hier offenbart sich ein Zug der GSVP, der neben den konkreten Aufgaben im Operationsgebiet auf die übergeordnete politische Zielsetzung verweist, nämlich den Versuch, mit einem (zivilen) Einsatz einen Minimalkonsens zu mobilisieren, der einen begrenzten, de facto eher symbolischen Beitrag ermöglicht und dabei kontroverse interne Auseinandersetzungen umgeht.

Dabei war zu Beginn schon umstritten, wo die Mission stattfinden sollte. Die Gegner der US-amerikanischen Invasion, allen voran Frankreich und nach dem Regierungswechsel auch Spanien, weigerten sich mit Verweis auf die prekäre Sicherheitslage im Lande, im Irak selbst tätig zu werden (Korski 2009: 232). Politisch ging es darum, ein falsches Signal zu vermeiden. Angesichts der fragilen und im Umbruch begriffenen Sicherheitsstrukturen im Lande bot sich eine Mission an, die der Ausbildung und Unterstützung von Polizei- und Justizangehörigen diente. In kurzer Zeit musste die irakische Polizei neu aufgestellt werden, um die öffentliche Ordnung wiederherzustellen. Hierzu hatten bereits einzelne EU-Mitgliedstaaten in verschiedenen Teilen des Landes Projekte in nationaler Regie in die Wege geleitet. So eröffneten britische und dänische Polizeikräfte im Dezember 2003 eine Polizeiakademie in Basra, während Deutschland ein Ausbildungsprogramm für irakische Polizeibeamte in den Vereinigten Arabischen Emiraten startete (Korski 2009: 234). Zwischen den verschiedenen nationalen Aktivitäten mangelte es allerdings an Koordinierung.

Der beschriebene Bedarf an gut ausgebildeten Polizei- und Sicherheitskräften und eine wachsende internationale Nachfrage nach einer Mission im Bereich des Polizeiwesens veranlasste die EU schließlich dazu, eine Erkundungsmission durch ein ‚Irak-Expertenteam' (Iraq Expert Team, IET) unter der Leitung des erfahrenen Ratsbeamten Peter Feith durchzuführen. Der Bericht des IET, das in der Jahreswende 2003/04 mehrfach den Irak besucht hatte, enthielt eine Empfehlung für die Lancierung einer begrenzten zivilen Mission, wurde aber im PSK heftig und kontrovers diskutiert (Korski 2009: 235). Unterstützung für einen Einsatz kam insbesondere von Großbritannien und Dänemark. Letztlich konnte eine Entscheidung zugunsten eines europäischen Engagements getroffen werden, das aufgrund seines modesten Zuschnitts nicht den Verdacht einer allzu offenkundigen Beteiligung an der Okkupation des Landes durch die Koalitionskräfte entstehen ließ. Zugleich erwies sich erneut, dass ohne das nachdrückliche Eintreten nationaler Regierungen eine Mission insgesamt kaum durchsetzungsfähig ist. Die britische Regierung war zudem bereit, neben der Brüsseler Zentrale auch ein Verbindungsbüro in ihrer Botschaft in Bagdad einzurichten (Korski 2009: 235).

So beschloss der Rat im März 2005, eine zivile Mission zur Stützung der Rechtsstaatlichkeit im Irak zu lancieren (Rat der Europäischen Union 2005b). Ziel der Mission ist die Ausbildung mittlerer und höherer Beamter auf Führungsebene des irakischen Strafrechtssystems (Art. 2 der Gemeinsamen Aktion). Sie richtet sich auf Polizei-, Gerichts- und Strafvollzugsbehörden. Hauptquartier und Ausbildungsort waren zunächst Brüssel und andere EU-Standorte sowie Ägypten und Jordanien, seit dem Frühjahr 2011 ist das Hauptquartier der Mission im Irak angesiedelt. Weitere Büros sind in Erbil und in Basra eröffnet worden (ISIS Europe 2011b). Von den gut 75 Experten der Mission sind jeweils etwa die Hälfte im Irak und in Brüssel angesiedelt. EUJUST LEX Irak organisiert Kurse, die sich insbesondere mit Fragestellungen zu Ausbildung und Schulung von Beamten, Ermittlungsverfahren und Kriminaltechnik, Umgang der Sicherheitskräfte mit schutzbedürftigen Gruppen (Frauen, Jugendliche, Mitglieder ethnischer Minderheiten), Normen und Praxis des Strafvollzugs sowie Not- und Katastrophenschutzmaßnahmen befassen. Seit 2011 versucht sie verstärkt, mit der kurdischen Regionalregierung in Kontakt zu treten und ihre Angebote im Norden des Landes auszuweiten. Nach einer ersten Phase, in der grundlegende Kenntnisse vermittelt wurden, konzentrierte sich die Mission auf die Fortbildung bereits geschulter Personen, auf Querschnittsfragen wie genderbezogene Themen und auf eine Ausweitung ihrer regionalen Repräsentanz.

Insgesamt sind durch die Mission seit ihrem Bestehen bis Ende 2011 gut 4000 Personen ausgebildet worden, davon 1800 Polizeibeamte, 900 Richter und 1100 Justizvollzugsbeamte. Von den Geschulten wurden ca. 1000 Personen von der kurdischen Regionalregierung entsandt (ISIS Europe 2011b: 1). Trotz dieser Zahlen ist die EUJUST LEX Irak im Lande selbst kaum bekannt. Eine nachhaltige und sichtbare Wirkung auf die Sicherheitslage oder das Funktionieren der Sicherheitskräfte im Lande lässt sich bislang nicht erkennen. Allerdings ist EUJUST LEX Irak auch weniger auf kurzfristige Ergebnisse denn auf langfristige Wirkungen angelegt.

Eines des Kernprobleme der Mission EUJUST LEX Irak liegt darin, dass die EU über keine ausreichenden Mittel und Möglichkeiten verfügt, die Wirksamkeit ihrer Mission zu erfassen, zu prüfen und zu evaluieren (Korski 2009: 237f.). Seitens der irakischen Regierung und der USA, welche die vergleichsweise umfangreichsten Aktivitäten im Bereich der polizeilichen Ausbildung und des Aufbaus eines neuen Sicherheitssektors unternahmen, wurde die EU-Mission bislang nur sehr begrenzt zur Kenntnis genommen.

10.2.10 EUPOL Afghanistan

Mit der zivilen Mission EUPOL Afghanistan leistet die Europäische Union einen Beitrag zum Aufbau eines afghanischen Polizeiwesens unter deutscher Federführung. Deutschland stellt das größte Kontingent der Mission und drängte von Anbeginn auf eine Aufstockung der Personalstärke von ursprünglich 200 auf 400 Experten.[24] Die Umstände der Einrichtung von EUPOL Afghanistan waren hochgradig kontrovers. Eine Reihe von Mitgliedstaaten, allen voran Großbritannien, hatten sich für ein EU-Engagement in Afghanistan starkgemacht, nachdem seitens der USA der Druck auf die Europäer, sich zu engagieren, erhöht worden war. Diese Forderung fand allerdings in der EU ein geteiltes Echo (Gourlay 2011: 6). Im Juli 2006 entsandte das PSK eine Erkundungsmission nach Afghanistan, um Konditionen, Szenarien und Optionen für einen Einsatz zu eruieren. Die Ergebnisse, welche die Mission vorlegte, konnten das PSK allerdings nicht überzeugen, sodass ein weiteres

24 Siehe hierzu die Informationen auf den Seiten des Bundesinnenministeriums zur EUPOL Afghanistan unter: http://www.bmi.bund.de/SharedDocs/Standardartikel/DE/Themen/Sicherheit/ohneMarginalspalte/Afghanistan/eupol.html?nn=107364.

Team im Dezember 2006 entsandt wurde. Auf der Grundlage dessen Berichts konnte schließlich im Februar 2007 das Krisenmanagementkonzept verabschiedet werden, obwohl einige Mitgliedstaaten weiterhin Zweifel an dem Einsatz hegten (Gourlay 2011: 6).

Im Mai 2007 beschloss der Rat die Einrichtung der Polizeimission in Afghanistan (Rat der Europäischen Union 2007), die zum 1. Juni 2007 ihre Tätigkeit aufnahm. Im Mai 2010 wurde die Mission bis zum 31. Mai 2013 verlängert.

Der Auftrag von EUPOL Afghanistan bezieht sich auf die Mitwirkung an einer Reform des Polizeiwesens, insbesondere durch Beratung und Empfehlungen zur Unterstützung der afghanischen Regierung, durch die Koordinierung der im Lande für dieses Thema zuständigen Akteure aus dem nationalen wie internationalen Umfeld sowie durch die Verknüpfung der polizeilichen Aspekte mit angrenzenden Bereichen der Rechtsstaatlichkeit.

Schon die Übernahme der Federführung für die Polizeireform von der deutschen Projektträgerschaft wurde von Beobachtern als Ausdruck der insgesamt nur wenig effektiven Bemühungen um den Aufbau eines funktionierenden und rechtsstaatlich ausgerichteten zivilen Polizeiwesens betrachtet (Bloching 2011). Insgesamt musste sich die Mission seit Anbeginn in einem zunehmend militarisierten Umfeld bewegen und wurde durch konkurrierende Akteure in wachsendem Maße marginalisiert. Hinzu kommt die insgesamt bescheidende personelle und finanzielle Ausstattung der Mission, welche Gefahr läuft, im Kontext der vielfältigen und sich teils überschneidenden Aktivitäten anderer Länder und internationaler Organisationen schlichtweg ‚unterzugehen'. So führte bereits die Suche nach geeignetem Fachpersonal zu Verzögerungen bei der Implementierung der Mission (Gourlay 2011: 7).

Insbesondere die dominante Rolle der USA, die mit der Federführung der NATO Training Mission Afghanistan (NTM-A) ebenso beim Aufbau eines funktionierenden Polizeiwesens beteiligt ist, stellt für EUPOL Afghanistan eine Herausforderung dar. Nicht nur die wesentlich bessere Ausstattung der NTM-A an Finanzen und Personal – so stehen den gut 300 europäischen Experten gut 1500 bis 2000 Akteure innerhalb der NTM-A gegenüber (Bloching 2011: 2) –, sondern vor allem die unterschiedlichen sicherheitspolitischen Paradigmen sind hierbei von erheblicher Bedeutung. So präferieren die USA eine Ausrichtung der Polizeiarbeit an den Erfordernissen des Kampfes gegen den Terrorismus und dem Vorgehen gegen Aufständische im Sinne robuster polizeilicher Einsätze, während EUPOL Afghanistan in der Bekämpfung der Kriminalität, etwa im Drogenhandel, in der Vermittlung rechtsstaatlicher Normen, der Förderung weiblicher Polizeibeamter und der Sensibilisierung aller Akteure für Gender-Fragen seine Schwerpunkte setzt.

Auch die Rekrutierung lokaler Milizen für polizeiliche Tätigkeiten durch die NTM-A, die durch verschiedene Menschenrechtsorganisationen heftig kritisiert wurde, unterläuft die Bemühungen von EUPOL Afghanistan, durch allgemein verbindliche Standards der Polizeiarbeit im Lande die Afghanische Nationale Polizei (ANP) zu stärken (Bloching 2011: 3). Innerhalb der EU wurden die strategischen Differenzen mit den USA insofern virulent, als einige Mitgliedstaaten entlang der US-amerikanischen Position argumentierten und eine Neuausrichtung der EUPOL Afghanistan forderten; andere EU-Regierungen wiederum plädierten angesichts der schwachen Erfolge für eine Aufgabe der gesamten Mission. Letztlich durchsetzen konnte sich im Mai 2008 das Vorhaben, die Mission auszubauen und dem Mandat treu zu bleiben (Gourlay 2011: 7).

Asymmetrische Ressourcenausstattung, strategische Differenzen und operative Konkurrenz verschiedener internationaler Akteure in Afghanistan formen so ein Umfeld, in dem sich die Mission insgesamt kaum entfalten und Ergebnisse produzieren kann. Vor dem Hintergrund einer insgesamt fragilen Sicherheitslage (Maaß/Ruttig 2011), die einer ‚normalen' Polizeiarbeit kaum entgegenkommt, ist ein nachhaltiger Erfolg von EUPOL Afghanistan auch künftig nur schwerlich zu erwarten.

10.2.11 Mission Grenzschutz EUBAM Moldau Ukraine

Die Mission Grenzschutz Moldau Ukraine (EUBAM Moldau Ukraine) gehört zu den weniger bekannten, wenngleich langlebigsten Operationen des zivilen Krisenmanagements der Europäischen Union. Formal gesehen stellt sie dabei gar keine GSVP-Operation im strikten Sinne dar, da sie durch die Kommission finanziert und unter der Ägide des EU-Sonderbeauftragten für Moldau angesiedelt wurde, dessen Aufgabenbereich schlicht um die Mission erweitert wurde. Als grundlegender Rechtsakt dient zwar eine Gemeinsame Aktion, aber diese hat das Mandat des Sonderbeauftragten um EUBAM erweitert (Rat der Europäischen Mission 2005c). Weitgehend unspektakulär, aber durchaus mit kleinen sichtbaren Erfolgen hat sie dazu beigetragen, einen seit dem Ende des Kalten Krieges schwelenden Konfliktherd einzudämmen (ISIS Europe 2011g).

Der Zerfall der Sowjetunion führte 1991 zur Bildung der Republik Moldawien, die allerdings seit ihrem Bestehen einen internen Konflikt um die jenseits des Flusses Dnjestr gelegene Region Transnistrien zu bestehen hatte. Transnistrien hatte sich mit Unterstützung Russlands von Moldawien losgesagt, wurde aber weder von der Regierung in Cisinau noch der internationalen Gemeinschaft anerkannt. Von März bis Juli 1992 mündete der Konflikt zwischen den Machthabern in Cisinau und Tiraspol in eine bewaffnete Auseinandersetzung, die durch das Eingreifen der in Transnistrien stationierten russischen Truppen beendet wurde. Seither sichert Moskau das militärische, ökonomische und politische Überleben Transnistriens, zeigt sich aber zugleich an internationalen diplomatischen Bemühungen um eine friedliche Lösung des Problems interessiert. Im Rahmen der sogenannten ‚5 + 2'-Gespräche[25] auf dem deutsch-russischen Gipfel von Meseberg vereinbarten Kanzlerin Merkel und Präsident Medwedew im Juni 2010 eine neue Initiative zur Transnistrien-Frage, die allerdings in der Folge aufgrund unterschiedlicher Sichtweisen beider Seiten nicht effektiv umgesetzt werden konnte.

Die Europäische Union sah 2005 die Möglichkeit, durch ihre Expertise zur Bewältigung von spezifischen Problemen der Grenzkontrolle beizutragen und damit zugleich die politische Lage zu entspannen. Für die Ukraine und Moldawien wurde es zunehmend schwieriger, illegale Übertritte und den Schmuggel (vor allem von Waffen und Drogen) im Transitbereich zum transnistrischen Territorium zu unterbinden. Auf Bitte der moldawischen und der ukrainischen Regierung richtete die EU im November 2005 eine Grenzschutzmission ein, die zum 1. Dezember des Jahres ihre Tätigkeit aufnahm (Rat der Europäischen Union 2005c). Kernaufgabe war die Unterstützung der Grenzsicherung und -kontrolle in beiden Ländern. EUBAM Moldawien Ukraine ist selbst nicht auf dem Territorium Transnistriens tätig, versucht aber, Anreize für eine Zusammenarbeit mit den Regierungen in Cisinau und Kiew bereitzustellen. EUBAM arbeitet vor Ort eng mit der OSZE und dem United Nations Development Programme (UNDP) zusammen, das letztlich die Umsetzung der Mission in Händen hält.

Im Laufe der letzten Jahre gelang es, nach anfänglichen Widerständen, einige Erfolge beim Grenzschutz und den Zollkontrollen zu erzielen. So konnte der Schmuggel begrenzt und die Kontrolldichte erhöht werden. Zudem

25 Beteiligt sind Vertreter Moldaus, Transnistriens, der Ukraine, Russlands und der OSZE sowie als Beobachter die EU und die USA.

schlug die Mission Brücken nach Transnistrien, indem dortigen Unternehmen ermöglicht wurde, sich bei den Behörden in Cisinau für Fragen der Zollabwicklung registrieren zu lassen. Der Schwerpunkt der Aktivitäten der Mission hat sich jüngst in Richtung der Korruptionsbekämpfung verlagert; mit litauischen Behörden und Sonderermittlungseinheiten wurde hier 2011 eine Zusammenarbeit vereinbart, Polen hat in diesem Bereich ebenso Interesse signalisiert (ISIS Europe 2011g). Hinzu kommt eine regelmäßige Abstimmung der Mission mit der EU-Agentur für Grenzschutz (FRONTEX) und mit EUROPOL.

10.3 Bilanz – Probleme der GSVP im Einsatz

Die Analyse der bisher umgesetzten Missionen offenbart Stärken, aber auch deutliche Schwächen des EU-Krisenmanagements in der Praxis.

Politische Dimension:

- Dem Engagement der EU im internationalen Krisenmanagement liegt kein erkennbares strategisches Konzept zugrunde, weder in geographischer noch in thematischer Hinsicht. Zwar wird das Interesse an Südosteuropa aus geopolitischen Konditionen heraus plausibel, doch ist insgesamt nicht zu erkennen, nach welchem Muster die EU ihre Missionen auswählt und durchführt. Die Darstellung der Entscheidungsprozesse lässt darauf schließen, dass jeweils nationale Präferenzen und situative Konstellationen eine wichtige Rolle spielen.
- Ebensowenig wie eine klare strategische Prioritätensetzung existiert ein Kriterienraster, nach dem sich Missionen und Operationen der GSVP hinsichtlich ihres Erfolgs oder Misserfolgs einschätzen und vergleichen ließen. Dies erschwert zwar einerseits die Bewertung der Leistungsfähigkeit der GSVP, eröffnet der EU und den Mitgliedstaaten aber zugleich Spielräume und Handlungsoptionen, zumal öffentlicher Druck zur Fortführung (oder Beendigung) einer Mission entspechend diffus ausfällt und bisher kaum prägend gewesen ist.
- Zahlreiche Missionen der GSVP waren – und sind – symbolischer Natur. Die insgesamt geringe Ausstattung der Einsätze und ihre begrenzten Ambitionen erlauben einerseits ihre auftragsgerechte Abwicklung, führen aber in den betreffenden Staaten und Regionen nicht unbedingt zu

nachhaltigen Veränderungen der Sicherheitslage. Insbesondere Trainings- und Ausbildungsvorhaben können schwerlich daraufhin abgeschätzt werden, ob sie dauerhaft und krisenresistent zu veränderten Einstellungs- und Handlungsmustern der Akteure beitragen.

— Es hat sich zudem erwiesen, dass Missionen dann zu Spannungen führen, wenn sie innerhalb der EU als politisch nicht ausgewogen wahrgenommen werden. So stand die Mission EUFOR Chad in der Gefahr, zur Stabilisierung des Regimes in N'Djamena beizutragen und damit in den internen Konflikten des Landes Partei zu ergreifen. Die französische Paralleloperation hat diesen Eindruck noch verstärkt.
— Auch im Kongo muss festgehalten werden, dass trotz der intensiven Bemühungen der EU um eine Stabilisierung des Landes immer wieder Probleme auftauchen, die sich aus der mangelnden Demokratisierung ergeben und dazu führen, dass die Regierung Kabila bestimmte Reformen des Sicherheitssektors nur schleppend oder gar nicht unterstützt. Trotz offizieller Verlautbarungen ist ein unmittelbarer Zusammenhang zwischen Demokratisierung und Krisenmanagement sehr viel problematischer und aufwändiger herzustellen, als dies erscheinen mag.
— Die Einführung eines Systems politisch neutraler und dem Gemeinwesen verpflichteter Polizei-, Justiz- und Streitkräfte entspricht häufig nicht den Interessen der herrschenden Eliten und der sie tragenden ethnischen und politischen Kräfte. Wenn das grundlegende politische und gesellschaftliche Umfeld nicht verändert werden kann, sind einzelne Missionen, die sich auf einzelne Sektoren des Systems beziehen, nicht dauerhaft und nachhaltig realisierbar.

Institutionelle Konflikte:

— Gerade in der Anfangsphase waren Reibungsverluste in den EU-Missionen an der Tagesordnung, die sich aus den unterschiedlich gewachsenen administrativen Kulturen in der Kommission und im Rat bzw. den Mitgliedstaaten ergaben. So waren fast immer Beschaffungsvorgänge für die Ausstattung ziviler Missionen nur mühsam durchsetzbar und wurden häufig verspätet realisiert, was zu Verzögerungen in der Umsetzung von Missionen wie EUMM Georgien, EUPOL Afghanistan oder EULEX Kosovo führte (Major/Bail 2011: 31).
— Seitens der Kommission wurden die zunehmenden Einsätze im Bereich des zivilen Krisenmanagements zunächst sehr deutlich als Konkurrenz zu den eigenen Aktivitäten in Drittstaaten gesehen, zumal sie in einer

Reihe von Handlungsfeldern wie der Zoll- und Grenzkooperation, dem Aufbau ziviler Verwaltungen oder der Förderung von Schulungs- und Ausbildungsmaßnahmen für Sicherheitskräfte bereits lange vor der GSVP tätig war und sich nunmehr verdrängt sah.

Zivil-militärische Zusammenarbeit:

— Die Verknüpfung ziviler und militärischer Instrumente wie auch das Zusammenwirken der zivilen und militärischen Akteure innerhalb der EU bleibt eine dauerhafte Herausforderung für die GSVP. Trotz offizieller Erklärungen und eines ausgeprägten akademischen Interesses an der Thematik nimmt sich die reale Bilanz bescheiden aus.
— Zu beobachten ist dabei, dass auf der Ebene der Missionen bislang kaum auf einen gemischt zivil-militärischen Zuschnitt Wert gelegt wurde – mit der Ausnahme der AMIS-II-Unterstützungsmission im Sudan, die explizit eine gemischte Struktur besaß. Ansonsten sind die EU-Einsätze als zivile oder militärische Einsätze ausgewiesen. Allerdings kann sich in der Praxis die Grenzziehung durchaus erschweren.
— Eine grundsätzliche Problematik wird im Übrigen auch in der Forschung unterbewertet: Unter welchem Vorzeichen soll sich denn die zivil-militärische Kooperation vollziehen? Sind beispielsweise handels- und entwicklungspolitische Akteure und Instrumente letztlich Momente einer breiteren sicherheitspolitischen Agenda? Oder entziehen sie sich nicht auch zu Recht einer allzugroßen Nähe und Vereinnahmung, weil sie auf einer eigen- und widerständigen Position beharren, die sich nicht nur durch ihren Platz im Räderwerk des Krisenmanagements definiert?
— Allemal gilt: Auf Brüsseler Ebene müssen die Strukturen und Verfahren noch deutlicher abgestimmt werden. Das Desiderat zivil-militärischer Koordinierung darf hier nicht zu einer weiteren Überfrachtung führen – im Gegenteil: Das Labyrinth der unterschiedlichen Arbeitsgruppen, Ausschüsse und Einrichtungen mag den Wünschen nach Beteiligung und Mitwirkung verschiedener Akteure auf nationaler und europäischer Ebene entsprechen. Dennoch geht es nicht nur um einen umfassenden, sondern auch einen transparenten und effizienten Ansatz im Krisenmanagement. Die radikale Vereinfachung von Prozeduren und Instrumenten sollte dringend angestrebt werden.

Weiterführende Literatur

Grevi, G./Helly, D./Keohane, D. (Hg.) (2009). *European Security and Defence Policy. The First 10 Years (1999–2009)*, Paris: EU Institute for Security Studies, 159–402.

Merlingen, M./Ostrauskaité R. (Hg.) (2008). *European Security and Defence Policy. An Implementation Perspective*, London–New York: Routledge.

11 Die militärischen und zivilen Kapazitäten der GSVP – Desiderate und Defizite

11.1 Die Ausgangslage – eine Armee auf dem Papier

Als im Laufe des Jahres 1999 die Europäischen Ratstreffen von Köln und Helsinki das Konzept einer autonomen europäischen Streitmacht für den Einsatz im internationalen Krisenmanagement skizzierten, war allen Beteiligten klar, dass es noch erheblicher Anstrengungen bedurfte, bis sich eine wahrhaft eigenständige militärische Operationsfähigkeit entwickeln konnte (Walter 2010; Baumgartner 2002). So bildeten die Lücken und Schwachstellen im Bereich der militärischen Fähigkeiten ein zentrales Hindernis auf dem Weg zu einer „Streitmacht" (Reiter/Rummel/Schmidt 2002). Die Verbesserung ihrer Kapazitäten war deshalb seit Anbeginn eines der zentralen Zielvorgaben der EU im Rahmen ihrer Sicherheits- und Verteidigungspolitik.

Verschiedene Wirkungskreise überschnitten sich dabei. So lag – und liegt – die Zuständigkeit für militärische Beschaffung, Ausrüstung, Versorgung und Ausbildung in den Händen der Mitgliedstaaten, die durch die EU zu keinen Entscheidungen oder Handlungen gezwungen werden konnten. Der Prozess der Fähigkeitsverbesserung blieb immer limitiert durch die schwachen Durchsetzungsmöglichkeiten gemeinsamer Ziele. Zugleich standen die Mitgliedstaaten zunehmend unter dem Druck, Einsparungen in ihren Verteidigungsetats umzusetzen. Seit dem Ende des Ost-West-Konflikts war zunehmend eine ‚Friedensdividende' eingefordert und in Form von Kürzungen der Wehretats realisiert worden; auch die Schaffung der Wirtschafts- und Währungsunion und die im Rahmen des Wachstums- und Stabilitätspaktes vorgegebene fiskalpolitische Disziplinierung ging an den Verteidigungshaushalten nicht spurlos vorüber. Im Zeichen der internationalen Finanz- und später der europäischen Verschuldungskrise seit 2008 wurden schließlich drastische Einschnitte in die Verteidigungsbudgets vorgenommen, die kurz- bis mittelfristig kaum umkehrbar sein dürften. Die Suche nach kostensparenden Lösungen könnte dadurch nachhaltig angetrieben werden, allerdings sollten die Widerstände auf nationaler Ebene gegen eine Bündelung und Arbeitsteilung mit anderen Staaten nicht unterschätzt werden.

Schließlich bildete die Frage des militärischen Beitrags zur gemeinsamen Sicherheit und Verteidigung nicht nur eine rein europäische Problematik, sondern wurde auch im Kontext des Atlantischen Bündnisses immer wieder aufgegriffen und durch energische Forderungen Washingtons an seine europäischen Verbündeten zur Erhöhung ihrer Militärausgaben nachhaltig untermauert. In der Tat bildete die ‚atlantische Lücke' zwischen den USA und den europäischen Allianzmitgliedern seit den 1990er Jahren ein Dauerthema der NATO, dem sie durch ebenso ambitionierte wie erfolglose Vorhaben zu begegnen versuchte. Innerhalb der EU führte die Notwendigkeit der Verbesserung militärischer Fähigkeiten zu einer Reihe von prozeduralen und institutionellen Initiativen, die sich im Laufe der Jahre schließlich zu bestimmten Zyklen verdichteten, ohne bisher allerdings einen durchschlagenden Erfolg herbeigeführt zu haben.

11.2 Die Prozesse der militärischen Kapazitätsverbesserung

Seit Beginn der Entwicklung der ESVP/GSVP hat sich eine intensive Diskussion um die militärischen Fähigkeiten der EU-Mitgliedstaaten ergeben; diese wurden im Vergleich zu den Kapazitäten der USA und zur NATO als bescheiden eingeschätzt. Zahlreiche Autoren betrachteten die Debatte um „institutionelle Feinheiten" der GSVP auf dem Brüsseler Parkett bestenfalls als eine marginale Nebenerscheinung, die Bewährungsprobe der europäischen Sicherheits- und Verteidigungspolitik liege dagegen in der erfolgreichen Erfüllung ihrer militärischen Ziele, namentlich der Bewältigung von militärisch anspruchsvollen Krisenmanagement-Operationen.

Das als notwendig erachtete militärische Fähigkeitsprofil der GSVP wurde seit dem Europäischen Rat von Helsinki im Dezember 1999 durch das ‚Helsinki Headline Goal 2003' (HG 2003) definiert und in der Folge kontinuierlich ausgebaut. So wurde im Dezember 1999 zunächst das Ziel formuliert, eine Eingreiftruppe zu schaffen, die in der Lage sein sollte, das gesamte Spektrum der Petersberg-Aufgaben zu erfüllen, also humanitäre Aufgaben und Rettungseinsätze, friedenserhaltende Aufgaben sowie Kampfeinsätze bei der Krisenbewältigung einschließlich Frieden schaffender Maßnahmen

(Europäischer Rat 1999b). Hierzu sollten die Mitgliedstaaten bis Ende 2003 bei EU-geführten Operationen in der Lage sein, innerhalb von 60 Tagen Streitkräfte im Umfang von 50 000 bis 60 000 Personen zu verlegen und dafür zu sorgen, dass diese Kräfte für mindestens ein Jahr im Einsatz gehalten werden können.

Diese Streitkräfte sollten militärisch durchhaltefähig sein und über die erforderlichen Fähigkeiten in Bezug auf Streitkräfteführung und strategische Aufklärung, die entsprechende Logistik, andere Kampfunterstützungsdienste und gegebenenfalls zusätzliche Komponenten der See- und Luftstreitkräfte verfügen. Weiterhin sollten sie innerhalb der oben genannten Frist in vollem Umfang mobilisierbar sein; in kleinerem Umfang wurden Kräfte zur raschen Reaktion auf Krisen vorgesehen, die mit einem sehr hohen Bereitschaftsgrad verfügbar sein sollen.

Weiterhin vereinbarten die EU-Mitgliedstaaten in Helsinki, kollektive Fähigkeitsziele in den Bereichen zu erarbeiten, in denen eklatante Defizite bestanden (z. B. Streitkräfteführung, Aufklärung, strategischer Transport). Im November 2000 sagten die EU-Staaten auf der Capabilities Commitments Conference (CCC) ihre militärischen Beiträge für Einsätze im Krisenmanagement zu; im Helsinki Force Catalogue wurden die Zusagen an Truppen und Material erfasst. Da die festgestellten Defizite fortbestanden, wurde 2001 der European Capabilities Action Plan (ECAP) ins Leben gerufen, der in Arbeits- und Projektgruppen konkrete Verbesserungen vorschlagen sollte.

Letztlich brachte der ECAP nicht den erhofften Schub für einen Ausbau der militärischen Fähigkeiten. Seit 2003 wurde daher im Rahmen des Capability Development Mechanism (CDM) versucht, eine neue Dynamik auszulösen, die darauf abzielte, durch regelmäßige Berichte und Prüfungen von Bestand und Anforderungen politischen Druck auf die EU-Staaten zu schaffen, um ihre militärischen Ausgaben qualitativ und quantitativ zu erhöhen (Cornish/Edwards 2005: 804). Im Juni 2004 folgte ein neuer Fähigkeitsplan, das ‚Headline Goal 2010', das sich auf einen Kernbereich von Fähigkeiten konzentrierte und einen besonderen Schwerpunkt auf qualitative Verbesserungen legte. Die Debatte innerhalb des Konvents zur Zukunft der EU und der daran anschließenden Regierungskonferenz hatte ebenso wie die Irak-Kontroverse innerhalb der Union eine Belebung der Diskussion um die militärischen Fähigkeiten der EU und die Weiterentwicklung der ESVP ausgelöst, nachdem sich die Schlüsselstaaten auf zentrale Kompromisse verständigt hatten. Hierzu gehörte die Schaffung einer Verteidigungsagentur, die sich mit Fragen der Fähigkeitsverbesserung befassen sollte, ebenso wie die

Initiative zur Schaffung von Gefechtsverbänden, den Battle Groups, deren Ausgangspunkt eine britisch-französische Initiative auf dem Gipfel von Le Touquet im Februar 2003 war.

Im November 2007 verabschiedete der Rat den Progress Catalogue 2007, der als Ergebnis des *Headline Goals 2010* galt und die verbliebenen qualitativen und quantitativen Defizite und Herausforderungen der GSVP darstellte. Vorausgegangen waren eine Diagnose des Bedarfs im Rahmen des *Requirements Catalogue 2005* sowie die Erfassung der verfügbaren Ressourcen, welche im *Force Catalogue 2007* erhoben worden waren (Council of the European Union 2011). Als zentrales Ergebnis des Fortschrittskatalogs wurde festgestellt, dass die Europäische Union mit Blick auf das Jahr 2010 in der Lage sei, das gesamte Spektrum militärischer Operationen innerhalb der Parameter der strategischen Planungsannahmen abzudecken, wenngleich hierbei unterschiedlich hohe Risikoniveaus je nach den identifizierten Mängeln einzukalkulieren seien. Im Klartext bedeutete dies, dass die Union auch militärisch anspruchsvolle und kampfintensive Missionen durchzuführen imstande sein würde, dabei aber durchaus beachtliche Risiken eingeht, da in zentralen Bereichen noch keine ausreichenden Kapazitäten existieren (Council of the European Union 2011).

Ende 2010 musste zur Kenntnis genommen werden, dass die Ziele und Vorgaben des Headline Goals 2010 nicht erreicht worden waren. Über fünfzig Mängel wurden im Progress Catalogue diagnostiziert, darunter die bekannten Defizite in den Bereichen Verlege- und Transportkapazitäten und Informationsüberlegenheit, in der Überlebens- und Durchhaltefähigkeit sowie beim Schutz der Streitkräfte im Einsatz (Biscop/Coelmont 2011: 150).

Seit 2008 übernahm die Europäische Rüstungsagentur eine immer prominentere Rolle im Bereich der militärischen Fähigkeitsverbesserung, die sie als eine ihrer Hauptaufgaben verfolgte und in Kooperation mit dem Militärausschuss vorantrieb. Im Juli 2008 verabschiedete der Lenkungsausschuss eine erste Version des Capability Development Plan (CDP), dem 2010 eine überarbeitete Version folgte.

11.3 Die EU Battle Groups

Zu einem prominenten Element der Bemühungen um eine Kapazitätsverbesserung der GSVP haben sich die Gefechtsverbände der EU (Battle Groups) entwickelt (Quille 2004). Den Battle Groups liegt die Absicht zugrunde, über die ursprünglich anvisierte EU-Fähigkeit zur Aufstellung von bis zu 60 000 Personen im Rahmen von Operationen im Krisenmanagement hinaus einen Kern von schneller einsatzfähigen, besser ausgerüsteten und länger durchhaltefähigen Truppen zu schaffen, die gleichsam als mobiles Krisenreaktionskontingent jederzeit verfügbar sein würden. Zugleich repräsentieren die Battle Groups einen weiteren Ansatz in den Bemühungen um Kapazitätsverbesserung (Major/Mölling 2010).

Ausgangspunkt für die Schaffung der Battle Groups war eine französische Initiative auf den britisch-französischen Gipfeltreffen vom Februar 2003 in Le Touquet und vom November 2003 in London. Anfang 2004 schloss sich Deutschland an und legte im Februar 2004 gemeinsam mit Frankreich und Großbritannien einen entsprechenden Vorschlag im PSK vor. Der Zeitpunkt für den Vorschlag war sicherlich nicht zufällig gewählt. Ende 2003 sollte die EU ihre operative Einsatzfähigkeit erreichen, musste aber anerkennen, dass sie nicht in vollem Umfang zur Umsetzung der Petersberg-Aufgaben imstande war. So blieben zahlreiche Fähigkeitslücken, die es in den folgenden Jahren zu füllen galt. Es war insbesondere Frankreich und Großbritannien als den militärisch führenden EU-Staaten daran gelegen, die übrigen Partner zu erheblich höheren Anstrengungen zwecks Verbesserung ihrer militärischen Fähigkeiten zu bewegen, nachdem bisherige Bemühungen in diese Richtung nicht gefruchtet hatten. Weiterhin wurde die Erfahrung mit der ersten erfolgreichen autonomen Operation Artémis im Kongo 2003 genutzt, um konkrete operative Vorgaben für eine Optimierung der Interventionsfähigkeit zu definieren, etwa im Hinblick auf die Geschwindigkeit, die Verlegefähigkeit und die Durchhaltefähigkeit einer Operation.

Vorgesehen war, dass einzelne Länder oder Gruppen von Ländern Battle Groups melden konnten, die sie der Europäischen Union für Einsätze zur Verfügung stellen würden (Salmon 2005: 377). Im Juni 2004 fand das Konzept Eingang in die neuen Fähigkeitsziele des Headline Goals 2010, und im November nahm der Rat erste Meldungen der Mitgliedstaaten entgegen. So konnte zu Beginn des Jahres 2005 bereits erreicht werden, dass eine Battle Group ständig einsatzbereit ist, seit 2007 stehen der EU parallel zwei Battle

Groups auf Standby zur Verfügung (Council of the European Union 2009). Ende 2006 verabschiedete der Rat ein umfassendes Konzept für die Battle Groups. Mit Ausnahme Dänemarks und Maltas sind alle EU-Staaten an Battle Groups beteiligt, ebenso die Türkei, Norwegen, Mazedonien und Kroatien.

Kernelement jeder Battle Group bildet ein Infanterieverband, der durch weitere Kapazitäten unterstützt und verstärkt wird (Major/Mölling 2010: 4). Dieser Kern wiederum lässt sich um zusätzliche Komponenten logistischer, maritimer oder luftgesteuerter Elemente ausbauen (strategic enablers). Kommandiert wird die Battle Group durch ein Streitkräftehauptquartier (Force Headquarters, FHQ). Eine Battle Group soll in der Lage sein, bis zu 30 Tage im Einsatzgebiet ohne externe Unterstützung operieren zu können, bei zusätzlichem Nachschub bis zu 120 Tage. Zwischen der Entscheidung, eine Battle Group zu entsenden, und dem Beginn des Einsatzes sollen maximal zehn Tage liegen.

Das neue Verfahren der Ständigen Strukturierten Zusammenarbeit bietet die Möglichkeit, die Battle Groups im Sinne einer besonderen Einsatzfähigkeit zu nutzen und die vertraglichen Bestimmungen mit Leben zu füllen. Wieweit dies geschehen wird, hängt dabei aber von den Mitgliedstaaten ab, die bereit sein müssen, hier konkrete Schritte zu tun.

11.4 Die zivile Dimension europäischer Handlungskapazitäten

Bereits kurz nach den ersten Schritten der GSVP wurden neben den militärischen auch die zivilen Ziele und Handlungsmöglichkeiten der EU ausgebaut. Der Europäische Rat von Feira vom Juni 2000 bildete mit seinen Prioritäten einen wichtigen Anknüpfungspunkt für die Bemühungen um die Stärkung der operativen Handlungsmöglichkeiten, die sich auf die prioritären Themenfelder Polizei, Justiz, zivile Verwaltung und Zivilschutz ausrichten sollten. Im November 2001 fand eine Police Capabilities Commitment Conference statt, die sich darauf einigte, bis 2003 einen bis zu 5 000 Personen starken Pool an Polizeikräften für Operationen im Krisenmanagement bereitzustellen, davon bis zu 1 400 Personen in einem beschleunigten Verfahren innerhalb von 30 Tagen. Ähnlich wie im Bereich der militärischen Fähigkeiten galt es, auch im zivilen Bereich dafür zu sorgen, dass EU-Operationen mit ausreichenden Handlungsmöglichkeiten ausgestattet wurden. Dies betraf im Einzelnen die folgenden Aspekte (Council of the European Union 2007: 2):

- die Bereitstellung ausreichend qualifizierten und einsatzfähigen Personals für zivile Einsätze, wobei sich die Einsatzart auf sehr unterschiedliche Dimensionen wie polizeiliche, justizielle oder (militärnahe) sicherheitsrelevante Tätigkeiten erstrecken kann;
- die Schaffung von institutionellen und materiellen Kapazitäten für die Planung und Durchführung ziviler Missionen, inklusive der Ausrüstung, Ausbildung und Konzeptentwicklung;
- die Gewährleistung der Kohärenz von ziviler und militärischer Dimension des Krisenmanagements sowie einer effizienten Abstimmung mit Elementen der EU-Politik, im Besonderen des vor Lissabon existierenden ‚Dritten Pfeilers' und des Raums der Freiheit, der Sicherheit und des Rechts;
- die verfeinerte Koordinierung der EU-Aktivitäten mit weiteren internationalen Akteuren, die im zivilen Krisenmanagement engagiert sind;
- schließlich die Erhöhung der öffentlichen Wahrnehmung und Sichtbarkeit des zivilen Krisenmanagements der EU.

Letztlich bilden diese fünf Zielfelder das Spektrum an Aufgaben ab, deren Erfüllung im zivilen Krisenmanagement nicht nur zu gewährleisten, sondern beständig an aktuelle Bedürfnisse anzupassen ist.

Auf der Civilian Capabilities Commitment Conference im November 2004 wurde die Verabschiedung eines zivilen *Headline Goals 2008* beschlossen, das vom Europäischen Rat im Dezember 2004 offiziell angenommen wurde. Das neue Headline Goal wurde zum Referenzpunkt für die Bestimmung der Ziele, die Identifizierung der zentralen Bedürfnisse und Fähigkeitsanforderungen, aber auch die Bewertung der nationalen Beiträge zur Deckung der bestehenden Lücken im zivilen Krisenmanagement und sollte zugleich in Form eines regelmäßigen Berichts- und Bewertungsprozesses verstetigt werden (Cornish/Edwards 2005: 806).

Mit dem *Civilian Headline Goal 2010* legte der Rat im November 2007 eine aktualisierte Version der Fähigkeitsziele vor und definierte darin zugleich neue Schwerpunkte der künftigen Bemühungen um eine Verbesserung der europäischen Leistungsfähigkeit im zivilen Krisenmanagement (Council of the European Union 2007).

Das *Civilian Headline Goal 2010* versuchte, durch eine Reihe von Initiativen und Empfehlungen die Mitgliedstaaten zu dauerhaften Anstrengungen anzustoßen. Dabei beschrieb es zum einen wesentliche Notwendigkeiten und ansatzweise Lösungsmöglichkeiten, zum anderen aber auch einen Koordinierungsprozess, der in verschiedenen Stufen und Handlungsformen die zivile Fähigkeitsverbesserung verstetigen soll.

Für die im CHG 2010 skizzierten Ansätze spielen vier Dimensionen eine zentrale Rolle: die Qualitätsverbesserung der vorhandenen Kapazitäten, die Erhöhung ihrer Verfügbarkeit, die Weiter- und Neuentwicklung von Instrumenten und die Aktivierung von Synergien (Council of the European Union 2007: 3ff.). Im Bereich der Qualitätsverbesserung wurde neben einem effizienten Prozess der Auswertung und des Lernens aus vergangenen Missionen auf den Bedarf an einem Ausbau des Schutzes im Einsatz z. B. mittels nachrichtendienstlicher Methoden und auf die Weiterentwicklung schnell einsetzbarer Polizeieinheiten wie der Integrated Police Units (IPU) und der Formed Police Units (FPU) sowie die Evaluierung der Civilian Response Teams (CRT) hingewiesen (Council of the European Union 2007: 3).

11.5 Auf dem Weg zu einer europäischen Rüstungspolitik?

11.5.1 Rüstungspolitik als nationale Domäne

Mit der Schaffung der GSVP wuchsen auch die Bemühungen um einen europäischen Markt für Verteidigungsgüter. Obwohl seit 2003 eine Vielzahl an Operationen durchgeführt wurde, getragen und begleitet von einer institutionellen Struktur für das Krisenmanagement, der Verabschiedung einer europäischen Sicherheitsstrategie und der Schaffung einer Europäischen Verteidigungsagentur, bleiben die Märkte für Rüstungsgüter weiterhin durch einen hohen Grad an Fragmentierung geprägt (Hartley 2006: 475; Bauer 2000 und 2001; Küchle 2001). Nationale Dominanz in Regulierung, Beschaffung und Produktion bestimmen das Bild, obwohl sich die Anforderungen an die Streitkräfte und ihre Ausstattung dramatisch verändert haben (Kranzle 2000). Insbesondere der Zwang zur Interoperabilität, der technologische Fortschritt und die gleichzeitige Notwendigkeit zu einschneidenden Kosteneinsparungen haben den Druck auf die EU-Staaten erhöht, ihre verteidigungsindustriellen Strukturen an die Erfordernisse multinationalen Vorgehens anzupassen – ob im Rahmen der UN, der NATO oder der EU. Auch für die GSVP gilt: Trotz ihrer dynamischen Entwicklung bleiben die Rüstungsmärkte die Nachzügler des Gesamtprozesses einer europäischen Sicherheits- und Verteidigungspolitik, wenngleich sich seit dem Ende des Kalten Krieges eine stärkere Europäisierung von Projekten und Initiativen beobachten lässt (Jones 2007: 3ff.).

Jahrzehntelang bildete die Rüstungsindustrie einen der am stärksten protegierten nationalen Märkte, in denen sich enge Interessengemeinschaften zwischen Regierungen und Unternehmen herausgebildet hatten. Die Sicherung von Arbeitsplätzen stand hier ebenso im Raum wie der Anspruch, eigene – nationale – Verteidigungskapazitäten aufrechtzuerhalten. Regierungen waren nicht nur die besten Kunden ihrer Rüstungsunternehmen, sie wurden auch zu ihren Lobbyisten, indem sie versuchten, gegenüber Entscheidungsträgern in Drittstaaten hochdotierte Aufträge zu erwirken.

Dennoch ist die Unbeweglichkeit vergangener Jahrzehnte langsam, aber doch sichtbar überwunden worden (Markowski/Wylie 2007). Die hermetische Abschottung der nationalen Märkte und Beschaffungssysteme konnte aufgeweicht werden. Die angespannte Lage der öffentlichen Finanzen lässt die Verteidigungsetats nicht unberührt. In allen EU-Staaten und sogar in den USA müssen die Rüstungsausgaben gekürzt werden, um zur Sanierung der Staatshaushalte beizutragen (Lundmark 2001). Die Folgen der Wirtschafts- und Finanzkrise, die sich zu einer Verschuldungskrise auf beiden Seiten des Atlantiks entwickelt hat, sind damit für die GSVP unmittelbar spürbar. Einsparungen an Material und Personal treffen die europäischen Staaten schon dadurch, dass die USA ihre Truppenpräsenz in Europa verringern. Der Wegfall von Standorten birgt für die betreffenden Regionen auch erhebliche wirtschaftliche Konsequenzen. Die wirtschaftliche Dimension der GSVP befindet sich im Umbruch.

11.5.2 Ansätze einer europäischen Rüstungspolitik

Die ersten Bemühungen um eine koordinierte Rüstungspolitik in Europa vollzogen sich außerhalb des Rahmens der Europäischen Gemeinschaften. Neben einer Vielzahl von Ad-hoc-Kooperationen versuchten europäische NATO-Staaten seit 1976, innerhalb der Independent European Programme Group (IEPG), ihre Politiken stärker abzustimmen und gemeinsame Projekte zu fördern (Markowski/Wylie 2007: 45; Jones 2007: 205). Zu Beginn der 1990er Jahre übernahm die Westeuropäische Union hier eine prominentere Rolle, die sich in der Gründung der Western European Armaments Group (WEAG) niederschlug. Neben den bereits im Rahmen der IEPG definierten Zielvorgaben sollten hier insbesondere gemeinsame rüstungsrelevante Forschung gefördert und die Einrichtung einer Rüstungsagentur betrieben werden. Auch der Ausbau der WEAG zur Western European Armaments Organisation (WEAO) war nicht imstande, der rüstungspolitischen Kooperation in Europa wirklich nachhaltige Impulse zu verleihen. Die anvisierten Ziele wurden nur bruchstückhaft erreicht. Vor allem aber blieb die Kooperation der beteiligten Staaten ein Ergebnis von Ad-hoc-Überlegungen und -Konstellationen, ein strategisches Konzept wurde nicht entwickelt.

Mit dem Bedeutungsverlust der WEU im Zuge der Entstehung und Konsolidierung der ESVP/GSVP seit Ende der 1990er Jahre suchten die EU-Staaten nach neuen Möglichkeiten, ihre Zusammenarbeit zu intensivieren. Allerdings blieb man hier sowohl außerhalb des institutionellen Rahmens der EU wie auch in einer flexiblen Konstellation von Mitgliedstaaten. 1996 gründeten zunächst Deutschland, Frankreich, Italien und Großbritannien die OCCAR (Organisation Conjointe de Coopération en Matière d'Armement), um über die Koordinierung einzelner Projekte hinaus eine schrittweise Angleichung der nationalen Bedarfsermittlung und eine stabile Koordinierung der technologischen und finanziellen Kapazitäten zu erreichen (Markowski/Wylie 2007: 46). Doch blieb die Wirklichkeit hinter den Ansprüchen zurück. Eine dauerhafte und auf mittel- bis langfristige Planung und Beschaffung ausgerichtete Struktur wurde auch mit der OCCAR nicht geschaffen. Vielmehr erwies sie sich als ein weiterer Rahmen, in dem sich eine technische und administrative Abwicklung (von durchaus relevanten Projekten wie dem Transportflugzeug A 400 M, dem Tiger-Helikopter oder dem gepanzerten Kampffahrzeug Boxer) bewerkstelligen ließ. Die politische und strategische Hoheit verblieb bei den beteiligten Staaten, die sich flexibel um einzelne Projekte gruppieren können.

Parallel hierzu vollzog sich eine zaghafte und vorsichtige Annäherung der regulativen Rahmenwerke. Die sechs größten Rüstungsproduzenten der EU (Frankreich, Großbritannien, Deutschland, Italien, Spanien und Schweden) unterzeichneten 1998 den Letter of Intent (LOI), dem 2000 ein Rahmenabkommen folgte (Hartley 2006: 475ff.). Darin wurden unter anderem Maßnahmen zur Angleichung von Sicherheitsvorschriften und Exportkontrollen bei Rüstungsgütern, Erleichterungen im Marktzugang, eine verbesserte Abstimmung von Forschungs- und Technologiepolitiken und gemeinsame Bemühungen um die Identifizierung von Fähigkeitszielen festgehalten (Markowski/Wylie 2007: 47). Diese Initiative diente als Vorbild und Vorlage für die EU-weiten Anstrengungen, die im Rahmen der Verteidigungsagentur für alle Mitgliedstaaten in Angriff genommen wurden.

Letztlich haben weder die (mittlerweile aufgelöste) WEAG noch die OCCAR oder der LOI-Prozess mehr als bescheidene Ergebnisse zeitigen können

(Arnaud et al. 2008: 12); einen deutlichen und nachhaltigen Schritt in die Europäisierung der Rüstungskooperation lösten sie bislang nicht aus.

Die 2004 offiziell eingerichtete EDA hat verschiedene Ziele und Aufgaben übernommen, auch weil ihre Mission zwischen den EU-Staaten zunächst umstritten war. Entsprechend musste sie sich multifunktional aufstellen (Keohane 2004). Die Koordinierung von Rüstungsprojekten, die Förderung von relevanter Forschung und Technologie, die Verbesserung der militärischen Kapazitäten durch stabile und präzise Fähigkeitsziele sowie die Harmonisierung der nationalen Regelwerke gehören dazu. Gerade letztere Aufgabe erfordert einen übergreifenden Ansatz, der verschiedene in der Europäischen Union gewachsene Politikbereiche einbezieht und sich auf die Schaffung einer wettbewerbsorientierten Rüstungsindustrie ausrichtet, die sich zunehmend den Regeln des Gemeinsamen Marktes fügt und dabei zugleich Instrument einer Gemeinsamen Sicherheits- und Verteidigungspolitik werden kann.

Seitens der Europäischen Kommission gab es bereits seit den 1990er Jahren verstärkte Anstrengungen, gemeinschaftliche Regelungen im rüstungsindustriellen Bereich durchzusetzen. Allerdings standen hier verschiedene Hürden im Wege. Die Rüstungsgüter waren laut EG-Vertrag von den Regelungen eines Gemeinsamen Marktes ausgeschlossen, sie standen damit außerhalb des Integrationsprojektes. Der Kommission war es daher nicht möglich, ihre traditionellen Kompetenzen auszuspielen.

Mit dem Verteidigungspaket, das die Kommission 2007 vorlegte, wurde dennoch der Versuch gemacht, die Rüstungsindustrie schrittweise an die Marktregeln der EU anzupassen. Das Paket umfasste zwei Richtlinien und eine Mitteilung der Kommission.[26] Kernelemente waren die Vereinfachung der Genehmigungsverfahren für die Verbringung von Rüstungsgütern zwischen Mitgliedstaaten der EU anhand eines Zertifizierungssystems, eine erhöhte Transparenz und Verfahrenssicherheit bei der Vergabe von Rüstungsaufträgen und der verbesserte Zugang von Kleinen und Mittleren Unternehmen (KMU) zu Aufträgen aus der Verteidigungsindustrie. Künftig sollen in der Rüstungsindustrie Bau-, Dienstleistungs- und Lieferaufträge europaweit ausgeschrieben werden, wenn ihr Volumen bestimmte Schwellenwerte übersteigt. Es sind begrenzte, aber konkrete Schritte, mit denen die Kommission versucht, die bisher vorherrschende Abschottung der Märkte

26 Siehe hierzu die umfassende Darstellung der Referenzdokumente und Kerninhalte durch die Kommission: http://ec.europa.eu/enterprise/sectors/defence/documents/index_de.htm.

aufzuweichen und stärkere Wettbewerbselemente einzuführen. Im Januar 2009 konnte nach Zustimmung des Europäischen Parlaments die neue Gesetzgebung in Kraft treten, musste allerdings von den Mitgliedstaaten umgesetzt werden. Nicht nur einzelne EU-Länder wie Großbritannien widersetzten sich dem Vorhaben, auch aus der Rüstungsindustrie wurde Kritik laut, da man befürchtete, Unternehmen würden künftig ihre Investitionen in Forschung und Entwicklung deutlich zurückfahren, wenn sie damit rechnen müssten, bei der Vergabe eines Auftrags leer auszugehen. Zudem seien Fragen der Behandlung sensibler Unternehmensdaten nicht ausreichend gelöst worden.

11.5.3 Multinationale Möglichkeiten der Zusammenarbeit im Rüstungsbereich

Multinationale Kooperation hat seit dem Bestehen der GSVP zunehmend an Bedeutung gewonnen (Valásek 2011). Budgetkürzungen bieten den Staaten die Möglichkeit, über Synergien jenseits der nationalen Grenzen nachzudenken. Europäische Operationen im Krisenmanagement begünstigen zudem die Nachfrage nach gemeinsamem Material, Ausrüstung, Waffen und Logistik für die eingesetzten Truppen. Bemühungen um eine Europäisierung der Rüstungszusammenarbeit haben aber schon vorher bestanden und können nunmehr in der Perspektive der GSVP genutzt werden.

So gelten das Transportflugzeug A 400 M und der Eurofighter Typhoon als Beispiel für multinationale Produktions- und Beschaffungsprojekte, getragen durch Konsortien aus verschiedenen Mitgliedstaaten. Zugleich belegen diese Beispiele die erheblichen Verzögerungen und Umwege, die derartige Großprojekte in Kauf nehmen müssen. So sind alle nationalen Interessen und Verwendungswünsche des künftigen Geräts oder Waffensystems im Regelfall zu berücksichtigen.

Verschiedene Modelle der multinationalen Zusammenarbeit sind denkbar: das Pooling, die Spezialisierung und die Schaffung integrierter Strukturen (Fitschen 2005). Sie bieten sich insbesondere dort an, wo nationale Budgets nicht ausreichen, um eine volle Einsatzfähigkeit zu gewährleisten (Valásek 2011: 1ff.). Aber eine rein ökonomische Logik trägt hier nicht. Grundsätzlich gilt: Je sensibler die Bereiche werden, die kooperativ gebündelt werden sollen, desto heikler wird das Unterfangen. Im Kern geht es dabei für die Staaten um nichts weniger als die Sicherheit des Zugriffs auf Kapazitäten, die sie im Ernstfall benötigen.

Beim Pooling ließe sich an eine Bündelung von Kapazitäten wie etwa einer europäischen Lufttransportflotte denken, zu der jeder Staat einen Beitrag leistet, ohne damit zwangsläufig auf nationale Bestände zu verzichten. Vielmehr entstünde ein neuer Mix an nationaler und multinationaler Handlungsfähigkeit.

Eine andere Variante, wie etwa in den Battle Groups oder der NRF praktiziert, bestünde in der Allokation nationaler Ressourcen für multinationale Projekte, ohne sie aber bis zum möglichen Einsatz aus dem nationalen Rahmen herauszulösen.

Das Modell der dauerhaften Rollenspezialisierung im Sinne einer arbeitsteiligen Schaffung von gemeinsamen Kapazitäten wäre politisch sensibler, da es die Staaten zwingen würde, auf bestimmte Kapazitäten ganz zu verzichten, um diese dann entweder nur multinational oder durch andere Nationen bereitzustellen. Damit wächst dramatisch die Abhängigkeit von Dritten – und verständlicherweise wäre eine solche Vorgehensweise nur mit einem Höchstmaß an Vertrauen und prozeduraler Absicherung erreichbar.

Integrierte Strukturen lassen sich dort nutzen, wo eine gemeinsame Brüsseler Infrastruktur besteht oder künftig aufgebaut wird. Die Anfänge eines Operationshauptquartiers, das sich aus dem seit 2007 arbeitsfähigen Operationszentrum ergeben kann, mögen für diese Formen als Beispiel dienen. Diese Form ist am stärksten von nationalen Beiträgen und Kontingenten entkoppelt und impliziert so einen ausgeprägten Kontrollverlust seitens der Mitgliedstaaten. Politische Widerstände gegen solche Strukturen sind daher nicht überraschend.

Auf dem informellen Treffen der Verteidigungsminister im belgischen Ghent im September 2010 wurde über Formen der multinationalen Zusammenarbeit im Lichte der herrschenden finanziellen Engpässe in den Mitgliedstaaten diskutiert. Einige Wochen später wurde in Brüssel ein erster Zeit- und Planungsrahmen für Vorhaben dieser Art beraten, der informell als ‚Ghent Framework' die Runde machte (Biscop/Coelmont 2011: 156). Die deutsche und schwedische Regierung griffen den neu erwachten Geist der Zusammenarbeit auf und legten den Partnern ihrerseits im November 2010 ein ‚Food for Thought Paper' vor, welches für stärkere multinationale Kooperation plädierte und hierzu die Partner einlud, systematisch ihre Kapazitäten im Hinblick auf Kooperationsmöglichkeiten zu prüfen (Biscop/Coelmont 2011: 157). Dieser Prozess soll im Übrigen durch die Europäische Verteidigungsagentur begleitet und unterstützt werden.

Bislang prägen zaghafte konzeptionelle und programmatische Vorarbeiten die Suche der EU-Staaten nach finanziell günstigen, effizienten und politisch wie militärisch vertretbaren Modellen der Zusammenführung von Ressourcen und Kapazitäten. Konkrete Projekte sind weniger das Ergebnis strategischer Planung und systematischer Vorgehensweise denn das Produkt von Ad-hoc-Entscheidungen und situativen Konstellationen.

Weiterführende Literatur

Biscop, S./Coelmont, J. (2011). CSDP and the 'Ghent Framework': The Indirect Approach to Permanent Structured Cooperation?, in: *European Foreign Affairs Review* 16/2, 149–167.

Borchert, H. (2005). Rollenspezialisierungen und Zusammenlegung von Ressourcen: Sechs Thesen zur Weiterentwicklung, in: J. Varwick (Hg.), *Die Beziehungen zwischen NATO und EU. Partnerschaft, Konkurrenz, Rivalität?*, Opladen: Budrich, 155–168.

12 Die GSVP im transatlantischen Kontext

Von Anbeginn ihrer Entstehung war die GSVP Teil eines transatlantischen Diskurses über die strategische, institutionelle und operative Gestaltung der transatlantischen Sicherheit (Mauer 2005). Die Veränderungen nach 1989 haben die NATO in eine Phase der Orientierungssuche eintreten lassen, die selbst 20 Jahre nach dem Fall der Mauer nicht abgeschlossen ist. Der mit Saint-Malo einsetzende Prozess der Herausbildung einer eigenständigen militärischen Handlungsfähigkeit der Europäischen Union war zu großen Teilen eine Reaktion auf die Unsicherheiten und Unwägbarkeiten, denen sich die NATO und ihre Verbündeten ausgesetzt sahen. Im Laufe der Jahre haben sich dabei verschiedene Fragen geklärt, andere blieben in der Schwebe. In zuverlässiger Regelmäßigkeit wurde und wird von politischer Seite die Formel beschworen, die GSVP sei keine Konkurrenz zur NATO. Allerdings ist sie auch nicht lediglich eine Ergänzung zu ihr. Vielmehr bewegen sich beide – NATO und GSVP – in einem Spannungsfeld, dessen Ausmaß und Wirkung sich je nach den politischen Konstellationen neuen Bedingungen und Herausforderungen anpassen. Zentrale Faktoren sind hier die politischen Präferenzen der EU-Staaten und der USA, die jeweilige Wahrnehmung der sicherheitspolitischen Bedrohungslage sowie die zur Verfügung stehenden Ressourcen militärischer, finanzieller und industrieller Art (Larrabee 2011).

12.1 Die USA und die GSVP – Positionen im Wandel

Nach 1989 haben sich die USA mit den unterschiedlichen Bestrebungen und Ambitionen der europäischen NATO-Mitglieder wie auch der Europäischen Union auseinandersetzen müssen, in sicherheits- und verteidigungspolitischen Fragen eine deutlichere Mitsprache und höhere Eigenverantwortlichkeiten zur Geltung zu bringen. Dabei war und ist die Haltung der

Vereinigten Staaten als sowohl ambivalent wie heterogen einzuordnen (Larrabee 2011: 55; Sloan 2000; Hamilton 2002).

Zum einen existierten immer unterschiedliche außen- und sicherheitspolitische Denkschulen, die gegenüber einer europäischen Sicherheits- und Verteidigungsidentität abweichende Positionen eingenommen haben (Hamilton 2002). Zum anderen bestand die grundlegende Haltung der US-Regierung stets in der Abwägung und Ausbalancierung zweier im engeren Sinne konträrer Zielvorgaben: der Befürwortung einer stärkeren Eigenständigkeit der Europäer, um einen höheren Anteil an den Kosten der gemeinsamen Verteidigung zu tragen und die USA damit entlasten zu können, wie auch andererseits einer Präferenz zugunsten der politischen Abhängigkeit Europas von den Vereinigten Staaten, um damit eigene hegemoniale Absichten durchzusetzen und nicht zuletzt einen globalen Führungsanspruch nach dem Ende des Kalten Krieges zu untermauern (Salmon 2005: 368f.).

12.2 Phasen der US-Politik gegenüber der GSVP

12.2.1 Die Entstehungsphase – die GSVP als Fremdkörper

Mit der Entstehung der GSVP und ihrer institutionellen Verdichtung seit 1999 wurde durchaus das Misstrauen der USA geweckt, die sich mit dem Projekt politisch kaum anfreunden konnten, ihm zugleich aber militärisch nur geringe Glaubwürdigkeit zubilligten (Meiers 2000: 11ff.). Die Mischung aus Verstimmung und Verharmlosung prägte in den frühen Jahren das Verhältnis Washingtons zur GSVP. Die Reaktion des State Department auf die Initiative, über die man sich in Washington nur unzureichend vorab informiert fühlte, belegte diesen Sachverhalt. Madeleine Albright definierte prompt drei Ds, die das europäische Projekt nicht verursachen dürfe (Albright 1998): Dies bedeutete, dass keine Entkoppelung der USA von den europäischen Partnern stattfinden dürfe („decoupling"), dass zudem keine unnötige Verdoppelung von Kapazitäten stattfinden solle, da man ohnehin nur über knappe Ressourcen verfügte, um militärisch relevante Ausgaben zu tätigen („doubling"). Und schließlich dürften die nicht der EU angehörigen NATO-Mitglieder keinesfalls benachteiligt werden („discrimination").

Die klare Ansage der US-Außenministerin an die EU-Partner ließ keinen Zweifel daran, dass man in Washington die Entwicklungen äußerst sorgfältig und kritisch beobachten würde (Moens et al. 2004). Für die Clinton-Administration blieb der Primat der NATO das entscheidende Prinzip, das es im Verhältnis zur ESVP zu wahren galt (Larrabee 2011: 55). Damit war gemeint, dass die NATO als das zentrale Konsultationsforum für Fragen der Sicherheit und Verteidigung galt, und dies auch in Angelegenheiten des internationalen Krisenmanagements (Meiers 2000: 12f.). Weiterhin blieb die Allianz nach dieser Sichtweise das vorrangige Entscheidungsgremium zu Fragen der europäischen und transatlantischen Sicherheit und sollte den ersten Zugriff erhalten, wenn es um militärische Einsätze ging. Erst wenn die NATO als Ganzes nicht involviert war, könnten die europäischen Partner ihrerseits im Krisenmanagement aktiv werden – vorzugsweise unter Nutzung der NATO-Ressourcen und -Kapazitäten; Letzteres konnte allerdings nur mit Zustimmung des Nordatlantikrates erfolgen. Schließlich war die Rolle der NATO als der Garant der kollektiven Verteidigung und diese wiederum als das Kernelement der Sicherheits- und Verteidigungspolitik ihrer Mitglieder anzuerkennen.

Mit den Beschlüssen der Europäischen Ratstreffen von Köln und Helsinki im Juni und Dezember 1999 schienen sich zunächst allerdings die Befürchtungen zu bestätigen, dass sich eine Konkurrenz zur Allianz entwickelte (Meiers 2000: 12). Zugleich schien in den Augen der US-Administration die Entwicklung der ESVP/GSVP die Erwartungen zu erfüllen, dass die Europäer eine institutionelle Konkurrenz aufbauten, ohne dabei die militärischen Kapazitäten substanziell zu stärken. Die Schaffung institutioneller Strukturen, ohne zugleich die militärischen Fähigkeiten der Mitgliedstaaten auszubauen und nachhaltig zu verbessern, schien das Vorurteil gegenüber der Präferenz der Europäer zugunsten administrativer und prozeduraler Aspekte und ihre Vernachlässigung der materiellen Notwendigkeiten sicherheitspolitischen Handelns zu bestätigen.

Zu Beginn der Bush-Administration herrschte in Washington zunächst eine deutlicher gelassene Einstellung gegenüber der ESVP/GSVP vor, als dies noch unter seinem Amtsvorgänger Clinton der Fall gewesen war (Schake 2002). Zwar zeigte sich in erster Linie der Verteidigungsminister über die Entstehung eigener militärischer Strukturen der Europäer besorgt und sah darin eine mögliche Beeinträchtigung der Wirksamkeit der NATO, doch wurden seine Einschätzungen weder im State Department noch im Nationalen Sicherheitsrat geteilt (Moens 2003: 67). Zudem war der britische Premier Blair in der Lage, den US-Präsidenten Anfang 2001 im Hinblick auf die GSVP zu beruhigen, indem er sie als komplementäre Komponente zur NATO erklärte und jedwede Abwertung der Allianz ausschloss.

Die US-Regierung sah in den Bemühungen der EU-Staaten zudem einen nützlichen – wenngleich nicht den einzigen – Beitrag zu einem ‚burden sharing' innerhalb der NATO, was Spielräume für Überlegungen zur Umschichtung des globalen Engagements der US-Streitkräfte und zur Verlagerung von Truppen und Material eröffnet hätte. Allerdings wurde in Washington die Konzeption einer innerhalb der NATO angesiedelten Europäischen Sicherheits- und Verteidigungsidentität (ESVI) als hierfür völlig ausreichend erachtet. Diese Position verstärkte sich im Kontext der Ereignisse vom 11. September 2001, als in der Folge und als unmittelbare Reaktion auf die Terroranschläge eine militärische Operation gegen das Taliban-Regime in Afghanistan durchgeführt wurde. Die USA bildeten eine internationale Koalition der Willigen im Kampf gegen den Terrorismus, ohne aber die Federführung in der militärischen Kampagne aufzugeben oder einzuschränken. Internationale Organisationen wie die NATO oder die EU spielten in dieser Strategie eine weitgehend untergeordnete Rolle. Selbst die Inanspruchnahme der Bestimmungen nach Art. 5 des Nordatlantik-Vertrags führte nicht zu einer gewichtigeren Rolle der Allianz, sondern unterminierte im Gegenteil ihre internationale Glaubwürdigkeit. Im Kampf gegen den Terrorismus erschien die GSVP, die jenseits der Wünschbarkeit eines eigenständigeren Europas ohnehin kaum als operativer militärischer Mechanismus angesehen wurde, ohne Bedeutung.

12.2.2 Die GSVP als ‚agent provocateur'

Ein neuer ‚Schub' an Aufmerksamkeit für die GSVP ergab sich im Zuge der Irak-Krise und der parallel vonstattengehenden Diskussionen über die Zukunft Europas im Rahmen des Konvents und der sich daran anschließenden Regierungskonferenz. Hier wurde die Spaltung der Allianz zu einer erheblichen Belastung für die transatlantischen Beziehungen (Salmon 2005: 365ff.). Zugleich verschärfte sich in Washington der Eindruck, dass für einige EU-Staaten die GSVP als Vehikel zur Ratifizierung der sicherheitspolitischen Scheidung Europas von den USA in Stellung gebracht und genutzt werden sollte.

Damit erfuhr auch das Image der GSVP in Washington eine drastische Veränderung, als sie im Zusammenhang mit der Kontroverse um eine Intervention im Irak federführend von Frankreich und Deutschland zu einer Schärfung des europäischen Profils in der Sicherheits- und Verteidigungspolitik genutzt wurde. Dass es sich bei diesen Ländern um die Speerspitze der Gegner einer Invasion im Irak handelte, erhöhte die Brisanz der Problematik. So wurde der sogenannte ‚Pralinengipfel' zwischen dem französischen Präsidenten Chirac, Bundeskanzler Schröder, dem belgischen Premier Verhofstadt und dem luxemburgischen Ministerpräsidenten Juncker seitens der US-Diplomatie harsch kritisiert. Die bei dieser Gelegenheit verabschiedete Skizze einer Europäischen Sicherheits- und Verteidigungsunion (ESVU) nährte den Verdacht, dass hier in der Tat ernsthaft ein Gegenmodell zur NATO gezeichnet wurde und eine Abkoppelung von den USA angelegt war (Larrabee 2011: 56f.). Die Kernidee der Schaffung eines kollektiven Nukleus zur Planung und Durchführung autonomer EU-Operationen, die auf dem Brüsseler Vierertreffen ursprünglich vereinbart worden war, verstärkte innerhalb der damaligen US-amerikanischen Regierung deutlich den Eindruck einer Abkoppelungsstrategie, der durch das Agieren des Brüsseler NATO-Botschafters Nicholas Burns nochmals nachhaltige Bestätigung fand. Hinzu traten eklatante konzeptionelle Unterschiede, die sich in den jeweiligen strategischen Grundlagen der USA und der EU ausdrückten (Jäger et al. 2005). Das durch die Bush-Administration geprägte Stichwort des präemptiven Eingreifens erwies sich als politischer Sprengsatz für die EU (Kamp 2005: 111ff.).

Interessanterweise erwiesen sich derartige Kontroversen als nachhaltige Motoren für die GSVP, als nämlich die britische Regierung, um eine von der EU unabhängige Initiative zu verhindern und den transatlantischen Zusammenhalt zu bewahren, Gespräche mit Paris und Berlin aufnahm, um die Reform der GSVP im Kontext der Verhandlungen über den EU-Verfassungsvertrag konstruktiv voranzutreiben.

12.2.3 Zurück zur Normalität der Unregelmäßigkeit – die GSVP als ‚fait accompli'

Nach dem Regimesturz in Bagdad waren die Regierungen auf beiden Seiten des Atlantiks bemüht, einen politischen Neuanfang in Angriff zu nehmen. Seitens der Bush-Administration implizierte dies ein Arrangement mit den europäischen Strukturen in der Sicherheits- und Verteidigungspolitik, die nun zunehmend positiv als Entlastungspotenzial für die NATO gesehen werden konnte (Larrabee 2011: 58). So konnte mit dem Beginn der Operation Althea in Bosnien-Herzegowina im Dezember 2004 die EU die Federführung für das Krisenmanagement in ihrem regionalen Umfeld übernehmen und damit Ressourcen der USA freisetzen, die andernorts dringender benötigt wurden. Da Althea als Operation nach dem Berlin-Plus-Abkommen durchgeführt wird, ist die NATO maßgeblich beteiligt und stellt mit dem DSACEUR den Operation Commander.

Zugleich wurden die Entwicklungen der Vertragsreform im Laufe der Jahre 2003/04 durchaus gelassen betrachtet, da sich nach den Zuspitzungen des Frühjahrs 2003 eine Kompromisslösung anbahnte, welche aus Washingtoner Sicht keine unmittelbare Infragestellung des Atlantischen Bündnisses implizierte. Mit dem Beitritt der mittelosteuropäischen Kandidatenländer 2004 sowie Bulgariens und Rumäniens 2007 waren zudem entschlossene Atlantiker in den Kreis der EU aufgenommen worden, die es erschweren sollten, in der Außen- und Sicherheitspolitik auf Konfliktkurs zu den USA oder zur NATO zu gehen (Müller-Brandeck-Bocquet 2006). Die Problematik der GSVP entschärfte sich damit zusehends, wenngleich die Relevanz des Themas litt. Aus der Sicht Washingtons verlagerte sich die Aufmerksamkeit in wachsendem Maße auf die in Ostasien bestehende Machtkonstellation, für die in erster Linie China von Interesse war.

Die Obama-Administration verstärkte diesen Prozess der Neuordnung US-amerikanischer Prioritäten und richtete ihre verteidigungspolitische Strategie noch deutlicher auf den asiatisch-pazifischen Raum aus, auch wenn sie die Rolle und Bedeutung der NATO weiterhin pflichtgemäß betonte. Der Bedeutungsverlust Europas für die globale Verteidigungsstrategie der Vereinigten Staaten setzte sich damit ungemindert fort.

Zugleich tarierte die US-Administration die Nuklearstrategie der Vereinigten Staaten neu aus. Die Verhinderung von Nuklearterrorismus und Proliferation wurde als erstrangiges Ziel genannt und die Abschreckung als zentraler Zweck des eigenen Nuklearwaffenarsenals herausgestellt. Dem Abbau weltweiter Nuklearwaffenbestände sollte künftig verstärkte Aufmerksamkeit gelten. Zugleich erklärten die USA, die eigenen Atomwaffen künftig nicht gegen Unterzeichner des Nichtverbreitungsvertrags einsetzen zu wollen, die nicht im Besitz von Nuklearwaffen sind.[27] Damit war die Bereitschaft zum nuklearen Erstschlag nicht gänzlich aufgegeben, wohl aber stärker limitiert worden.[28] Für die NATO besaß diese neue Richtung durchaus problematische Züge, da im Zuge der Debatte um das neue Strategische Konzept un-

27 Siehe hierzu „Analysts Divided Over New US Nuclear Weapon Strategy" von Meredith Buel, in: *Voice of America*, 8. 4. 2010.

28 Siehe „U.S. Keeps First-Strike Strategy, Obama Narrows the Range of Possible Targets in New National Nuclear-Weapons Policy" von Jonathan Weisman und Peter Spiegel, in: *The Wall Street Journal*, 6. 4. 2010.

terschiedliche Vorstellungen über die Bedeutung von Kernwaffen und die Relevanz der gegenseitigen Beistandsklausel sichtbar geworden waren. Die Position der USA als Garant der nuklearen Abschreckung der NATO und ihrer gegenseitigen Beistandsverpflichtung stand damit im Zentrum der Debatte.

12.3 Die GSVP und die NATO

12.3.1 Die NATO nach 1989 – Rollensuche einer erfolgreichen Allianz

Das Ende des Kalten Krieges hat die Atlantische Allianz zwar einerseits als Erfolg ihrer jahrzehntelangen Politik verbuchen können, zugleich wurde sie aber in eine ernsthafte Diskussion um ihren Fortbestand in einer Welt nach der Erosion der Bipolarität gestürzt (Meier-Walser 2005; Dembinski 2005). Mit der Notwendigkeit einer Begründung ihrer weiteren Existenz verbanden sich neue strategische Grundlagen, Aufgaben und eine reformierte Struktur. Den Beginn machte der NATO-Gipfel von Rom, der 1991 ein neues strategisches Konzept verabschiedete. Darin wurde das gewandelte sicherheitspolitische Umfeld mitsamt seinen Herausforderungen zur Kenntnis genommen, was auch die Allianz zwang, über das Spektrum der kollektiven Verteidigung nach Art. 5 des Nordatlantikvertrags hinauszugehen und breitere Aufgaben zu übernehmen. Instabilität als Ergebnis des Wandels oder gar des Zerfalls politischer, gesellschaftlicher und rechtlicher Ordnungen, ethnische Spannungen und Konflikte bis hin zu bürgerkriegsähnlichen Situationen bildeten die Folie, vor der die NATO-Staaten ihre neue Selbstpositionierung vornahmen. Konkretes Anschauungsmaterial boten die Folgen des Untergangs des früheren Ostblocks sowie angrenzender Staaten wie Jugoslawiens, das aufgrund seines multiethnischen Charakters in erhöhtem Maße fragil und konfliktanfällig war.

Allerdings waren der Befund einer veränderten Sicherheitslage und die Erkenntnis der Notwendigkeit einer angepassten Allianz nur Ausgangspunkte eines Wandels, welcher die NATO selbst in umfangreicher Weise betreffen würde. Ihre Struktur, ausgerichtet auf die massive territoriale Verteidigung des Bündnisgebietes, musste nun auf die Bewältigung neuer Konfliktformen ausgerichtet werden und damit flexiblere, mobilere und modernere Streitkräfte aufbieten, was für die Mitgliedstaaten erhebliche Anstrengungen und Lasten mit sich brachte. Ihr Einsatzbereich musste sich auf die Felder der Krisen- und Konfliktlösung ausweiten, mitsamt den damit erforderlichen Planungs-, Operations- und Ausrüstungskapazitäten. Schließlich galt es, das Verhältnis zu den ehemaligen Warschauer-Pakt-Staaten auf eine neue Grundlage zu stellen und eine europäische Sicherheitsarchitektur zu gestalten, welche künftig Stabilität und Frieden gewährleisten würde (Meier-Walser 2005: 28f.). Der NATO-Kooperationsrat, die Partnerschaft für den Frieden (PfP) und ein neues Verhältnis zu Russland bildeten hierbei die zentralen Elemente.

Auch die interne Balance zwischen den Partnern innerhalb der NATO musste neu austariert werden. Die Europäer forderten ein höheres Gewicht, ohne allerdings auf das Engagement und die Solidarität der USA auf dem Kontinent verzichten zu wollen. Damit war eine Reihe von Spannungsfeldern umschrieben, die in den 1990er und 2000er Jahren die politische, strategische, institutionelle und operative Entwicklung der NATO bestimmen sollten.

Im Jahr 1994 vollzog die NATO den Schritt zu einer Erweiterungsstrategie, welche 1999 mit Polen, Tschechien und Ungarn die ersten Neumitglieder in die Allianz führen sollte. Aus russischer Sicht stellte dieser Akt eine schwere Belastung des Verhältnisses zur Allianz dar. Mit der Zunahme der Mitglieder veränderte sich nicht zuletzt das strategische und politische Gefüge der NATO. Die Betonung der kollektiven Verteidigung, verbunden mit einer gehörigen Skepsis gegenüber neuen Aufgaben der Allianz im Rahmen des Krisenmanagements, zeichnete die neuen Bündnispartner ebenso aus wie eine enge Anlehnung an die USA und eine Zurückhaltung gegenüber den Bemühungen um eine größere Eigenständigkeit europäischer Strukturen. Das Konzept der Europäischen Sicherheits- und Verteidigungsidentität (ESVI), welches auf dem Brüsseler NATO-Gipfel 1994 proklamiert worden war, sollte es ermöglichen, innerhalb der Allianz einen gestärkten europäischen Pfeiler zu profilieren, welcher komplementär und nicht kompetitiv zu den bestehenden Strukturen und Ressourcen angelegt war. Mithilfe der Westeuropäischen Union (WEU) sollte die Ausbalancierung atlantischer Solidarität und europäischer Verantwortung institutionell und operativ verwirklicht werden.

Die WEU hatte 1992 im Rahmen der Petersberg-Aufgaben humanitäre Einsätze, Peacekeeping-Operationen sowie Frieden schaffende Maßnahmen zu künftigen Handlungsfeldern erklärt (Meier-Walser 2005: 31). Allerdings verfügte sie kaum über eigene Ressourcen und Fähigkeiten, die es ihr ermöglicht hätten, im Rahmen des Krisenmanagements aktiv zu werden.

Zu klären war daher im Einzelnen, in welchem Umfang und zu welchen Konditionen der WEU Zugriff auf Kapazitäten der NATO gewährt werden konnte. Diese Frage war Gegenstand harter Verhandlungen. Letztlich konnte sich die NATO auf dem Berliner Ratstreffen 1996 zu einem Kompromiss durchringen (Dembinski 2005: 70). Darin war vorgesehen, dass die WEU Zugriff auf Kapazitäten und Ressourcen der NATO erhalten kann, wenn sie Operationen im Krisenmanagement durchführt; ihre militärische Handlungsfähigkeit wurde damit letztlich durch die NATO gesichert – das Prinzip getrennter, aber nicht trennbarer Kapazitäten (Meiers 2000: 12).

Das 1996 ebenfalls auf dem Berliner Treffen des NATO-Rats verabschiedete Konzept der multinationalen Streitkräftekommandos, der Combined Joint Task Forces (CJTF), bildete ein Scharnier zwischen NATO und WEU und war darauf angelegt, den europäischen Partnern unter Rückgriff auf Kapazitäten und Ressourcen der Allianz Operationen im Rahmen des Krisenmanagements durchzuführen.

Der Prozess der politischen, strategischen und operativen Neuausrichtung der NATO wurde damit zu einer Daueraufgabe, welche 1999 im neuen strategischen Konzept eine weitere Wegmarke erhielt. Darin wurden die neuen, über Art. 5 hinausgehenden Missionen des Bündnisses ‚out of area' präzisiert, zugleich aber darauf verzichtet, das Agieren der NATO von einem Mandat der UN abhängig zu machen (Meier-Walser 2005: 33). Die ESVI wurde nunmehr als integraler Bestandteil des Bündnisses etabliert; die WEU fand sich als Bestandteil dieses Ansatzes ebenso erwähnt wie die Gemeinsame Außen- und Sicherheitspolitik der Europäischen Union, welche den Prozess einer gemeinsamen Verteidigungspolitik umfasse. Damit erkannte die NATO den Beitrag der EU für das Bündnis an, konnte aber auch die Einbettung der Bemühungen um einen stärkeren europäischen Pfeiler innerhalb der Allianz festhalten. Insgesamt betonte das strategische Konzept von 1999 den Charakter der NATO als Wertegemeinschaft und transatlantische Brücke.

Die Herausforderung der Allianz durch den Kosovo-Konflikt überschattete allerdings die Verabschiedung der neuen Strategie; die militärische Intervention der NATO auf dem Balkan stellte den Zusammenhalt und die Glaubwürdigkeit der Bündnispartner auf eine ernste Probe. Deutlich wurde, dass trotz der Bemühungen um die Profilierung der ESVI nur die USA eine militärische Intervention in Europa sicherstellen konnten. Die Durchführung des Kosovo-Einsatzes war weitgehend von den USA und ihren militärischen Fähigkeiten abhängig. Zugleich wuchs in Washington die Unzufriedenheit mit den Abstimmungs- und Konsultationserfordernissen innerhalb der Allianz.

Hatte die NATO sich im Kosovo-Konflikt trotz aller internen Spannungen als wirksames militärisches Bündnis dargestellt, so sollte sich in der Folge ihre Rolle keineswegs als gesichert erweisen. Nach den Terroranschlägen des 11. September 2001 wurde zwar erstmals der Bündnisfall nach Art. 5 des Nordatlantikvertrags ausgerufen, eine militärische oder politische Bedeutung kam der NATO allerdings nicht zu. Die USA zogen es vor, die Intervention in Afghanistan im Oktober 2001 aus eigener Kraft zu tragen und ließen begrenzt einzelne Bündnispartner auf bilateraler Basis direkte oder indirekte Unterstützung leisten. Hierfür mögen neben den politischen Erwägungen auch die Erfahrungen aus dem Kosovo-Konflikt ausschlaggebend gewesen sein, als die Interoperabilität der NATO-Partner (außer Großbritanniens und Frankreichs) mit den US-Streitkräften äußerst begrenzt war. Die von der Bush-Administration bevorzugte Koalition der Willigen führte jedenfalls zu Zweifeln an der Relevanz der NATO für die Vereinigten Staaten.

Mit dem Prager Gipfel von 2002 versuchte die NATO, die bisher festgestellten Mängel und Defizite frontal anzugehen und setzte verstärkte Bemühungen um eine Verbesserung ihrer militärischen Fähigkeiten in Gang. Mit dem Prague Capabilities Commitment (PCC) und im Besonderen dem Plan zur Schaffung einer NATO Response Force (NRF), die als schnelle Eingreiftruppe in der Lage sein sollte, in Krisen- und Konfliktsituationen zu agieren, sollte die zunehmende transatlantische Lücke hinsichtlich der militärischen Fähigkeiten geschlossen werden. Allerdings erwies sich dieser Anspruch als enorm ehrgeizig und war in den folgenden Jahren durch die europäischen Bündnispartner nicht einzulösen (Howorth 2009: 103).

Zu einer regelrechten Zerreißprobe kam es im Zuge der US-amerikanischen Vorbereitungen für eine Intervention im Irak 2002/03, der sich gewichtige NATO-Partner wie Frankreich und Deutschland widersetzten. Die politische Handlungsfähigkeit der Atlantischen Allianz war damit außer Kraft gesetzt, was allerdings auch für die Europäische Union galt, die in dieser Frage nicht minder zerstritten war und daher ebenso wenig eine gemeinsame Position definieren konnte. Erst nach dem Sturz des Regimes in Bagdad wurden verstärkte Bemühungen erkennbar, eine Spaltung innerhalb der NATO zu überwinden und dem Bündnis neue Aufgaben zuzuweisen. So übernahm die NATO 2003 die Führung der Internationalen Sicherheitsunterstützungstruppe (International Security Assistance Force, ISAF) in Afghanistan, die 2006 auf ein breiteres Operationsgebiet im Süden des Landes ausgeweitet wurde. Der Gipfel von Istanbul 2004 stimmte einer Ausbildungsmission für Sicherheitskräfte im Irak zu.

Nach dem Wahlsieg Nicolas Sarkozys 2007 vollzog sich zudem ein bemerkenswerter Wandel der französischen NATO-Politik. Die Rückkehr Frankreichs in die militärische Bündnisstruktur 2008 wurde als Stärkung der Atlantischen Allianz wahrgenommen und konnte die Spannungen zwischen einer europäischen und einer atlantischen Ausrichtung der NATO zu einem erheblichen Maße abbauen.

Das neue strategische Konzept, das sich die NATO 2010 nach intensiven und breiten Diskussionen gab, vollzog weitere Schritte zur Anpassung an die veränderte internationale Sicherheitslage (Varwick 2010). Vorausgegangen waren kontroverse Debatten zwischen den Bündnispartnern um die nukleare Strategie der Allianz und ihre künftige Ausrichtung (Larrabee 2011: 64). Neben dem Bereich der kollektiven Verteidigung will sich die Allianz künftig verstärkt dem Krisenmanagement und der kooperativen Sicherheit widmen. Insbesondere im Krisenmanagement sollen die Ressourcen und Instrumente vielfältiger werden und dabei zivile Aspekte nicht aussparen (Varwick 2010: 28). Damit könnten neue Konkurrenzen zur GSVP entstehen.

Angesichts der neuen strategischen Prioritäten, welche durch die US-amerikanische Administration unter Präsident Obama definiert wurden, ergab sich für die NATO das Problem der Konsensfindung zwischen sehr unterschiedlichen Vorstellungen über Kernaufgaben und Identität des Bündnisses. Gelöst werden konnte diese Frage durch das strategische Konzept nicht, vielmehr wurde ein Kompromiss gefunden, dem zwar alle Partner zustimmen konnten, der aber nicht die Dauerfrage nach der eigentlichen Mission und Rolle der NATO im 21. Jahrhundert beantwortete.

In der Libyen-Krise 2011 übernahm die NATO Ende März 2011 die Führung der internationalen Operation zur Durchsetzung eines Waffenembargos, einer Flugverbotszone und des Schutzes der Zivilbevölkerung und trug so maßgeblich zum Sturz des Gaddafi-Regimes bei. Vorausgegangen waren erhebliche interne Kontroversen über den Einsatz und seine Kommandostruktur (Göler/Jopp 2012: 274). Nur eine Minderheit der NATO-Staaten beteiligte sich unmittelbar an der Intervention, indirekt wurden allerdings durchaus Unterstützungs- und Entlastungsaufgaben durch NATO-Partner übernommen. Insbesondere Deutschland, Polen und die Türkei standen einem NATO-Einsatz kritisch gegenüber, akzeptierten letztlich aber das Vorgehen der Allianz. Die USA überließen zunehmend den europäischen Partnern die Federführung für die Umsetzung der Mission. Insbesondere Großbritannien und Frankreich hatten im Vorfeld energisch für ein Eingreifen gegen das Gaddafi-Regime plädiert und trugen die Hauptlast der Einsätze (Koenig 2011).

Trotz der letztlich uneinheitlichen Positionierung der Bündnispartner und zahlreicher operativer Mängel gelang es der NATO im Oktober 2011, ihre Mission erfolgreich zu beenden. Letztlich hatte sie in der Libyen-Frage ihre Fähigkeit zur Durchführung anspruchsvoller militärischer Einsätze im Konfliktmanagement unter Beweis gestellt und war dabei wesentlich auf die Beiträge Großbritanniens und Frankreichs als den militärisch führenden europäischen Staaten angewiesen gewesen.

12.3.2 Die NATO und die GSVP – Annäherung mit Hindernissen

Von Anbeginn bildete das Verhältnis zur NATO eines der zentralen und zugleich spannungsreichen Themen für die GSVP (Dembinski 2005; Howorth 2009). Hinter den technischen und taktischen Arrangements standen dabei immer ungeklärte Grundsatzfragen, die auf beiden Seiten des Atlantiks Misstrauen aufkommen ließen. Aus Sicht der NATO mag die Existenz einer eigenen europäischen Sicherheits- und Verteidigungspolitik als geradezu redundantes Bemühen erschienen sein (Howorth 2009: 100). Womöglich eine kollektive Verteidigung ohne die nukleare Garantie der USA anzustreben, erschien als geradezu übermütig. Seit 1994 war zudem das Konzept einer Europäischen Sicherheits- und Verteidigungsidentität (ESVI) innerhalb der Allianz akzeptiert worden, das den europäischen Partnern Freiräume zur Durchführung von Operationen einräumte, solange dies unter dem Dach der NATO geschehen würde. Mit der WEU als Instrument der ESVI wäre der europäische Pfeiler der NATO gestärkt worden.

Die Entstehung der GSVP hat diese – letztlich atlantisch verankerte – Architektur allerdings regelrecht durcheinandergebracht. Auf Seiten der EU wiederum waren nicht zuletzt Unsicherheiten über die Zukunft der NATO und das Engagement der USA in Europa nach dem Ende des Kalten Krieges ernst zu nehmende, wenngleich nicht die einzigen Motive für die Entscheidung zur Schaffung der GSVP (Howorth 2009: 100). Festzuhalten bleibt daher, dass beide Konzepte – ESVP/GSVP und ESVI – keineswegs deckungsgleich waren und sich auch nicht historisch schlichtweg ablösten. Vielmehr stehen sie für unterschiedliche Projekte und Ansätze, die teils in einer Verbindung zueinander standen, teils aber unabhängig voneinander waren (Howorth 2009: 99).

Im neuen strategischen Konzept der NATO von 2010 findet sich die ESVI nicht mehr erwähnt, stattdessen wird nunmehr ausdrücklich auf den Vertrag von Lissabon verwiesen und darüber hinaus sogar die Perspektive einer europäischen Verteidigung angesprochen: „NATO recognizes the importance of a stronger and more capable European defence" (North Atlantic Council 2010: Nr. 32). Konkrete Linien einer Arbeitsteilung oder komplementärer Aufgabenerfüllung von GSVP und NATO werden allerdings nicht angeboten. Ebenso wenig sind bisher sonderlich dichte oder effektive institutionelle Kontakte und Kooperationsformen zwischen der EU und der NATO entwickelt worden. Beide Organisationen führen ihr Eigenleben, ohne die jeweils andere Seite grundlegend in ihr Kalkül einzubinden. Zusammenarbeit vollzieht sich primär auf einer Ad-hoc-Grundlage, selbst wenn die Voraussetzungen für ein vertieftes Zusammenwirken durchaus gegeben wären.

Dabei bestand von Anbeginn ein neuralgischer Punkt der Debatte darin zu bestimmen, welchen Grad an Autonomie die GSVP im Verhältnis zur NATO genießen würde. Für Frankreich stand fest, dass die Europäer in der Lage sein mussten, selbst darüber zu entscheiden, ob und wie sie sich im Krisenmanagement engagieren. Dies beinhaltete die Möglichkeit, eine Operation nach eigenem Ermessen autonom – ohne Rückgriff auf die NATO – durchzuführen. Die britische Position dagegen betrachtete die NATO als präferierte Wahl, und nur für den Fall, dass die Allianz als Ganzes nicht engagiert sein würde, sollte die GSVP aktiv werden. Weiterhin war es für die Atlantiker in der EU entscheidend, dass Operationen im Regelfall unter Nutzung der Ressourcen und Kapazitäten der Allianz umgesetzt werden sollten (Howorth 2000b).

Von der Grundidee entspricht der Rückgriff der GSVP auf Kapazitäten und Ressourcen der NATO im Falle einer militärischen Operation – die Mission Althea in Bosnien bietet hier das aktuelle Beispiel – dem seinerzeit in der ESVI für die WEU vorgesehenen Verfahren. Dies war im Falle Bosniens aus verschiedenen Gründen auch naheliegend. Zum einen wäre die EU 2003 noch nicht in der Lage gewesen, eine derart umfangreiche Operation aus eigener Kraft zu stemmen, zumal auf Seiten der NATO die entsprechende Infrastruktur vorhanden war. Der Europäische Rat von Laeken hatte Ende 2001 der GSVP lediglich eine eingeschränkte Einsatzfähigkeit attestiert. Zum zweiten wäre es ebenso fahrlässig gewesen, die Erfahrungen, welche die NATO im Rahmen der SFOR-Mission gewonnen hatte, schlichtweg zu ignorieren. Ähnlich wie im Falle der Operation Concordia in Mazedonien folgte die GSVP mit Althea einer NATO-Mission (SFOR). Auf Seiten der Allianz waren eingespielte Kommando- und Kommunikationsroutinen sowie Kenntnisse der Situation in Bosnien-Herzegowina vorhanden, die nun für die EU genutzt werden konnten.

Die Möglichkeit, die Mission Althea in Zusammenarbeit mit der NATO durchführen zu können, beruht auf dem Berlin-Plus-Abkommen von 2003 (Dembinski 2005: 68ff.). Vorbild und Vorläufer hierfür waren die seit 1994 geschlossenen Vereinbarungen der NATO mit der WEU, welche durch die Entwicklung der GSVP nunmehr obsolet geworden waren.

Mit der umfassenden Rahmenvereinbarung für die dauerhafte Zusammenarbeit zwischen der EU und der NATO, die am 17. März 2003 vom Hohen Repräsentanten der EU, Solana, und dem NATO-Generalsekretär Robertson unterzeichnet wurde, war es möglich, in letzten Punkten Klarheit zu schaffen. Bereits im Dezember 2002 hatten beide Seiten in einer gemeinsamen Erklärung eine grundlegende Einigung über ihre Kooperation erzielt.

Mit den nunmehr verabschiedeten Übereinkünften konnten die jahrelang in der Schwebe befindlichen Fragen des Zugriffs der EU auf die Ressourcen der NATO und das beiderseitige Zusammenwirken geregelt werden. Damit kann die NATO in Einsätzen, in denen die Allianz als Ganze nicht beteiligt ist, ihren Einfluss weiterhin geltend machen und zudem verhindern, dass sich die EU allzu selbständig mit eigenen Kapazitäten im Bereich der Planung und Führung von militärischen Operationen versorgt.

Dieses insgesamt als Berlin-Plus-Vereinbarung bezeichnete Paket sah im Kern drei Kooperationsfelder vor, in denen die GSVP und die NATO künftig verlässlich und strukturiert aufeinander Bezug nehmen konnten, wenn die Vorbereitung und Umsetzung einer militärischen Operation anstand (Arnaud et al. 2008: 16; Dembinski 2005: 74ff.):

— den Zugang der EU zu Planungen der NATO;
— die Option eines NATO-geführten europäischen Kommandos;
— die Nutzung von NATO-Mitteln und -Fähigkeiten.

Die NATO sichert der EU die Möglichkeit zu, Planungskapazitäten der NATO in Anspruch zu nehmen; schon bevor sich eine Operation abzeichnet, kann die NATO die Planungen im EU-Militärstab durch Elemente des SHAPE verstärken und bei der Erarbeitung der militärisch-strategischen Optionen Unterstützung leisten. Sollte letztlich beschlossen werden, dass die Operation im Zusammenwirken der EU mit der NATO durchgeführt wird, stellt die NATO die operative Planung bereit.

Im Falle einer militärischen Operation kann die EU um die Option für ein NATO-geführtes europäisches Kommando ersuchen. In diesem Fall ist der Deputy SACEUR der erstrangige Kandidat für die Position des operativen Befehlshabers (Operation Commander), der den Einsatz vom Alliierten Hauptquartier der NATO für Europa (SHAPE) als operativem Hauptquartier befehligen wird. Weitere Elemente für operativ-taktische oder taktische Hauptquartiere können durch die EU oder die NATO gestellt werden.

Schließlich kann die EU um die Bereitstellung konkreter Ressourcen und Fähigkeiten ersuchen. Hierzu hatte die NATO eine Liste von Elementen aufgesetzt, die sie mit großer Wahrscheinlichkeit zur Verfügung stellen würde. Insbesondere Kapazitäten im Bereich Command und Control (C2) sowie die AWACS-Flotte der NATO spielten dabei eine zentrale Rolle (Arnaud et al. 2008: 16). Begleitet wurde diese Aufstellung durch die Definition von Verhaltens- und Nutzungsregeln, die im Falle einer Operation anhand einer konkreten Vereinbarung zwischen der EU und der NATO jeweils abzusichern waren.[29]

Im weiteren Verlauf des Jahres 2003 führte die Kontroverse um ein autonomes EU-Hauptquartier dazu, dass sich die EU-Staaten darauf einigten, die europäischen Planungs- und Befehlsstrukturen zu stärken und zugleich besser atlantisch zu verknüpfen (Dembinski 2005: 77f.). Die zivil-militärische Planungs- und Führungszelle beim EUMS sowie die parallele Einrichtung einer Planungszelle bei der NATO, an der sich – außer Dänemark – sämtliche EU-Staaten beteiligen, bot die Möglichkeit einer konkreten, wenngleich bescheidenen Verbesserung der operativen Rahmenbedingungen der GSVP.

Mit den militärischen Einsätzen der EU in Mazedonien (Concordia) im Jahre 2003 sowie in Bosnien (Althea) seit 2004 wurden die Berlin-Plus-Vereinbarungen praktisch relevant. Nach anfänglichen Unstimmigkeiten und Friktionen haben sich in der Führung der Operation Althea mittlerweile routinierte und effiziente Beziehungen entwickelt. Zypern beteiligt sich weder an Einsätzen der EU nach der Berlin-Plus-Vereinbarung noch an Sitzungen zwischen der EU und der NATO oder EU-internen Gremien, in denen von der NATO klassifizierte Themen behandelt werden, da es kein Sicherheitsabkommen mit der NATO geschlossen hat (Arnaud et al. 2008: 16).

Der DSACEUR als Operation Commander der Mission Althea berichtet regelmäßig dem Politischen und Sicherheitspolitischen Komitee über den Verlauf der Operation und dient zugleich als Verbindungspunkt des PSK zum Nordatlantikrat (Howorth 2009: 96). Der Generalsekretär der NATO und der/die Hohe Repräsentant/in für die Außen- und Sicherheitspolitik treffen sich etwa monatlich, um über aktuelle Fragen zu sprechen. Im Operations-

29 Demnach galt die Garantie des Zugriffs auf Planungskapazitäten nur mit dem Vorbehalt, dass die NATO diese Strukturen nicht selbst benötigte; zudem behielt sich die NATO vor, die zur Verfügung gestellten Kapazitäten im eigenen Bedarfsfall zurückzufordern (Dembinski 2005: 75).

gebiet in Bosnien-Herzegowina wiederum gibt es Verbindungsteams zwischen beiden Organisationen sowie eine Vielzahl täglicher Kontakte und Begegnungen (Howorth 2009: 96).

Regelmäßige Beziehungen bestehen zudem zwischen dem PSK und dem Nordatlantikrat, den Militärausschüssen beider Organisationen sowie den politisch-militärischen Arbeitsgruppen (Arnaud et al. 2008: 16). Der/die Hohe Vertreter/in für die Außen- und Sicherheitspolitik und der NATO-Generalsekretär stehen ebenfalls in Kontakt zueinander. Trotz der mittlerweile vielfältigen Begegnungen und Austauschmöglichkeiten hat sich aber bislang nicht das Bild zweier eng abgestimmter Organisationen ergeben. Vielmehr stehen und agieren NATO und EU eher neben- als miteinander. Ob sich nach der Operation Althea in Bosnien künftig nochmals eine NATO-gestützte GSVP-Operation auf Grundlage der Berlin-Plus-Vereinbarung ergeben wird, erscheint derzeit unsicher (Howorth 2009: 97). Und nicht zuletzt schwächt die Blockadepolitik der Türkei gegenüber Zypern die Handlungsfähigkeit der GSVP wie auch der NATO.

12.4 Die GSVP im transatlantischen Kontext – die dreifache Asymmetrie

Die Beziehungen zwischen der EU und der NATO im Bereich der Sicherheits- und Verteidigungspolitik sind durch drei Asymmetrien geprägt, die sich je in eigener Weise und Ausprägung seit 1989 verstärkt haben:

- Die politische Asymmetrie zwischen den USA und der EU liegt in den unterschiedlichen politischen Systemen und der Kohärenz der Partner auf beiden Seiten des Atlantiks begründet. Durch die Erweiterung ist die EU – und damit die GSVP – heterogener und komplexer geworden, eine einheitliche Linie in außen-, sicherheits- und verteidigungspolitischen Fragen bleibt dem Konsens der Mitgliedstaaten unterworfen. Auch wenn die Vielfalt und der pluralistische Charakter des US-amerikanischen Systems nicht unterschätzt werden darf, findet sich hier doch ein erheblich höheres Maß an Zentralisierung und Konzentration der Entscheidungsfindung.
- Die zweite Asymmetrie ist militärischer Natur und beschreibt die wachsende Kluft zwischen den Kapazitäten der EU-Staaten und denen der USA. Diese Lücke ist sowohl für die NATO wie die GSVP insofern ein Problem,

als sich damit Fragen der Interoperabilität der Streitkräfte stellen, welche nicht durch politische Absichtserklärungen kompensiert werden können. Diese Konstellation ist nicht neu, sie kann sich aber aufgrund der auch künftig zu erwartenden Notwendigkeit zu Kriseninterventionen als faktisch blockierend erweisen.

— Eine strategische Asymmetrie, welche die vitalen sicherheitspolitischen Interessen und die daraus abgeleiteten Handlungsorientierungen zunehmend problematischer erscheinen lässt. Die Hinwendung der USA zum pazifisch-asiatischen Raum mit China und Indien ist dabei nicht als bewusster Affront gegen Europa zu verstehen, sondern stellt schlicht die veränderten Gewichte im globalen Maßstab in Rechnung. Diese unterschiedliche Sichtweise ist allerdings nicht gänzlich neu. Schon zu Zeiten des Kalten Krieges bestand zwar eine enge Allianz, die sich gegen den Warschauer Pakt aufstellte und damit ein klares Profil und eine präzise Mission besaß, doch war schon damals die NATO für die meisten europäischen Partner unverzichtbar für die Verteidigung; für die USA war sie nützlich und hilfreich, nicht jedoch unersetzbar. Aus eigener Kraft wären die USA stets in der Lage gewesen, sich zu verteidigen.

Weiterführende Literatur

Howorth, J. (2009). NATO and ESDP. Institutional Complexities and Political Realities, in: *Politique étrangère* 5, 95–106.

Varwick, J. (Hg.) (2005). *Die Beziehungen zwischen NATO und EU. Partnerschaft, Konkurrenz, Rivalität?*, Opladen: Budrich.

13 Die internationale Verflechtung der GSVP

13.1 Die GSVP und die UNO – Multilateralismus auf globaler Ebene

Die GSVP ist seit ihrem Bestehen immer enger mit anderen internationalen Organisationen in einen kooperativen Dialog eingetreten. Von zentraler Bedeutung ist hierbei die UNO, die in verschiedener Hinsicht als relevanter Partner gelten kann (Gowan 2009; Arnaud et al. 2008: 17):

— Militärische Operationen der GSVP bedürfen einer völkerrechtlichen Legitimierung, die wesentlich durch die UNO bereitgestellt wird. Bislang beruht jede militärische EU-Mission in diesem Bereich auf einer Resolution des UN-Sicherheitsrates. Zudem wurde die EU in der Vergangenheit mehrfach durch die UN aufgefordert, aktiv zu werden.

— EU-Missionen haben sich in der Vergangenheit nicht zuletzt als Überbrückung für UN-Operationen durchführen lassen. Dies bot den doppelten Vorteil, eine legitimatorische Unterfütterung für das Vorgehen der GSVP zu bieten und zugleich die Dauer und den Auftrag der EU-Mission auf überschaubare Dimensionen zu begrenzen.

— Schließlich konnte die EU damit für die UNO ihre Bedeutung und Relevanz herausstellen und so internationales Renommee gewinnen. Zum Teil ist sie sogar Opfer ihres eigenen Erfolges geworden, als vor dem Hintergrund erfolgreich bestandener Missionen weitere Anfragen und Wünsche an die EU herangetragen wurden, die sie zu erfüllen kaum imstande war.

In der Europäischen Sicherheitsstrategie von 2003 und dem Bericht zu ihrer Umsetzung wird die Unterstützung der EU für die UN betont. Ausgehend vom Konzept des effektiven Multilateralismus sollte zum Ausdruck gebracht werden, dass neben vielfältigen Abstimmungs- und Kooperationsprozessen am Ende konkrete Ergebnisse erzielt werden müssen (Gowan 2009).

Im Umsetzungsbericht zur Sicherheitsstrategie wird für die EU beansprucht, eine „führende Rolle bei einer Erneuerung der multilateralen Ordnung" (Rat der Europäischen Union 2008e: 2) zu spielen. Zwar bleiben die Grundprinzipien der UN-Charta – wie im Übrigen auch die Grundsätze und Verpflichtungen der OSZE – zentrale Orientierungspunkte des Handelns der Europäischen Union, doch wird zugleich anerkannt, dass die bestehenden Mechanismen allein nicht ausreichend effizient und effektiv wirken.

Zwischen 2003 und 2007 intensivierten EU und UN ihre Kontakte und schufen eine Reihe von institutionalisierten Foren, in denen ein Austausch zu Fragen der internationalen Sicherheit und des Krisenmanagements stattfand (Gowan 2009: 118). Am 24. September 2003 und am 7. Juni 2007 verabschiedeten die EU und die UN gemeinsame Erklärungen zum Krisenmanagement und legten damit die Grundlage für die militärischen und zivilen Kontakte beider Organisationen (Arnaud et al. 2008: 17). Zweimal jährlich kommt das EU-UN Steering Committee zusammen, an dem Vertreter des EAD, der Kommission sowie des UN Departments of Peacekeeping Operations (DPKO) teilnehmen. Der Under Secretary General for Peacekeeping Operations der UN nimmt durchschnittlich ca. zweimal jährlich an Sitzungen des PSK teil, daneben pflegen weitere Beamte der UN regelmäßige Kontakte zum Komitee (Arnaud et al. 2008: 17).

Der Druck, den die UN auf die EU aufbaute, um insbesondere im Kongo aktiv zu werden, führte allerdings im Gegenzug zu politischen Abwehrreaktionen einzelner Mitgliedstaaten. So wurde die Übernahme der Operation EUFOR DR Congo auf Ersuchen der UN in einigen Hauptstädten als wenig hilfreich angesehen. Vor allem Deutschland beklagte die unkontrollierbare Dynamik solcher Anfragen, denen sich die EU zunehmend ausgesetzt sah (Gowan 2009: 120). Die Gemeinsame Erklärung von 2007 sah entsprechend einen besser strukturierten Dialog vor, wurde aber letztlich nie effektiv umgesetzt.

Auch vor Ort ergaben sich zwischen EU- und UN-Missionen immer wieder Spannungen. So wurden im Kongo zwischen der EUSEC DR Congo und der MONUC Mission der UN Auseinandersetzungen um die angewandten Methoden und Instrumente bei der Reform des Sicherheitssektors geführt (Gowan 2009: 121). Solche Friktionen bildeten zwar nicht den Regelfall, doch offenbart sich jenseits der kooperativen Rhetorik auf der politischen Ebene ein erheblicher Bedarf an konkreter Abstimmung im Einsatz, der nicht ausreichend durch bestehende Arrangements gedeckt ist.

13.2 Die GSVP und Afrika – Partner und Problem?

Mit dem afrikanischen Kontinent verbindet die GSVP nicht nur eine Anzahl von bisher durchgeführten oder noch laufenden militärischen wie zivilen Missionen, sondern auch eine besondere Aufmerksamkeit und Relevanz (Helly 2009a). Schon in der Erklärung von Saint-Malo ließen der französische Präsident und der britische Premier ihr Interesse an Problemlösungen in Afrika deutlich werden und kündigten hierzu ein gemeinsames Vorgehen an. So ist es kein Zufall, dass neben dem Balkan, wo die zahlenmäßig stärkste Präsenz der GSVP zu verzeichnen ist, Afrika den Fokus des europäischen Krisenmanagements bildet.

Seit 2003 hat die EU in der Demokratischen Republik Kongo, im Sudan, im Tschad und Zentralafrika, in Guinea-Bissau und in Somalia Missionen des militärischen oder zivilen Krisenmanagements durchgeführt (Martinelli 2008: 111ff.). Aktuell laufen Einsätze im Kongo (EUPOL RD Congo und EUSEC RD Congo) und in Somalia (EUTM Somalia und EUNAVFOR Somalia).

Aber lange vor der operativen Tätigkeit der GSVP stand Afrika im Fokus europäischer Außenbeziehungen. Im Bereich der Entwicklungszusammenarbeit bilden die Staaten Afrikas, der Karibik und des pazifischen Raums (AKP-Staaten) seit den 1970er Jahren eine zentrale Achse der EU-Politik. Das Cotonou-Abkommen zwischen der EU und den AKP-Staaten beinhaltet die Schaffung einer African Peace Facility (APF) und ist damit der Stabilisierung und Befriedung des afrikanischen Kontinents in besonderer Weise verpflichtet (Helly 2009a: 147). Mit der Gründung der Afrikanischen Union 2002 und dem ersten EU-Afrika-Gipfel in Kairo 2000 ist zudem eine institutionelle Beziehung entstanden. Im Jahr 2007 wurde eine strategische Partnerschaft EU-Afrika begründet, die eine Reihe von Kooperationsfeldern in sogenannten Partnerschaften umfasst, darunter auch Fragen der Sicherheit und der Friedenswahrung (Arnaud et al. 2008: 18). Ziel der Friedens- und Sicherheitspartnerschaft ist die Stärkung der afrikanischen Kapazitäten im Bereich der Prävention, Bewältigung und Lösung von Konflikten, wie sie im EU-Aktionsplan für das Krisenmanagement in Afrika vom Mai 2007 bereits niedergelegt war und nun in den neuen Rahmen Eingang fand (Arnaud et al. 2008: 18). Zentrale Instrumente hierzu sind das Recamp- und das Amani-Programm der EU, welche zum Teil frühere französische Projekte fortführen und sich auf den Kapazitätsaufbau und die Ausbildung, Schulung und Unterstützung afrikanischer Kräfte im Krisenmanagement konzentrieren.

Der Beitrag der EU dient vor allem dazu, den Plan einer afrikanischen Standby Force (ASF) zu forcieren, welche als Teil der afrikanischen Friedens- und Sicherheitsarchitektur (African Peace and Security Architecture, APSA) dienen soll (Center for Security Studies 2010). Die Vielzahl an Initiativen und Programmen, die sich mittlerweile im afrikanischen Raum verdichten, darf allerdings nicht über die nur recht langsame und mühsame Realisierung der Vorhaben hinwegtäuschen. Die ASF sollte bis Juli 2010 aufgestellt und einsatzbereit sein; das Ziel konnte allerdings zum angestrebten Zeitpunkt nicht vollständig verwirklicht werden. Während die vorgesehenen regionalen ASF-Brigaden im südlichen, westlichen und östlichen Afrika bereits gute Fortschritte machten, ließen sich im nördlichen und zentralen Raum keine nennenswerten Ergebnisse erzielen (Center for Security Studies 2010: 3).

Die Stoßrichtung der EU-Strategie für Afrika scheint deutlich in der Regionalisierung des Krisenmanagements zu liegen, die sich sowohl kontinental wie subregional konkretisieren soll (Center for Security Studies 2010: 2). Dies könnte letztlich darauf hinauslaufen, künftig auf EU-Einsätze zugunsten eigener regionaler Kräfte, die durch die UN und die Afrikanische Union legitimiert sind, zu verzichten. Auch wenn der Weg zu diesem Ziel trotz der zahlreichen und farbenfrohen Initiativen noch weit sein mag, werden die Weichen bereits gestellt.

Weiterführende Literatur

Gowan, R. (2009). ESDP and the United Nations, in: G. Grevi/D. Helly/D. Keohane (Hg.), *European Security and Defence Policy. The First 10 Years (1999–2009)*, Paris: EU Institute for Security Studies, 117–126.

Helly, D. (2009). ESDP and the African Union, in: G. Grevi/D. Helly/D. Keohane (Hg.), *European Security and Defence Policy. The First 10 Years (1999–2009)*, Paris: EU Institute for Security Studies, 147–157.

14 Die Strategien in der GSVP

14.1 Die Europäische Sicherheitsstrategie

Auf dem Höhepunkt der EU-internen Auseinandersetzungen um eine Beteiligung an der US-Intervention im Irak 2003 verfolgte die Union das Ziel, ihre strategischen Grundlagen in Form einer Sicherheitsstrategie festzuhalten und damit den Eindruck zu widerlegen, ihre Außen- und Sicherheitspolitik entbehre einer Gemeinsamkeit unter den beteiligten Staaten. Mit der Vorbereitung und Ausarbeitung der Strategie wurde der Hohe Vertreter für die GASP, Javier Solana, beauftragt. Im Dezember 2003 konnte der Text nach einigen Vorläufen und Entwürfen, die intensiv diskutiert worden waren, durch den Europäischen Rat verabschiedet werden (Algieri 2010: 113; Arnaud et al. 2008: 8; Heise/Schmidt 2005: 65ff.).

Die strategische Dimension der GSVP ist durch einen Pluralismus an konzeptionellen, planerischen und methodischen Vorgaben gekennzeichnet, die sich nicht schlichtweg durch ein einziges Dokument erfassen lassen. So stellt die Europäische Sicherheitsstrategie (European Security Strategy, ESS) sicherlich einen weithin akzeptierten Referenzpunkt innerhalb der EU dar, der auch für die GSVP wegweisend wirkt, dabei aber kaum als alleinige Grundlage für operative oder taktische Planungen dienen kann (Heise/Schmidt 2005: 67). Vielmehr stellt sie den Konsens innerhalb der Union hinsichtlich der grundlegenden Bedrohungen ihrer Sicherheit und der Methoden zu deren Bewältigung fest (Rehrl/Weisserth 2010: 21ff.). Neben der ESS hat die EU eine Strategie für die innere Sicherheit verabschiedet (Rat der Europäischen Union 2010e). Schließlich gibt es daneben noch eine Anzahl von strategischen Dokumenten über das Verhältnis zu bestimmten Drittstaaten und Regionen (z. B. Afrika, Naher Osten, Kaukasus) oder thematischen Schwerpunkten (Terrorismus, Massenvernichtungswaffen, Schutz der Menschenrechte). Diese Vielfalt an strategischen Dokumenten erleichtert allerdings das internationale Handeln der EU nur bedingt, da sich weiterhin immer auch die nationalen Sicherheits- und Verteidigungspolitiken einbringen und das Handeln der GSVP bestimmen.

Die Sicherheitsstrategie der EU zeigt durchaus eigene Akzente. Sie mahnt grundsätzlich eine aktivere Rolle der EU bei der Verfolgung ihrer strategischen Ziele an und setzt dabei auf die gesamte Bandbreite ihrer zivilen wie militärischen Instrumente. Als Hauptbedrohungen werden der Terrorismus, die Verbreitung von Massenvernichtungswaffen, regionale Konflikte, gescheiterte Staatlichkeit und organisierte Kriminalität genannt (Arnaud et al. 2008: 9). Damit bewegte sich der von Javier Solana erarbeitete Text durchaus eng an der NATO-Bedrohungsanalyse sowie an den strategischen Grundlagen der mitgliedstaatlichen Sicherheitspolitik.

Auch die Betonung der notwendigen Fähigkeit zu frühzeitigem, raschem und nötigenfalls robustem Eingreifen, eingeschlossen die Option präventiven Engagements, scheint transatlantische Bezüge aufzuweisen (Europäische Sicherheitsstrategie 2003: 7). Ursprünglich war im Entwurf der Sicherheitsstrategie von der Möglichkeit „präemptiven" Handelns die Rede, bis diese Formulierung (die von Großbritannien favorisiert worden war) auf Druck einiger Mitgliedstaaten aufgegeben werden musste (Rieke 2005: 104). Drei strategische Ziele der EU werden folgendermaßen definiert (Europäische Sicherheitsstrategie 2003: 6ff.):

— die Abwehr von Bedrohungen;
— die Stärkung der Sicherheit in der europäischen Nachbarschaft;
— die Mitwirkung am Aufbau einer Weltordnung auf der Grundlage eines wirksamen Multilateralismus.

Die Abwehr von Bedrohungen bedarf laut ESS eines neuen Konzepts der Selbstverteidigung, das nicht mehr im herkömmlichen Sinne von einer Invasion ausgehe, dessen erste Frontenlinie vielmehr im Ausland liege und dessen Instrumente nicht mehr rein militärischer Natur sein dürfen (Europäische Sicherheitsstrategie 2003: 7). Hier wird eine klare Verknüpfung von Einsätzen im militärischen und zivilen Krisenmanagement mit dem Konzept der Verteidigung hergestellt, das in einem umfassenden Sinne verstanden Bedrohungen und Risiken dort begegnen müsse, wo sie entstehen, bevor sie für die EU imminente Wirkungen entfalten können.

Das zweite strategische Ziel, die Stärkung der Sicherheit in der europäischen Nachbarschaft, offenbart einen deutlich regionalen Fokus der ESS, ohne damit den Anspruch auf globale Konflikt- und Krisenbewältigung aufzugeben. Der Mittelmeerraum und Nahe Osten, der Balkan und der Südkaukasus bilden laut ESS Schwerpunkte des sicherheitspolitischen Handelns der EU (Europäische Sicherheitsstrategie 2003: 7f.), was auch dem Konzept der Nachbarschaftspolitik, welches die Union in Bezug auf ihr mediterranes und osteuropäisches Umfeld entwickelt hat, Rechnung trägt. Interessanterweise ist Afrika in der ESS trotz der Erwähnung einzelner Konfliktherde nicht als prioritäres Ziel europäischer Sicherheitspolitik ausgewiesen worden, obwohl seit 2003 verschiedene militärische und zivile Missionen dort durchgeführt wurden und der Kontinent zu dem deutlichen Schwerpunkt der GSVP außerhalb Europas avancierte.

Das dritte strategische Ziel, das auf eine neue Weltordnung mithilfe eines wirksamen Multilateralismus abhebt, findet seinen Ausdruck insbesondere in der Achtung des Völkerrechts und der Stärkung der Vereinten Nationen, aber auch in der Verdichtung eines institutionellen Geflechts, das die EU eng mit ihren Partnern innerhalb der NATO und anderen regionalen Organisationen (OSZE, ASEAN, MERCOSUR) verbindet. Zudem wird auf die Bedeutung demokratischer Regierungsformen und verantwortungsvoller Staatsführung hingewiesen und denjenigen Ländern, die sich dauerhaft von der internationalen Gemeinschaft abkehren, mit Konsequenzen gedroht (Europäische Sicherheitsstrategie 2003: 10).

Angemahnt werden abschließend eine stärkere Aktivität der EU zur Erreichung ihrer strategischen Ziele, eine verbesserte Handlungsfähigkeit, höhere Kohärenz sowohl inner- wie außerhalb der EU und die intensivere Zusammenarbeit mit internationalen Partnern (Europäische Sicherheitsstrategie 2003: 11ff.). Die Sicherheitsstrategie fordert hierfür den Umbau der europäischen Streitkräfte in mobile und flexible Einsatzkräfte; zudem könnten durch systematische Zusammenlegung und gemeinsame Nutzung von Mitteln erhebliche Kosten gesenkt und damit die Kapazitäten mittelfristig verbessert werden (Europäische Sicherheitsstrategie 2003: 13).

Die EU soll zugleich in der Lage sein, mehrere dieser Operationen gleichzeitig durchzuführen. Aus dieser Fokussierung der Sicherheitsstrategie ließe sich ein konzentrierteres Operationsspektrum ableiten, als es im EU-Vertrag und noch deutlicher in den Formulierungen des Entwurfs eines EU-Verfassungsvertrags zu finden ist.

Nach fünf Jahren zog der Rat eine erste Bilanz der Umsetzung der Sicherheitsstrategie und skizzierte den Bedarf für Anpassungen (Rat der Europäischen Union 2008e). Ohne eine grundlegend neue Richtung aufzuzeigen, werden verschiedene Aspekte der Sicherheitsstrategie im Hinblick auf aktuelle Entwicklungen angepasst und erweitert. So finden sich nunmehr innerhalb der Liste der Bedrohungen die Cyberkriminalität und die Energiesicherheit eigens gewürdigt, während die Relevanz von Bedrohungen wie der Seeräuberei und des Klimawandels eingehender herausgestellt wird (Rat der Europäischen Union 2008e: 5ff.). Im Rahmen von Überlegungen zum Zusammenhang von Entwicklung und Sicherheit werden zudem die afrikanischen Schauplätze des europäischen Krisenmanagements ausführlicher behandelt.

Dem Bericht ist die Auswertung der Erfahrungen im europäischen Krisenmanagement seit 2003 deutlich abzulesen. Desiderate bestehen insbesondere in Fragen der militärischen wie der zivilen Handlungsfähigkeit, und zwar nicht nur im Hinblick auf das verwendete Material und die Ausrüstung, sondern auch hinsichtlich der Humanressourcen. Die Schulung und Ausbildung geeigneten Fachpersonals, die kurzfristige Einsatzfähigkeit der vorgesehenen Kräfte und die Interoperabilität zwischen den Angehörigen unterschiedlicher nationaler Kontingente bilden zentrale Herausforderungen bei der Durchführung von Einsätzen der GSVP (Rat der Europäischen Union 2008e: 10). Gerade diese Punkte hatten sich – neben dem Mangel an strategischen Fähigkeiten – als ebenso zuverlässige wie hartnäckige Defizite des EU-Krisenmanagements erwiesen. Auffällige Züge nimmt der Bericht an, wenn er im Rahmen der Bemühungen um einen wirksamen Multilateralismus die Zusammenarbeit der EU mit den USA als dem wichtigsten Partner hervorhebt und beide als „Streiter für das Gute in der Welt" (Rat der Europäischen Union 2008e: 11) tituliert. Eine derartige Diktion mutet eigenartig naiv an und ist als Motiv der ESS bislang nicht in Erscheinung getreten.

Letztlich ist der Bericht zur Umsetzung der Sicherheitsstrategie als eine Bestandsaufnahme und Anpassung der ESS anzusehen, nachdem es nicht gelungen war, eine neue Sicherheitsstrategie zu verabschieden, wozu vor allem Frankreich gedrängt hatte (Algieri 2010: 119). Dem Grundtenor der Strategie blieb der Bericht treu, allerdings auch den Schwächen des Dokuments von 2003: die unausgereifte operative Dimension, die nur zaghaft erkennbare Prioritätensetzung (sowohl in Bezug auf die thematische wie die regionale Dimension der Bedrohung), und der konsenshafte Charakter des Dokumentes, das versucht, vielfältigen Erwartungen gerecht zu werden und damit immer wieder ins Vage abgleitet.

Als Stärke kann festgehalten werden, dass es der ESS gelungen ist, einen Kernbestand an strategischen Gemeinsamkeiten zu formulieren, auf den sich die EU als ganze verständigen konnte und der in der öffentlichen wie wissenschaftlichen Debatte durchaus aufmerksam begleitet wurde. Hierzu gehören im Besonderen das Ziel eines wirksamen Multilateralismus, die

Präferenz für die Prävention und das Plädoyer für einen umfassenden Sicherheitsbegriff, den die EU durch die Vielzahl und Vielfalt ihrer eigenen Instrumente zivil und militärisch, ökonomisch wie politisch, durchaus glaubwürdig vertreten kann. Die ESS sollte daher weniger als Ergebnis denn als Ausgangspunkt eines strategischen Diskurses innerhalb der EU verstanden werden, der sich immer wieder an der veränderten politischen und gesellschaftlichen Wirklichkeit vergewissern und den je aktuellen politischen Prioritäten und Präferenzen der Mitgliedstaaten Rechnung tragen muss.

14.2 Die Strategie für innere Sicherheit und das Europäische Sicherheitsmodell

Auch für den Bereich der inneren Sicherheit hat sich die EU eine eigene Strategie gegeben, die einige Schnittmengen zur GSVP aufweist. Bedrohungen und Risiken wie Cyberkriminalität, Terrorismus oder illegale Einwanderung lassen sich aufgrund ihrer grenzüberschreitenden Natur nicht mehr nur durch einen einzigen Ansatz bekämpfen und stellen für die interne wie die externe Integrität der EU ernsthafte Herausforderungen dar (Rat der Europäischen Union 2010e: 5ff.). Zugleich erfordert die Bewältigung der vorhandenen Risiken und Bedrohungen eine schnelle Reaktions- und Einsatzfähigkeit, vorausblickende Vorsorge und Prävention sowie ein umfassendes Spektrum an Instrumenten.

Die Strategie für die innere Sicherheit skizziert die Grundzüge eines europäischen Sicherheitsmodells, das auf einer Reihe von zentralen Grundsätzen wie dem Schutz der Privatsphäre, der Achtung der Grundrechte und der Rechtsstaatlichkeit, Schutz der Bürger, Integration, Solidarität und Dialog aufbaut und verschiedene strategische Aktionsleitlinien definiert (Rat der Europäischen Union 2010e: 10ff.). Diese Leitlinien weisen immer wieder Bezüge zu den äußeren Aspekten der Sicherheit auf. So wird ein neues, „breit angelegtes und umfassendes Konzept der inneren Sicherheit" (Rat der Europäischen Union 2010e: 10) vorgestellt, das sowohl horizontal wie vertikal differenziert ist und dabei in der vertikalen Dimension verschiedene Ebenen subnationaler, nationaler, europäischer und weiterer internationaler Zusammenarbeit betont. Zugleich wird in diesem Rahmen die äußere Dimension der inneren Sicherheit unterstrichen (Rat der Europäischen Union 2010e: 16). Die gegenseitige Verschränkung und wechselseitige Beeinflussung der internen und externen Dimension der Sicherheit erfordere angemessene Antworten, etwa durch ein globales Sicherheitskonzept, in dem die EU mit Drittstaaten sicherheitsrelevante Abkommen schließt und ihnen die Unterstützung ihrer wirtschaftlichen, sozialen und politischen Entwicklung zusagt.

Allerdings kommt die Strategie zur inneren Sicherheit zu dem Ergebnis, dass die Kooperation im Bereich der GSVP weiter auszubauen sei. Die Mitwirkung von Strafverfolgungsbehörden und aller im Raum der Freiheit, der Sicherheit und des Rechts tätigen Agenturen und Einrichtungen im zivilen Krisenmanagement sowie in der Koordinierung mit militärischen Akteuren seien zu erweitern (Rat der Europäischen Union 2010e: 17). Vor allem im Kontext gescheiterter Staatlichkeit, die einen Nährboden für Terrorismus darstelle, seien verstärkte Anstrengungen in diese Richtung nötig. Beide Ansätze, die ESS von 2003 und die Strategie für die innere Sicherheit 2010, werden als komplementäre Dokumente betrachtet, welche erst im Zusammenspiel ihre volle Wirksamkeit entfalten. Die Forderung nach engerer Kooperation und einer Verflechtung von Fragen und Problemen der inneren und äußeren Sicherheit gehört mittlerweile zu den Standardformeln auch in der GSVP. Symptomatisch ist, dass den stark programmatischen Ausführungen zur Notwendigkeit eines breiten und umfassenden Sicherheitskonzepts kaum konkrete und praktikable Vorschläge folgen, welche sich nachvollziehbar umsetzen lassen. Die Strategie der inneren Sicherheit bleibt diese wünschenswerte Komponente schuldig.

Weiterführende Literatur

Jäger, T./Höse, A./Oppermann, K. (Hg.) (2005). *Die Sicherheitsstrategien Europas und der USA. Transatlantische Entwürfe für eine Weltordnungspolitik,* Baden-Baden: Nomos.

Mawdsley, J./Quille, G. (2003) (with contributions from M. Chalmers, T. Garden, A. Grazioso, R. Kästner, O. Nassauer, S. Pullinger, H. Wulf). *The EU Security Strategy: A New Framework for ESDP and Equipping the EU Rapid Reaction Force,* ISIS Europe, ISIS Report, Dezember.

15 Die GSVP im Spiegel nationaler Sicherheits- und Verteidigungspolitik

Die strategischen Spielräume der GSVP bemessen sich nicht zuletzt danach, welche Rolle ihr in den nationalen Sicherheits- und Verteidigungspolitiken eingeräumt wird. Daher sollen im Folgenden die zentralen Positionen der wichtigsten EU-Staaten herangezogen und untersucht werden. Diese vergleichende Analyse stützt sich dabei sowohl auf die politischen Grundlinien wie auch auf die spezifisch sicherheitsrelevanten, im Besonderen militärischen Grundlagendokumente, die in Großbritannien, Frankreich und Deutschland in Kraft sind. In den letzten Jahren wurden diese Grundlagen neu reflektiert und überarbeitet, und dies aus verschiedenen Antrieben heraus:

- Regierungswechsel brachten immer wieder neue europa-, sicherheits- und verteidigungspolitische Akzente und Prioritäten mit sich.
- Der dynamische Wandel der Sicherheitslage machte weitere Anpassungen und neue Antworten notwendig.
- Die seit 2008 einsetzende Finanzkrise, die sich innerhalb der EU zu einer Krise im Euroraum entwickelte, machte haushaltspolitische Maßnahmen notwendig, die den Bereich der Sicherheits- und Verteidigungspolitik nicht verschonten.

Auch in den USA waren derartige Faktoren am Werk und führten seit der Amtsübernahme Barack Obamas zu einer schrittweisen Neufassung zentraler politischer, strategischer und operativer Vorgaben und Grundlagen.

Die im Folgenden beschriebene strategische Grundorientierung steht zugleich in der Tradition einer fundamentalen Neufassung des Sicherheits- und Bedrohungsverständnisses seit 1989. Die Verabschiedung von der Fixierung auf nuklear und konventionell hochgerüstete Militärblöcke, die gegeneinander ein beachtliches militärisches Potenzial aufgebaut und die territoriale Integrität der jeweils anderen Seite bedrohlich und zugleich stabil in Frage gestellt hatten, blieb auf der Tagesordnung. Allerdings verschoben sich die Koordinaten hinsichtlich der Frage, in welche Richtung dieser Abschied führen würde. Waren unmittelbar nach dem Fall der Mauer Szenarien staatlichen Zerfalls und eskalierender Krisen das beherrschende Thema, so beanspruchte seit dem 11. September 2001 der internationale Terrorismus ein zunehmend größeres Gewicht. Das Problem war, dass sich Sicherheitsrisiken nicht schlicht ablösten, sondern überlagerten und vermengten, sodass auch vermeintlich ‚alte' Bedrohungen nie ganz ausgeschlossen werden durften, ganz im Gegenteil – sie konnten mit ‚neuen' Akteuren und Instrumenten ein bislang unbekanntes Potenzial entfalten und verschärfte Probleme bereiten. Gegenüber dieser Unübersichtlichkeit der sicherheitspolitischen Lage mussten die EU-Staaten nunmehr versuchen, ihren Standort und ihre Vorgehensweise immer wieder neu zu kalibrieren.

15.1 Großbritannien

15.1.1 Positionen zur GSVP

Die britische Position zur GSVP wird traditionell als atlantisch bezeichnet (Walsh 2006). Die besonderen Beziehungen zu den USA wie auch die Bedeutung, welche der NATO als erstrangiger Organisation für die europäische Sicherheit zugesprochen wurde, verhinderten lange ein Engagement Großbritanniens im Bereich der Außen- und Sicherheitspolitik (Müller-Brandeck-Bocquet 2006b: 46ff.). Die Initiative Blairs vom Dezember 1998 wurde daher vereinzelt als Bruch mit einer langjährigen britischen Position wahrgenommen. In Wahrheit hatte sich die britische Regierung an veränderte Bedingungen angepasst. London versuchte insbesondere das Interesse der USA an der europäischen Sicherheit und an der NATO wach zu halten (Deighton 2002: 725). Hierzu schienen erhöhte militärische Leistungen der Europäer notwendig (Hyde-Price 2005).

Die britische Grundhaltung zur GSVP spiegelte sich in der Folge in ihrer ablehnenden Haltung gegenüber substanziellen Reformen, wie sie im Konvent und den Regierungskonferenzen zum Verfassungsvertrag und später zum Lissabonner Vertrag diskutiert wurden. Die Thematik der Beistandsklausel, der Strukturierten Zusammenarbeit oder eines eigenen autonomen EU-Hauptquartiers lösten in London keine Begeisterung aus, wurden aber auch nicht mehr rundweg als indiskutabel betrachtet (Müller-Brandeck-Bocquet 2006: 51). Insbesondere nach der Irak-Krise wuchs die Bereitschaft, mit den EU-Partnern Kompromisse einzugehen, um auch in den kontroversen Themen zu einer Einigung zu gelangen. So konnten mit britischer Beteiligung die erzielten Reformen zur GSVP im Lissabonner Vertrag verankert werden.

Mit dem Inkrafttreten des Lissabonner Vertrags geriet die Labour-Regierung in eine prekäre Lage, da sie bemüht war, die Kontroversen um das Vertragswerk zu minimieren und ein Referendum zu umgehen. Die Ablehnung der Konservativen wiederum konnte sich nach ihrem Wechsel auf die Regierungsbänke 2010 nicht durchsetzen, da man eine Koalition mit den Liberaldemokraten eingehen musste, die ihrerseits nicht bereit waren, die Reformen von Lissabon in Frage zu stellen. Somit blieben die Bestimmungen zur GSVP für die neue britische Regierung als Orientierungsrahmen und Rechtsgrundlage bestehen. Allerdings zeigte sich bald, dass Premier Cameron weniger die institutionellen und prozeduralen Möglichkeiten der Verträge als bilaterale Kontakte zu nutzen bemüht war. So vereinbarte er mit dem französischen Präsidenten Sarkozy eine Vertiefung der sicherheits- und rüstungspolitischen Zusammenarbeit, ohne dies explizit als Beitrag zum Ausbau der GSVP zu verstehen (Gomis 2011).

Aber auch der britische Atlantizismus unterlag einem Wandel, der durch verschiedene Faktoren bedingt war. Zum einen hatte die Kontroverse um den Irak-Einsatz eine deutliche Distanzierung großer Teile der öffentlichen Meinung von den USA mit sich gebracht, die sich zwar mit der Präsidentschaft Obamas wieder deutlich positiver darstellte, aber grundsätzlich nicht mehr bereit schien, eine atlantische Loyalität um jeden Preis zu akzeptieren. Weiterhin entspannte die französische Rückkehr in die militärischen Strukturen der NATO die traditionelle Debatte zwischen Europäern und Atlantikern, die noch in den 1990er und frühen 2000er Jahren mächtig in Szene gesetzt worden war. Die Bilanz der GSVP seit 1999 schien letztlich die britischen Bedenken gegen einer Konkurrenz zur NATO oder eine Infragestellung der USA zu beruhigen, da die EU weit von einem Militärbündnis entfernt ist und ihre bisher ja insgesamt eher begrenzten Missionen im Krisenmanagement nur unter erheblichen Anstrengungen zu erledigen imstande war.[30] Schließlich führt der globale, im Zeichen der Wirtschafts- und Finanzkrise nochmals deutlicher hervorgetretene Prozess der Verschiebung von Macht- und Ein-

30 Siehe hierzu die Rede des Europaministers David Lidington am 8. 5. 2012 an der Johns Hopkins School for Advanced International Studies in Washington, D. C., *Transatlanticism in the 21st century*, abrufbar unter: http://www.fco.gov.uk/en/news/latest-news/?view=Speech&id=763295882.

flusskapazitäten dazu, dass sich die britische Außen- und Sicherheitspolitik verstärkt mit dem asiatisch-pazifischen Raum befassen muss.

15.1.2 Strategische Grundlagen britischer Sicherheits- und Verteidigungspolitik

Die konservativ-liberale Regierung Cameron legte sehr kurz nach ihrer Amtsübernahme 2010 eine neue Nationale Sicherheitsstrategie („National Security Strategy") vor, der eine Überarbeitung des „Strategic Defence and Security Review" folgte; in beiden Dokumenten wurde nicht mit Kritik an der Vorgängerregierung gespart, wenngleich die Lektüre der Texte den Befund einer Fortführung begonnener Reformen und neuer Akzentsetzungen ergibt. Ausgangspunkt der Überlegungen der Sicherheitsstrategie war die Analyse der Sicherheitslage und des gewandelten internationalen Umfeldes, aus denen sich Großbritanniens Position und Rolle ergab, um daraus Folgerungen für die zentralen Sicherheitsrisiken und Bedrohungen abzuleiten und Instrumente zur Abhilfe zu bestimmen. Der Befund eines sich dynamisch wandelnden sicherheitspolitischen Umfeldes aus früheren Jahren wurde dabei bestätigt und weiter prononciert. Damit seien die Rahmenbedingungen für das Ziel, die Förderung des Wohlstandes, die Erweiterung des Einflusses und die Stärkung der Sicherheit des Vereinigten Königreiches zu leisten, nicht einfacher geworden (National Security Strategy 2010: 9).

Durchweg erscheint dabei der Weg über die EU und speziell die GSVP nicht als zentrale Achse der britischen Sicherheitsstrategie. Verschärft habe sich im Vergleich zu früheren Jahren die Instabilität und die Unsicherheit des sicherheitspolitischen Kontextes, die neue Fähigkeiten erforderlich mache. Aktuell sei zwar keine unmittelbare existenzielle oder vitale Bedrohung der Sicherheit, Unabhängigkeit oder des Wohlstandes Großbritanniens durch andere Staaten anzunehmen (National Security Strategy 2010: 15), doch bliebe eine Vielzahl unberechenbarer Faktoren und Akteure, welche das Land bedrohen und in seiner Sicherheit einschränken können.

Die Sicherheitsstrategie identifiziert drei Klassen von Risiken, die hinsichtlich ihrer Tragweite und ihrer Wahrscheinlichkeit unterschiedlich hoch priorisiert werden (National Security Strategy 2010: 27 ff.):

— Höchste Priorität genießen der internationale Terrorismus, Cyber-Attacken, größere Naturkatastrophen bzw. Unfälle in Großbritannien sowie internationale militärische Krisen, die das Land unmittelbar in Mitleidenschaft ziehen.

— Dahinter siedeln sich Risiken der nächsten Prioritätsstufe an, die aber ebenfalls hochgradig ernst zu nehmen seien: ein unmittelbarer Angriff auf das Vereinigte Königreich oder seine Überseegebiete durch Nutzung von Massenvernichtungswaffen, ein für Terrorismus gegen das Land günstiges Umfeld durch Instabilität, Bürgerkriege oder Erhebungen in Drittländern, wachsende organisierte Kriminalität sowie Attacken auf die satellitengestützte Infrastruktur.
— Die dritte Kategorie von Risiken umfasst ein breites Spektrum unterschiedlicher Sicherheitsrisiken, etwa einen massiven konventionellen Angriff auf das Territorium des Vereinigten Königreiches durch ein anderes Land, die Unterbrechung der Öl- oder Gasversorgung, die Freisetzung radioaktiven Materials aus einer Kernkraftanlage, den Bündnisfall innerhalb der NATO, eine dramatische Zunahme an Grenzüberschreitungen durch Terroristen, organisiertes Verbrechen oder den illegalen Eintritt von Personen oder Gütern.

Die Grenzen zwischen den drei Risikoebenen werden dabei als fließend gesehen: Bestimmte Bedrohungen können aus einer in die andere Kategorie wechseln, sodass eine dynamische Beobachtung und Begleitung der Sicherheitslage notwendig sei. Die neue Prioritätenliste reflektiert eine durchaus moderne und vor allem strukturelle Vorgehensweise, die weniger daran interessiert ist, die konkreten (geographischen oder organisatorischen) Quellen der Unsicherheit zu lokalisieren als zu versuchen, Vorsorge gegen bestimmte Typen von Bedrohungen zu treffen, die sich durch ihre Vorgehensweise und Instrumente auszeichnen. Zugleich macht sie deutlich, dass es weiterhin ungemein schwer bleibt, jeder Art von Bedrohung gerecht zu werden, ohne in eine unendliche Liste von Einzelfaktoren und -akteuren zu verfallen.

Um den gewandelten Risiken und Bedrohungen zu begegnen, werden unterschiedliche strukturelle, operative und organisatorische Maßnahmen ins Auge gefasst. Zu den acht zentralen Sicherheitsaufgaben (Security Tasks) gehört die Beteiligung an Allianzen und Partnerschaften, wo sich dies anbietet, um bessere Ergebnisse zu erzielen (National Security Strategy 2010: 33).

Im Strategic Defence and Security Review, das auf der Grundlage der Sicherheitsstrategie die strategischen Planungen in der Sicherheits- und Verteidigungspolitik konkretisierte und insbesondere die Vorgaben für die Streitkräfte für die kommenden Jahre beschrieb, wurden 2010 ebenfalls deutliche Einschnitte in den Verteidigungsetat angekündigt. Angesichts der dramatischen Entwicklungen, die das Land im Zuge der Wirtschafts- und

Finanzkrise durchlaufen hatte, konnte kein Etatposten unberührt bleiben, um die öffentlichen Finanzen zu stabilisieren. Kürzungen bei Personal und Rüstungsausgaben waren daher unvermeidlich, auch wenn diese, wie die Regierung betonte, vergleichsweise moderat ausfielen.

Der Einbettung des Vereinigten Königreiches in Allianzen und Partnerschaften wurde ein eigenes Kapitel gewidmet. Betont wird die zentrale Rolle der NATO für die territoriale Verteidigung Großbritanniens sowie der USA als strategischer Partner des Landes (SDSR 2010: 12 und 59ff.). Fünf Prioritäten werden hier definiert (SDSR 2010: 59):

- die besonderen Beziehungen mit den Vereinigten Staaten in der Sicherheits- und Verteidigungspolitik;
- neue Modelle bilateraler Zusammenarbeit mit einer Reihe von Verbündeten und Partnern;
- effektive und reformierte Vereinte Nationen;
- die NATO als Kernelement der Verteidigung des Landes;
- eine nach außen aufgeschlossene Europäische Union, die internationale Sicherheit und Wohlstand fördert.

Von Interesse scheint in dieser Liste die zunehmende Rolle bilateraler Beziehungen für die Sicherheits- und Verteidigungspolitik des Landes, da diese in den Vorgängerdokumenten nicht derart prominent behandelt wurden. Großbritannien werde künftig mit verschiedenen Staaten zusammenarbeiten, wenn dies sicherheitspolitischen Nutzen verspreche. Dazu gehören die traditionellen Verbündeten, aber auch kommende Wirtschaftsmächte, regionale Schlüsselakteure, Energielieferanten oder Transitländer, wie Staaten, die in ihrem Bestand bedroht sind (SDSR 2010: 59). Praktische bilaterale Zusammenarbeit soll aber insbesondere mit Ländern ausgebaut und erneuert werden, die enge Beziehungen zu Großbritannien unterhalten und mit denen aller Voraussicht nach bei militärischen Operationen gemeinsam agiert werden muss (SDSR 2010: 59). Die Interoperabilität der britischen Streitkräfte werde in Zukunft eine größere Rolle spielen und Beschaffungs- wie Kooperationsentscheidungen wesentlich beeinflussen.

Neben den Vereinigten Staaten, die weiterhin ein privilegierter Partner in unterschiedlichen Bereichen und Dimensionen der Sicherheits- und Verteidigungspolitik bleiben sollen (SDSR 2010: 60), wird Frankreich ausdrücklich gewürdigt und als einer der zentralen strategischen Verbündeten betrachtet (SDSR 2010: 60f.). Hier sollen die Beziehungen weiter ausgebaut und vertieft werden. Aus britischer Sicht betrifft dies die engere Ausrichtung von Streitkräfteelementen an den Erfordernissen gemeinsamer, schnell eingreiffähiger Einheiten durch verbesserte Interoperabilität, Informationsaustausch und Zusammenarbeit in der Logistik, gemeinsame Strategie- und Ausbildungsprogramme, technologische und rüstungspolitische Zusammenarbeit, auch die Schaffung einer industriellen Grundlage und schließlich die engere Kooperation in Fragen der Cybersecurity (SDSR 2010: 61).

Daneben wird die weitere Beteiligung Großbritanniens an multilateralen Organisationen und Institutionen wie der UN, der NATO und der EU bestätigt (SDSR 2010: 62). Galt die NATO bislang weit über die Verteidigung hinaus als die Hauptsäule britischer Sicherheit insgesamt, so wird in der neuen Konzeption des Security and Defence Review auffällig häufig ihre Kernfunktion der Verteidigung betont und die Notwendigkeit unterstrichen, zentrale Herausforderungen zu meistern, um ihre Relevanz zu untermauern. Die EU bleibt allerdings weit davon entfernt, sicherheitspolitisch aufgewertet zu werden. Eine britische Beteiligung an Missionen der Europäischen Union wird deutlich konditioniert in Bezug auf „EU missions – whether military or civilian – which are in the UK's national interest, which offer good value for money, have clear objectives and, in the case of military missions, only where it is clear that NATO is not planning to intervene" (SDSR 2010: 62).

Mit der neuen National Security Strategy und dem Strategic Defence and Security Review hat die britische Sicherheitspolitik zweifelsohne eine weitere Modernisierung und Anpassung ihrer strategischen Grundlagen an globale Entwicklungen vollzogen und noch deutlicher einen erweiterten Sicherheitsbegriff zugrunde gelegt. Einen Bruch mit den Dokumenten der Vorgängerregierung stellt die neue Konzeption bei aller Kritik, die sich in ihr findet, allerdings weniger dar als eine Fortschreibung bestimmter Trends bei neuer Akzentsetzung. Für die Beteiligung Großbritanniens an der GSVP bietet die neue strategische Ausrichtung weiterhin Möglichkeiten zur Mitwirkung, ohne diesem Rahmen eine herausgehobene Stellung zuzuweisen. Relevanter erscheint dagegen die Betonung funktionaler bilateraler Partnerschaften und Kooperationsformen, die eine erhöhte Interoperabilität mit Kernpartnern einschließen und die Fähigkeit Großbritanniens stärken, flexibel und pragmatisch auf Sicherheitsbedrohungen reagieren zu können.

15.2 Frankreich

15.2.1 Positionen zur GSVP

Frankreich nahm in Fragen der europäischen Sicherheits- und Verteidigungspolitik traditionell eine ‚europäische' Position ein, die auf einer möglichst eigenständigen und von der NATO unabhängigen Handlungsfähigkeit der EU abzielte (Boyer 2002: 49ff.; Schmidt 1993: 335ff.). Zwar wurde die NATO als Garant kollektiver Sicherheit nicht in Abrede gestellt, aber eine prinzipielle Hegemonie der Allianz in Fragen der europäischen Sicherheit und der Bewältigung der nach 1989 auftretenden neuen sicherheitspolitischen Herausforderungen abgelehnt. Die GSVP sollte sowohl institutionell wie materiell der EU die Möglichkeit bieten, als ‚Europe puissance' weltweit Stimme und Gewicht zur Geltung zu bringen (Müller-Brandeck-Bocquet 2006: 72ff.; Boyer 2002: 52ff.). Die Reformdebatte seit dem Konvent hat Frankreich entsprechend aktiv gestaltet.

Nach dem Scheitern des Verfassungsvertrags 2005 war Paris daran interessiert, die Fortschritte in der GSVP keinesfalls zu opfern, um eine reduzierte Vertragsreform durchsetzen zu können. So war die in Lissabon 2007 erreichte Rettung des Kernbestandes der Bestimmungen zur Gemeinsamen Außen- und Sicherheitspolitik ganz im französischen Sinne.

Mit der Übernahme der Präsidentschaft durch Nicolas Sarkozy wurden schnell neue Akzente in der französischen Politik sichtbar (Valásek 2008; Ghez/Larrabee 2009). Deutlich weniger Gewicht als sein Vorgänger legte Sarkozy auf die Betonung der Unterschiede zwischen der europäischen und der atlantischen Dimension der Sicherheitspolitik. Im Gegenteil zielte der Präsident darauf ab, Frankreich wieder zurück in die militärische Integration der NATO zu führen, um ihm einen zentralen Platz in der Allianz zu sichern. Der Schritt Sarkozys wurde vielfach diskutiert und kommentiert, insbesondere mit Blick auf die Frage eines möglichen Bruchs mit den Prinzipien gaullistischer Außen- und Sicherheitspolitik (Ghez/Larrabee 2009: 77f.). Letztlich hat Sarkozy den gewandelten internationalen Konditionen Rechnung getragen. Aus einer anderen Richtung, aber zu ähnlichen Schlussfolgerungen kommend wie die britische Regierung, schien auch der Pariser Regierung klar, dass die GSVP zumindest auf absehbare Zeit kaum als Alternative zur NATO würde dienen können. Zugleich war Frankreich eminent an einer gestaltenden Rolle in der Frage der neuen NATO-Strategie interessiert. Die Betonung des nuklearen Potenzials und der Kernaufgabe der gegenseitigen Verteidigung waren aus französischer Sicht essenzielle Elemente der Allianz, die es gegen Versuche einer zunehmenden Verwässerung zu verteidigen galt. Den deutschen Bemühungen um eine deutlichere Gewichtung der Abrüstungspolitik in der NATO stand man skeptisch gegenüber.

15.2.2 Strategische Grundlagen der französischen Sicherheits- und Verteidigungspolitik

Mit der Verabschiedung des Weißbuches und der nationalen Sicherheitsstrategie setzte Präsident Nicolas Sarkozy 2008 neue Akzente und verabschiedete sich in zentralen Elementen vom Modell der Armee 2015 (Livre Blanc 2008). Ausgangspunkt der Überlegungen war die gewachsene Unsicherheit im globalen Maßstab. Dabei sollte nicht lediglich eine Verteidigungs-, sondern eine weitreichende Sicherheitsstrategie vorgestellt werden, die auf einem umfassenderen Verständnis der vorhandenen Risiken und Bedrohungen beruht und auch die Wahl der Instrumente und Maßnahmen an den veränderten globalen Konditionen ausrichtet: „La définition d'une stratégie d'ensemble en matière de sécurité correspond à une nécessité nouvelle, qui s'impose à la France comme à l'ensemble de ses alliés et partenaires: s'adapter aux bouleversements engendrés par la mondialisation" (Livre Blanc 2008: 16).

Der Befund ist dabei zunächst keineswegs negativ. Seit 1990, so stellt das Weißbuch fest, sei die Zahl der bewaffneten Konflikte weltweit rückläufig, und die Zahl der Demokratien habe deutlich zugenommen (Livre Blanc 2008: 20). Globalisierung und wachsende Interdependenzen erschließen zugleich Chancen und Möglichkeiten zum Austausch und ökonomischer Zusammenarbeit. Allerdings sei es aber zugleich ungemein schwieriger geworden, die negativen Effekte der Globalisierung und des technologischen Wandels zu kontrollieren. Risiken und Bedrohungen seien multipler und unberechenbarer geworden, nicht staatliche Akteure haben ein bisher ungeahntes Gewicht erhalten, während die im Zuge der Globalisierung entstehenden Ungleichgewichte und Spannungen den Nährboden für Konflikte bereitstellen. Formen der Gewalt haben sich vervielfältigt und ausdifferenziert, ihre Eindämmung bereite den Staaten zunehmende Probleme (Livre Blanc 2008: 28ff.). Die Globalisierung selbst habe dabei nicht zu einer erhöhten Gefährdung geführt, wohl aber zu einer größeren Instabilität, der es zu begegnen gelte. Die zunehmende Verschränkung von Risiken und Bedrohungen und die Auflösung der traditionellen Grenzen zwischen innerer und äußerer Sicherheit seien hierbei wesentliche Merkmale der Entwicklung (Livre Blanc 2008: 56ff.).

Ähnlich der britischen Sicherheitsstrategie definiert auch das französische Weißbuch die zentralen sicherheitspolitischen Risiken und Bedrohungen (Livre Blanc 2008: 59):

— terroristische Anschläge mit Nutzung von nuklearen, radiologischen, biologischen oder chemischen Waffen;
— Cyberattacken;
— ballistische Bedrohungen entweder durch Großmächte oder neue Staaten mit neueren Ambitionen;
— Pandemien und Naturkatastrophen;
— organisierte Kriminalität.

Mit Ausnahme der Bedrohung durch ballistische Systeme weist die französische Diagnose der zentralen Sicherheitsrisiken und -bedrohungen deutliche Ähnlichkeiten mit der britischen Sicherheitsstrategie auf. Um diesen Herausforderungen zu begegnen, dient Frankreichs Sicherheitsstrategie dem doppelten Ziel, sein Territorium und die Bevölkerung zu verteidigen und einen Beitrag zur europäischen und internationalen Sicherheit zu leisten (Livre Blanc 2008: 62). Fünf zentrale strategische Funktionen werden hierzu unterschieden: die Aufklärung und Antizipation, die Prävention, die Abschreckung, der Schutz und die Intervention (Livre Blanc 2008: 65).

Machtpolitisch kommt das Weißbuch zu dem Ergebnis, dass sich eine Verschiebung der globalen Gewichte zugunsten Asiens abzeichne, zugleich habe der Westen relativ an Bedeutung verloren (Livre Blanc 2008: 35f.). Zwar bleiben die USA auf absehbare Zeit der führende sicherheitspolitische Akteur, doch erwachsen in China und Indien ernstzunehmende Konkurrenten. Europa sei von einer wachsenden Fragilität und Krisenanfälligkeit ihres regionalen Umfeldes bedroht und verfüge bislang nicht über ausreichende Mittel, die Herausforderungen aus eigener Kraft zu meistern.

Mit Blick auf die Europäische Union wird eine führende Rolle Frankreichs im Hinblick auf die politische und institutionelle Gestaltung und Fortentwicklung des Integrationsprozesses beansprucht, im Besonderen für die Gemeinsame Außen- und Sicherheitspolitik und die Gemeinsame Sicherheits- und Verteidigungspolitik (Livre Blanc 2008: 82ff.). Allerdings ist der bisherige Fortschritt in diesem Bereich aus französischer Sicht keinesfalls zufriedenstellend. Daher wird der Ausbau der militärischen und zivilen Kapazitäten vorgeschlagen, und eine globale Interventionsfähigkeit mit einer Truppenstärke von 60000 Personen und einer Durchhaltefähigkeit von einem Jahr selbst in geographisch weit entfernten Operationsgebieten gefordert; zugleich sollte die EU in der Lage sein, parallel zwei bis drei Missionen zur Erhaltung oder Wiederherstellung des Friedens sowie mehrere zivile Missionen durchzuführen (Livre Blanc 2008: 316). Aus französischer Sicht sei es hierfür unerlässlich, auf europäischer Ebene permanente und effektive Planungs- und Kommandostrukturen aufzubauen, um nicht auf nationale Hauptquartiere angewiesen zu sein. Der Aufbau einer rüstungsindustriellen Struktur auf europäischer Ebene stellt ebenso eine Priorität französischer Sicherheitspolitik dar.

Besonderes Augenmerk widmet das Weißbuch den vertraglich eröffneten Möglichkeiten flexibler Vorgehensweise in der GSVP, wo sich durch die verstärkte Zusammenarbeit wie durch die Ständige Strukturierte Zusammenarbeit neue Möglichkeiten ergeben haben. Allerdings solle Letztere möglichst inklusiv vorgehen und nicht a priori interessierten Staaten den Zugang verwehren (Livre Blanc 2008: 87f.).

Bemerkenswert sind die Ausführungen des Weißbuchs zum Verhältnis von NATO und EU. Beide werden als komplementäre Organisationen betrachtet, die nicht in Konkurrenz zueinander stehen sollten. Dabei wird insbesondere auf die Kernfunktion der kollektiven Verteidigung verwiesen, welche für die NATO weiterhin wesentlich sei – wenngleich sie auch für internationale Operationen im Krisen- und Konfliktfall in Frage komme, während sich die EU durch ihre umfassenden Instrumente im zivilen und militärischen Krisenmanagement auszeichne (Livre Blanc 2008: 107).

Die französische Strategie hat sich damit deutlich gewandelt. Der auffällig geringere Stellenwert, welcher der Beistandsklausel im Lissabonner Vertrag beigemessen wird, passt hier ins Bild. Statt des Aufbaus einer zumindest perspektivisch gesehen wünschenswerten europäischen Alternative zur NATO spielt nunmehr der kooperative Umgang beider Organisationen eine entscheidende Rolle. Allerdings weist das Weißbuch eine Arbeitsteilung, wonach die EU minder anspruchsvolle militärische Aufgaben übernehmen solle, während die NATO für kampfintensive und konfliktgeladene Operationen zuständig sei, ausdrücklich zurück (Livre Blanc 2008: 101).

Frankreichs Rückkehr in die integrierte militärische Struktur der NATO erscheint hier als Ausdruck der Absicht, in vollem Umfang an den Entscheidungen der Allianz teilzunehmen und das Gewicht des Landes in den Gremien der NATO zu erhöhen. Dabei seien drei Prinzipien zu beachten: Frankreich behalte sich volle Freiheit bezüglich seines Beitrags zu Operationen der NATO vor, es werde hier keinen Automatismus geben (Livre Blanc 2008: 110);

weiterhin werden sowohl die nukleare Strategie wie die Atomstreitmacht unter nationaler Kontrolle bleiben und keiner Instanz der NATO unterstellt; schließlich sei ausgeschlossen, dass französische Streitkräfte in Friedenszeiten dauerhaft unter NATO-Kommando gestellt werden, sodass die Verfügung über seine Truppen bei Paris liege (Livre Blanc 2008: 110).

Das Weißbuch hat damit traditionelle Grundlinien französischer Sicherheits- und Verteidigungspolitik neu interpretiert und an aktuelle Bedingungen angepasst, ohne zentrale Grundelemente aufzugeben. Im Hinblick auf das Verhältnis von EU und NATO kann dies eine erhebliche Entspannung bedeuten. Das frühere Konzept einer ‚Europe puissance', die bemüht sein sollte, eine umfassende verteidigungspolitische Rolle zu spielen, spiegelt sich in der neuen Strategie nicht mehr wider.

15.3 Deutschland

15.3.1 Positionen zur GSVP

Im Zuge der Auseinandersetzungen um die US-Invasion im Irak schien die deutsche Außen- und Sicherheitspolitik ihre vermittelnde Position zwischen europäischen und atlantischen Ansprüchen zeitweise zu verlassen, fand aber danach wieder zu ihren vertrauten Koordinaten zurück. Eine Stärkung der GSVP steht für Berlin keinesfalls im Widerspruch zu einem Bekenntnis zur NATO (Meiers 2002: 36ff.). In den Verhandlungen um eine Reform der GSVP plädierte Deutschland durchaus für ehrgeizige Projekte wie die gegenseitige Beistandsklausel und eigene Kommando- und Einsatzführungsstrukturen der EU, verstand diese aber nie als Alternative zur Atlantischen Allianz.

Insbesondere Frankreich wurde als Partner für die Gestaltung der europäischen Außen- und Sicherheitspolitik geschätzt (Kaim 2007: 300ff.), wie die Debatten zum Verfassungsvertrag und später zum Lissabonner Vertrag deutlich machten. Allerdings litt die deutsche Position zur GSVP zugleich daran, dass die Bundesrepublik im Vergleich zu Frankreich und Großbritannien geringere operative Handlungsmöglichkeiten besitzt und auch die verteidigungspolitischen Ausgaben deutlich hinter den genannten Ländern zurückbleiben. Das Bemühen, sich als prägendes EU-Mitglied in der Gestaltung der GSVP neben Paris und London zu behaupten, ist zweifelsohne eine treibende Kraft der deutschen Politik. Deshalb war die Beteiligung an den Missionen der EU nie nur Ausdruck eines europäischen Engagements, sondern dient zugleich der Untermauerung eines politischen Mitgestaltungsanspruchs.

Nach dem Scheitern des Verfassungsvertrags bemühte sich die Regierung Merkel intensiv um eine politische Lösung, die es ermöglichen sollte, die Substanz der Bestimmungen zu erhalten, auch im Bereich der Gemeinsamen Sicherheits- und Verteidigungspolitik. Ein erneutes Aufschnüren des Pakets war für Berlin nicht akzeptabel, zumal die darin enthaltenen Formulierungen erst nach mühsamen Verhandlungen erreicht werden konnten. Der Vertrag von Lissabon bildete damit den Abschluss der Bemühungen um eine Reform der GASP/ GSVP, ohne den Kerngehalt der im Verfassungsvertrag enthaltenen Bestimmungen zu verwässern.

Für die Bundesregierung blieb die aktive Teilnahme an den Entscheidungsprozessen und Operationen der GSVP eine zentrale Größe, um die Handlungsfähigkeit der EU auf der internationalen Ebene auszubauen. Mit der Debatte um einen Einsatz in Libyen wurde diese Linie allerdings erstmals aufgegeben, was die deutsche Position in einen Widerspruch zur Politik Frankreichs, Großbritanniens und der USA brachte (Koenig 2011). Sowohl die von der internationalen Koalition wie von der NATO durchgeführten luft- und seegestützten Einsätze wurden ohne direkte Beteiligung Deutschlands durchgeführt, gleichwohl erlaubte die Bundesregierung die Nutzung von Luftwaffenbasen für die NATO-Operation und entlastete die im Einsatz befindlichen Bündnispartner durch die Übernahme von Aufgaben an anderen Schauplätzen. Insgesamt setzte sich der Eindruck einer Abweichung von den Traditionen deutscher Außen- und Sicherheitspolitik fest, da man sich einer gemeinsamen Vorgehensweise in Abstimmung mit den zentralen Partnern in EU und NATO verweigert hatte. Augenfällig wurde dies in der deutschen Enthaltung zur Libyen-Resolution im UN-Sicherheitsrat. Eine Abkehr von den Grundprinzipien deutscher Außen- und Sicherheitspolitik zu unterstellen, wäre allerdings weit übertrieben. Die Präferenz für multilaterales Vorgehen und die gemeinsame Linie mit den europäischen und atlantischen Partnern bleibt bestimmend, wenngleich Deutschland durch seine Haltung kurzfristig an Einfluss eingebüßt haben mag (Gross et al. 2011: 4).

Allerdings litt die deutsche Beteiligung an der GSVP von Anbeginn daran, im Bereich der militärischen Fähigkeiten nicht an Frankreich oder Großbritannien aufschließen zu können. Die zunehmend engere Kooperation der britischen und französischen Regierung in militärischen und rüstungspolitischen Fragen muss für die deutsche Politik durchaus bedenklich sein, da ihr faktischer politischer Führungsanspruch innerhalb der GASP/

GSVP gemeinsam mit Frankreich dadurch in Frage gestellt wird. War in den Debatten um den Konvent und die Regierungskonferenz, die zum Verfassungsvertrag und im Anschluss zum Lissabonner Vertrag führten, Deutschland noch als zentraler Mitspieler aufgetreten und hatte die wesentlichen Kompromisse im Verbund mit Paris und London ausgehandelt, so bestand nun die Gefahr eines Rangverlustes; Anzeichen für einen britisch-französischen Bilateralismus in sicherheits- und verteidigungspolitischen Fragen hatte es in der Vergangenheit immer wieder gegeben.

Schon Saint-Malo war letztlich Ausdruck eines solchen Vorgehens, und auch die Battlegroup-Initiative beruhte auf einem bilateralen Papier, dem sich Deutschland dann 2004 anschloss, aber mit den 2010 erfolgten Vereinbarungen scheint sich eine neue Perspektive herauszukristallisieren (Gomis 2011). Frankreich und Großbritannien sehen ihre Zusammenarbeit offenbar nicht zwangsläufig und in erster Linie als Beitrag zur Entwicklung der GSVP. Der institutionelle Kontext der EU, der für die deutsche Politik immer maßgeblich blieb, könnte durchaus verlassen werden. Selbst die Libyen-Operation der NATO war keinesfalls selbstverständlich. Frankreich hatte lange eine internationale Koalition präferiert, um auf der Grundlage der UN-Resolution gegen die Kräfte des Gaddafi-Regimes vorzugehen (Koenig 2011). Deutschlands Einfluss in sicherheits- und verteidigungspolitischen Fragen beruht mehr als in anderen Politikfeldern wie der Wirtschafts-, Währungs- und Finanzpolitik, wo es durch seine ökonomische Leistungsfähigkeit und sein demographisches Gewicht eine gleichsam natürliche Führungsrolle einnimmt, auf der Wahrung institutioneller Regeln und Mechanismen innerhalb der EU und der NATO.

15.3.2 Strategische Grundlagen der deutschen Sicherheits- und Verteidigungspolitik

In den im Mai 2003 vorgelegten Verteidigungspolitischen Richtlinien (VPR) des Bundesministers der Verteidigung wurden die Grundzüge der deutschen Verteidigungspolitik für die Zeit nach dem Ende des Kalten Krieges und der Anschläge vom 11. September 2001 formuliert. Im Jahre 2006 wurde nach zwölf Jahren ein aktualisiertes Weißbuch zur Sicherheitspolitik Deutschlands herausgegeben (Weißbuch 2006); im Mai 2011 kam es dann zu einer Neufassung der Verteidigungspolitischen Richtlinien. Die Dokumente zur strategischen Ausrichtung deutscher Sicherheitspolitik wurden in den vergangenen Jahren mit höherer Frequenz erneuert, als dies in den Jahrzehnten zuvor der Fall war. Um die Grundlinien der deutschen Position nachzuvollziehen, macht ein Blick über die letzten Jahre hinaus Sinn.

Waren 2003 als Kernelemente der Bedrohung der internationale Terrorismus, die Proliferation von Massenvernichtungswaffen sowie gewaltsame Konflikte insbesondere in Europa und an seiner südlichen und südöstlichen Peripherie anzusehen, (VPR 2003: 20), so gesellen sich 2011 zu den Bedrohungspotenzialen nunmehr deutlicher auch Machtverschiebungen zwischen Staaten und Gruppen, kriminelle Netzwerke, Cyberattacken, die Gefährdung der Energieversorgung und kritischer Infrastrukturen sowie Naturkatastrophen (VPR 2011: 1). Insbesondere Fragen der Sicherheit der Energieversorgung und des -transports finden aktuell eine deutlich höhere Aufmerksamkeit (VPR 2011: 3f.). Eine weitere Auffälligkeit besteht in den Ausführungen der Richtlinien 2011 hinsichtlich der Sicherung ökonomischer Interessen der Bundesrepublik: „Störungen der Transportwege und der Rohstoff- und Warenströme, z.B. durch Piraterie und Sabotage des Luftverkehrs, stellen eine Gefährdung für Sicherheit und Wohlstand dar" (VPR 2011: 4). Freie Handelswege und eine gesicherte Rohstoffversorgung seien für Deutschland wie auch für Europa essenziell (VPR 2011: 3).

Die hier vollzogene Analyse der sicherheitspolitischen Lage im Vergleich zur VPR 2003 ist nur konsequent, da sie einerseits faktisch immer schon eine Rolle spielte und zudem mittlerweile durch Operationen wie EUNAVFOR Atalanta zum Schutz der Schifffahrtswege vor Piraterie bereits in Rechnung gestellt wird. Ob eine solche Definition des deutschen sicherheitspolitischen Umfeldes zugleich die Rechtfertigung für Handelskriege liefern kann, darf bezweifelt werden.

In den VPR 2011 wird der multilaterale Ansatz aufrechterhalten, zugleich aber deutlicher und unbefangener von den ‚nationalen Interessen' Deutschlands und seiner Rolle als „starke Nation in der Mitte Europas" (VPR 2011: 4) gesprochen. Ein internationaler und europäischer Führungs- und Gestaltungsanspruch, der in vergangenen Jahren mit dem Begriff der Verantwortung umschrieben wurde, findet sich nun deutlicher und direkter formuliert.

Die Verteidigungspolitischen Richtlinien von 2011 unterscheiden grundsätzlich zwischen Werten, Zielen und Interessen Deutschlands. Normativ ist das Land den Werten und Grundsätzen der freiheitlich-demokratischen Grundordnung des Grundgesetzes und des Völkerrechts verpflichtet. Zu seinen sicherheitspolitischen Zielen gehören (VPR 2011: 4):

— Sicherung und Schutz der Bürgerinnen und Bürger Deutschlands;

— territoriale Integrität und Souveränität Deutschlands und seiner Verbündeten;
— Wahrnehmung internationaler Verantwortung.

Davon ausgehend werden die sicherheitspolitischen Interessen des Landes definiert (VPR 2011: 5):

— die Verhinderung, vorbeugende Eindämmung und Bewältigung von Krisen und Konflikten, welche die Sicherheit Deutschlands und seiner Verbündeten beeinträchtigen;
— die nachhaltige und glaubwürdige Vertretung und Einlösung außen- und sicherheitspolitischer Positionen;
— die Stärkung der transatlantischen und europäischen Sicherheit und Partnerschaft;
— das Eintreten für die internationale Geltung der Menschenrechte und der demokratischen Grundsätze, die Förderung des Respekts vor dem Völkerrecht und die Reduzierung der Kluft zwischen armen und reichen Weltregionen;
— die Ermöglichung eines freien und ungehinderten Welthandels sowie des freien Zugangs zur Hohen See und zu natürlichen Ressourcen.

Diese Liste an vermeintlichen Interessen Deutschlands mutet eigentümlich an. Zum einen finden sich dort konkrete Aspekte, welche sich auf eine Betroffenheit Deutschlands von Entwicklungen und Ereignissen beziehen (von Krisen, Konflikten, oder Einschränkungen des Welthandels), weiterhin findet sich etwas gefällig die Wahrung seines sicherheitspolitischen Einflusses formuliert (was sonst wäre eine nachhaltige und glaubwürdige Vertretung und Einlösung von Positionen?), zugleich aber ebenso normative Vorgaben, die allerdings recht unspezifisch erscheinen. Im Unterschied zu Frankreich und Großbritannien ist hier weniger deutlich die spezifische Gefährdungslage analysiert worden, es wurden keine Bedrohungsannahmen und Risikoeinschätzungen vorgelegt. Aspekte wie der internationale Terrorismus, Cyberkriminalität oder Katastrophen finden keinen Eingang in die spezifische Interessendefinition, die insgesamt stark wertebasiert bleibt.

Ein Bekenntnis zu multilateralem Vorgehen bleibt erhalten; dabei werden UN, NATO und EU ausdrücklich genannt (VPR 2011: 6). Um seinen internationalen Verpflichtungen künftig gerecht zu werden, muss zugleich der Anpassungsprozess der Bundeswehr vorangetrieben werden (VPR 2011: 12f.).

Festzustellen ist angesichts limitierter budgetärer Ressourcen bislang aber eine mangelnde Kompatibilität von struktureller Umorientierung der Bundeswehr und den Prozessen der Modernisierung und Professionalisierung. Mit der Aussetzung der Wehrpflicht entsteht für die Bundeswehr zudem eine enorme Herausforderung, will sie künftig qualifiziertes Personal für die neuen sicherheitspolitischen Aufgaben gewinnen. Die Personalstruktur wird sich daher deutlich verändern müssen (VPR 2011: 17).

Zwar ist vorgesehen, durch multinationale Zusammenarbeit, insbesondere in der Rüstungsindustrie, Synergien zu nutzen und Kosten zu sparen. Zugleich soll die wehrtechnische Industrie ihre Stärken einbringen und sich vor allem dort engagieren, wo die Bundeswehr für internationale Aufgaben signifikante Beiträge leistet. Allerdings bleibt dieser Befund insgesamt vage. Letztlich ist offenbar beabsichtigt, die Rolle der Bundeswehr als Schlüsselakteur industriepolitisch zu untermauern (VPR 2011: 19). Letztlich wird vom Erfolg dieser Politik abhängen, ob Deutschland innerhalb der GSVP die Rolle einer prägenden und mitgestaltenden Führungsmacht einnimmt. Sollte sich die Distanz zu Frankreich und Großbritannien vergrößern, wäre dieser Anspruch schwerlich durchzusetzen.

15.4 Die nationalen politischen und strategischen Positionen zur GSVP – Konvergenzen und Spannungen

Die Analyse der außen-, sicherheits- und verteidigungspolitischen Grundlinien in den drei großen EU-Mitgliedstaaten sollen keineswegs die Bedeutung anderer EU-Länder in diesem Politikfeld schmälern oder gar leugnen. Dennoch – ihnen kommt eine zentrale Bedeutung für die politische wie militärische Ausgestaltung der GSVP zu. Folgende Aspekte erscheinen nach der Auswertung der relevanten Dokumente von besonderem Interesse:

- In politischer Hinsicht haben sich Debatten und Frontlinien der vergangenen Jahre deutlich entschärft. Die seit Anbeginn der GSVP – und lange zuvor schon – herrschende Spannung zwischen Europäern und Atlantikern wurde nicht zuletzt durch den französischen Schritt zurück in die militärische Integration der NATO nachhaltig entkräftet. Dies hat auch der britischen GSVP-Position neue Freiräume eröffnet.
- Allerdings bleibt derzeit fraglich, welche Priorität der GSVP – vor allem für Großbritannien und Frankreich – überhaupt noch zukommt. Zum einen macht sich augenfällig ein neuer Bilateralismus auch in den strategischen und politischen Konzeptionen bemerkbar, und zum anderen hat die GSVP im Vergleich zu früheren Jahren einen weniger prominenten

Platz in den französischen Überlegungen eingenommen, die sich unter der Präsidentschaft Sarkozys auch von der Idee einer ‚Europe puissance' entfernt zu haben scheint. Auch der deutsche Multilateralismus unterliegt einem Wandel, der ihn deutlicher als zuvor an nationale Interessen rückbindet.

- Die strategischen Grundlagen der Außen-, Sicherheits- und Verteidigungspolitik Großbritanniens, Frankreichs und Deutschlands wurden in den letzten Jahren neu gefasst und dabei modernisiert. Ihnen allen liegt ein breiterer und umfassenderer Sicherheitsbegriff zugrunde, welcher künftiges Vorgehen auch im Rahmen der GSVP prägen soll.
- Ein ausreichender Raum für Konsens hinsichtlich der anzugehenden Sicherheitsrisiken und -bedrohungen scheint vorhanden zu sein. Auch eine Weiterentwicklung der Europäischen Sicherheitsstrategie aus dem Jahre 2003 dürfte vor dem Hintergrund der konzeptionellen und strategischen Debatte in den Mitgliedstaaten vielversprechende Resultate erwarten lassen.
- Neue Erscheinungsformen der Unsicherheit wie Cyber-Terrorismus werden es nötig machen, über die Grenzen der heutigen GSVP hinauszugehen, was angesichts der institutionellen und politischen Fragmentierung des EU-Entscheidungssystems schwerwiegende Kohärenz-, Effizienz- und Transparenzfragen aufwirft. Die bisher durchgeführten Reformen erscheinen jedenfalls nicht ausreichend.
- Eine Weiterentwicktung und Vertiefung der GSVP kann nur gelingen, wenn die großen EU-Staaten die Initiative ergreifen und gemeinsam vorgehen. Dies scheint sich nicht unmittelbar anzubahnen. Weder die britisch-französische Kooperation noch die Zusammenarbeit im Rahmen des Weimarer Dreiecks entwickeln eine ausreichende Dynamik und Energie, um die anderen Mitgliedstaaten für neue Schritte und Projekte zu gewinnen.
- Einen wertvollen Ausgangspunkt für die zunehmende Vertiefung der GSVP können die engen fiskalpolitischen Grenzen bieten, in denen sich derzeit die mitgliedstaatlichen Regierungen bewegen. Neue Formen der Kooperation, Bündelung und sogar Integration sollten hier kein Tabu darstellen.

Weiterführende Literatur

Müller-Brandeck-Bocquet, G. (Hg.) (2002). *Europäische Außenpolitik, GASP- und GSVP-Konzeptionen ausgewählter Mitgliedstaaten,* Baden-Baden: Nomos.

Valásek, T. (2005). New EU Members in Europe's Security Policy, in: *Cambridge Review of International Affairs* 18/2, 217–228.

16 Bilanz und Ausblick – die GSVP und ihre Herausforderungen

Knapp 15 Jahre nach ihrer Gründung kann die GSVP auf Erfolge und Rückschläge zurückblicken. Durch den Lissabonner Vertrag hat sie einen rechtlichen und institutionellen Status erlangt, der ihr zuvor versagt geblieben war. Ohne Frage waren hierzu die Debatte im Konvent zur Zukunft Europas und der daraus resultierende Verfassungsvertrag von eminenter Bedeutung. Trotz des Scheiterns des Projekts konnten die wesentlichen Elemente in die Lissabonner Vertragsreform hinübergerettet werden. Im Zuge dieser Vertragsänderungen ist auch die Kohärenz der Außenbeziehungen der EU erhöht worden, die für eine effektive GSVP von erheblicher Bedeutung ist. Die Schaffung des Amtes des/der Hohen Vertreters/in für Außen- und Sicherheitspolitik, das eine Brücke zwischen Rat und Kommission schlägt, ist hier ebenso zu nennen wie die Einrichtung des Europäischen Auswärtigen Dienstes, der die Infrastruktur des Krisenmanagements bündelt und unter ein gemeinsames Dach stellt.

So imposant die institutionelle Entwicklung der GSVP sich darstellen mag, so enttäuschend sind ihre Errungenschaften im Hinblick auf die militärischen und zivilen Kapazitäten, derer ein effektives Krisenmanagement bedarf, um sich international Stimme und Gehör zu verschaffen. Zwar wurde hier versucht, mit der Europäischen Verteidigungsagentur eine neue Schaltstelle der Verbesserung der militärischen Fähigkeiten anzubieten, doch fehlt insgesamt der politische Durchsetzungswille zu substanziellen Fortschritten. Angesichts der budgetären Zwänge im Zuge der Finanz- und Verschuldungskrise ist auch auf absehbare Zeit keine dramatische Verbesserung der Lage zu erwarten.

Die strategische Entwicklung der GSVP wurde 2003 mit der Europäischen Sicherheitsstrategie sicherlich neu belebt, hat aber seither keine neuen Schübe erfahren. Für eine Neufassung der Sicherheitsstrategie war bislang kein Konsens erzielbar, sodass die EU sich mit einer insgesamt fragmentierten Gesamtsituation zufrieden geben muss. Interessant erscheint, dass sich die nationalen sicherheits- und verteidigungspolitischen Grundlagendokumente in den letzten Jahren – zumindest in den hier betrachteten Fällen Großbritanniens, Frankreichs und Deutschlands – durchaus den neuen Herausforderungen gestellt haben, allerdings ohne der GSVP eine Priorität als Handlungsrahmen einzuräumen.

Gerade am Beispiel Frankreichs und Großbritanniens lässt sich vielmehr eine wiedererwachte Präferenz für bilaterale Initiativen erkennen. Dies muss, wenn man die Entwicklung der GSVP seit 1998 betrachtet, keinesfalls das Ende der europäischen Dimension darstellen, sondern kann diese durchaus antreiben und weiterentwickeln. Ob dies gelingt, hängt aber nicht zuletzt davon ab, ob die GSVP für diese beiden Länder ausreichend attraktive Angebote bereithält, die ein gemeinsames Handeln lohnenswert erscheinen lassen. Hier wäre die weitere Nutzung der Ständigen Strukturierten Zusammenarbeit ohne Frage eine wichtige Wegmarke. Sollte diese sich effektiv als Instrument sowohl der militärischen Kapazitätsverbesserung wie der Differenzierung innerhalb der GSVP verwirklichen lassen, wäre dies womöglich ein geeigneter Rahmen für ein stärkeres Engagement der leistungsfähigen und -willigen EU-Staaten. Hierzu müsste aber vor allem die tief verwurzelte Konsenskultur im Hinblick auf flexible Ansätze überwunden werden.

Entspannt hat sich in den letzten Jahren die transatlantische Dimension der GSVP. Zum einen ist durch die Rückkehr Frankreichs in die militärische Integration der NATO eine jahrzehntelange Sonderstellung beendet worden, die zugleich auch den bislang vorherrschenden Konflikt zwischen Europäern und Atlantikern in der EU entschärft hat. Zum anderen ist durch die US-Administration Obama das Verhältnis Washingtons zur Europäischen Union und zur GSVP merklich verbessert worden. Ungeklärt bleibt aber die Beziehung zwischen der NATO und der GSVP insofern, als beide in den kommenden Jahren ihre Identitäts- und Rollensuche fortsetzen werden und dabei durchaus auch kollidierende Interessen geltend machen können. Die beschriebene Asymmetrie im transatlantischen Verhältnis dürfte auf absehbare Zeit andauern und wird die Standortbestimmung der GSVP nachhaltig beeinflussen. Es ist davon auszugehen, dass der Prozess der strategischen Umorientierung der USA in Richtung auf den asiatisch-pazifischen Raum – der übrigens auch in den nationalen Strategien in der EU sichtbar wurde – die Bedeutung und das Gewicht der EU und der GSVP verringern werden.

Die Komplexität der GSVP wird allerdings nirgendwo so deutlich wie in ihrer operativen Dimension. Die Bilanz der bisherigen Missionen im zivilen und militärischen Krisenmanagement ist zwar einerseits imposant, sowohl mit Blick auf die thematische wie die geographische Breite der Einsätze. Die komplexen institutionellen und prozeduralen Vorgaben des EU-Krisenmanagements haben bislang allerdings immer wieder zu Reibungsverlusten und Ineffizienzen geführt. Das Zusammenspiel der militärischen und zivilen Akteure bleibt bislang unzureichend, obwohl die EU hier in den letzten Jahren vermehrte Anstrengungen einer Harmonisierung unternommen hat. Durch den Europäischen Auswärtigen Dienst mögen Vereinfachungen möglich sein, allein – die Notwendigkeit einer Dauerkoordinierung der unterschiedlichen Akteure in der EU entfällt damit keinesfalls. Auch die Kommission bleibt mit den außerhalb des Auswärtigen Dienstes angesiedelten Dienststellen und Handlungsformen weiterhin ein gewichtiger Akteur, auf dessen Zusammenarbeit die GSVP angewiesen ist. Sowohl die politisch-strategische wie die operative Bilanz der zivil-militärischen Zusammenarbeit ist jedenfalls ausbaufähig.

Für die Einsätze der EU bedarf es künftig klarerer Regeln und einer systematischen Exit- bzw. Überführungsstrategie. Für Operationen im zivilen Bereich müssen Anknüpfungen durch Unionsprogramme erfolgen, die langfristige Erfolge sichern. Für militärische Operationen müssen klare Ziele und Ergebnisse definiert werden, die dann in einem politisch-diplomatischen Prozess überwacht werden können.

Immer noch vermengen sich institutionelle Eigeninteressen der Union mit den Zielen der Konfliktlösung in Drittstaaten. Missionen wurden durchgeführt, um eine oftmals eher symbolische Präsenz der EU in bestimmten Regionen zu demonstrieren – und laufen dann Gefahr, wie im Irak und in Afghanistan, kaum wahrgenommen zu werden. Oder sie werden von Regierungen als notwendiges Übel akzeptiert, um das politische und ökonomische Wohlwollen der EU nicht zu verlieren, ohne aber substanzielles Interesse an Konfliktlösungen zu zeigen – wie zunehmend in der Demokratischen Republik Kongo.

Notwendig sind daher neben den institutionellen, personellen und materiellen Ressourcen klare Kriterien und Indikatoren, nach denen die Ingangsetzung und die Fortführung von Einsätzen der GSVP zu bewerten und letztlich zu steuern sind.

Die GSVP hat im Laufe ihrer Entwicklung Erfolge und Krisen verzeichnet, aus Letzteren gilt es, institutionell und politisch zu lernen, um ihren Fortgang und ihre Vertiefung voranzutreiben.

17 Literatur

Agathonos, P. (2010). ESVP-Operationen – Sieben Jahre alt und schon weltweit präsent, in: J. Pucher/J. Frank (Hg.), *Strategie und Sicherheit 2010. Das strategische Profil der Europäischen Union*, Wien u. a.: Böhlau, 99–112.

Albright, M. (1998). The right balance will secure NATO´s future, in: *Financial Times*, 7. 12.

Algieri, F. (2010). *Die Gemeinsame Außen- und Sicherheitspolitik der EU*, Wien: facultas.

Allen, G. (2011). About time we put jaw before war into law, in: *Parliamentary Brief Online*, http://www.parliamentarybrief.com/2011/04/about-time-we-put-jaw-before-war-into-law.

Arikbuka, L. (2011). *EU-NATO Security Relations since the Maastricht Treaty. Emerging Division of Labour?*, Saarbrücken: Lambert Academic.

Arnaud, L., et al. (2008). *Guide to the European Security and Defence Policy (ESDP)*, Brüssel: Permanent Representation of France to the European Union and French Delegation to the Political and Security Committee.

Art, R. (2004). Europe hedges its security bets, in: T. V. Paul/J. J. Wirtz/M. Fortmann (Hg.), *Balance of Power: Theory and Practice in the Twenty-first Century*, Stanford: Stanford University Press, 179–213.

Bassuener, K./Ferhatovic, E. (2008). The ESDP in Action. The View from the Consumer Side, in: M. Merlingen/R. Ostrauskaité (Hg.), *European Security and Defence Policy. An Implementation Perspective*, London–New York: Routledge, 173–188.

Bauer, S. (2000). Defence Industry Restructuring: negotiations continue, in: *European Security Review* 1, 4f.

— (2001). Can European Defence Industrial Co-operation be made Accountable?, in: *European Security Review* 7, 2f.

Baumann, R. (2011). Multilateralismus: Die Wandlung eines vermeintlichen Kontinuitätselements der deutschen Außenpolitik, in: T. Jäger/A. Höse/K. Oppermann (Hg.), *Deutsche Außenpolitik. Sicherheit, Wohlfahrt, Institutionen und Normen*, Wiesbaden: VS, 468–487.

Baumgartner, M. (2002). Eine Streitmacht für mancherlei Zwecke – Können die Europäer das Headline Goal erfüllen?, in: E. Reiter/R. Rummel/P. Schmidt (Hg.), *Europas ferne Streitmacht. Chancen und Schwierigkeiten der Europäischen Union beim Aufbau der GSVP*, Hamburg u. a.: Mittler & Sohn, 11–42.

Bertin, T. (2008). The EU Military Operation in Bosnia, in: M. Merlingen/R. Ostrauskaité (Hg.), *European Security and Defence Policy. An Implementation Perspective*, London–New York: Routledge, 61–77.

Bickerton, C. J., et al. (2011). Security Co-operation beyond the Nation-State: The EU's Common Security and Defence Policy, in: *Journal of Common Market Studies* 49/1, 1–21.

Biscop, S./Coelmont, J. (2011). CSDP and the 'Ghent Framework': The Indirect Approach to Permanent Structured Cooperation?, in: *European Foreign Affairs Review* 16/2, 149–167.

Björkdahl, A./Strömvik, M. (2008). *EU Crisis Management Operations. ESDP Bodies and Decision-Making Procedures*, Danish Institute for International Studies (DIIS), DIIS report 2008:8, Copenhagen: DIIS.

Blanck, K. (2005). *Die Europäische Sicherheits- und Verteidigungspolitik im Rahmen der europäischen Sicherheitsarchitektur*, Wien–New York: Springer.

Bloching, S. (2011). *European Security Review. ESR Briefing 7, Policing in Conflict. An Overview of EUPOL Afghanistan*, 12. 7., http://www.isis-europe.eu/sites/default/files/programmes-downloads/2011_artrel_646_esrbriefing7-eupol-afghanistan.pdf.

Borchert, H. (2005). Rollenspezialisierungen und Zusammenlegung von Ressourcen: Sechs Thesen zur Weiterentwicklung, in: J. Varwick (Hg.), *Die Beziehungen zwischen NATO und EU. Partnerschaft, Konkurrenz, Rivalität?*, Opladen: Budrich, 155–168.

Born, H./Anghel, S./Dowling, A./Fuior, T. (2008). *Parliamentary Oversight of ESDP Missions*, Policy Paper Nr. 28, Genf: Geneva Centre for the Democratic Control of Armed Forces (DCAF).

Boyer, Y. (2002). France and the European Security and Defence Policy: A Leadership Role Among Equals, in: H. G. Erhart (Hg.), *Die Europäische Sicherheits- und Verteidigungspolitik. Positionen, Perzeptionen, Probleme, Perspektiven*, Baden-Baden: Nomos, 49–57.

Bretherton, C./Vogler, J. (Hg.) (1999). *The European Union as a Global Actor,* London: Routledge.

Brimmer, E. (Hg.) (2002). *The EU's Search for a Strategic Role, ESDP and its Implications for Transatlantic Relations,* Washington, D. C.: Center for Transatlantic Relations.

British-French Summit (1998). Joint Declaration, St. Malo, 3.–4. 12., in: *From St. Malo to Nice, European defence: core documents,* compiled by Maartje Rutten, Institute for Security Studies of the Western European Union, Chaillot Paper 47, Paris 2001, 8f.

Bulut, E. (2009a). The EU Police Mission for the Palestinian Territories – EU Coordinating Office for Palestinian Police Support (EUPOL COPPS), in: G. Grevi/D. Helly/D. Keohane (Hg.), *European Security and Defence Policy. The First 10 Years (1999–2009),* Paris: EU Institute for Security Studies, 287–298.

— (2009b). The EU Border Assistance Mission at the Rafah Border Crossing Point (EUBAM Rafah), in: G. Grevi/D. Helly/D. Keohane (Hg.), *European Security and Defence Policy. The First 10 Years (1999–2009),* Paris: EU Institute for Security Studies, 299–309.

Cascone, G. (2008). ESDP Operations and NATO. Co-operation, Rivalry or Muddling-Through, in: M. Merlingen/R. Ostrauskaité (Hg.), *European Security and Defence Policy. An Implementation Perspective,* London–New York: Routledge, 143–158.

Center for Security Studies (2010). Die African Standby Force auf dem Prüfstand, in: *CSS Analysen zur Sicherheitspolitik* 84, Zürich: ETH.

Cornish, P./Edwards, G. (2005). The strategic culture of the European Union: a progress report, in: *International Affairs* 81/4, 801–820.

Council of the European Union (2001). *Suggestions for procedures for coherent, comprehensive EU crisis management,* 5633/01 LIMITE, Brüssel, 24. 1.

— (2003). *Suggestions for procedures for coherent, comprehensive EU crisis management,* 11127/03 LIMITE, Brüssel, 3. 7.

— (2007). *Civilian Headline Goal 2010,* approved by the General Affairs and External Relations Council on 19 November 2007, Doc. 14823/07.

— (2009). *EU Battlegroups.* Factsheet, Juli, http://www.consilium.europa.eu/uedocs/cmsUpload/090720-Factsheet-Battlegroups_EN.pdf.

— (2011). *Common Security and Defence Policy, Factsheet on Development of European Military Capabilities,* updated: Januar 2011, Military capabilities/8, http://www.consilium.europa.eu/media/1222506/110106%20updated%20factsheet%20capacites%20militaires%20-%20version%208_en.pdf.

Deighton, A. (2002). The European Security and Defence Policy, in: *Journal of Common Market Studies* 40/4, 719–741.

Deloche-Gaudez, F. (2002). Frankreichs widersprüchliche Positionen in der Gemeinsamen Außen- und Sicherheitspolitik, in: G. Müller-Brandeck-Bocquet (Hg.), *Europäische Außenpolitik, GASP- und ESVP-Konzeptionen ausgewählter EU-Mitgliedstaaten,* Baden-Baden: Nomos, 120–133.

Dembinski, M. (2005). Die Beziehungen zwischen NATO und EU von „Berlin" zu „Berlin plus": Konzepte und Konzeptlinien, in: J. Varwick (Hg.), *Die Beziehungen zwischen NATO und EU. Partnerschaft, Konkurrenz, Rivalität?,* Opladen: Budrich, 61–80.

Diedrichs, U. (2004a). The European Parliament in CFSP: More than a Marginal Player?, in: *The International Spectator* 2, 31–46.

— (2004b). Explaining the EU's Military Dimension: Theoretical and Conceptual Approaches to ESDP, in: R. Rotte/T. Sprungala (Hg.), *Probleme und Perspektiven der Europäischen Sicherheits- und Verteidigungspolitik (ESVP),* Münster: LIT, 34–57.

— (2011). Modes of governance in the EU's Common Foreign and Security Policy, in: U. Diedrichs/W. Reiners/W. Wessels (Hg.). *The Dynamics of Change in EU Governance,* Cheltenham–Northampton: Elgar, 149–179.

— /Jopp. M. (2005). Die Sicherheits- und Verteidigungspolitik der EU nach dem Verfassungsvertrag: Innovationen, Experimente, Impulse, in: M. Jopp/S. Matl (Hg.), *Der Vertrag über eine Verfassung für Europa. Analysen zur Konstitutionalisierung der EU,* Baden-Baden: Nomos, 343–366.

Dietl, R. (2004). Kontinuität und Wandel – Zur Geschichte der europäischen Zusammenarbeit auf dem Gebiet der Sicherheits- und Verteidigungspolitik 1948–2003, in: R. C. Meier-Walser (Hg.), *Gemeinsam sicher? Vision und Realität europäischer Sicherheitspolitik,* Neuried: ars una, 19–86.

Dietrich, S. (2006). *Europäische Sicherheits- und Verteidigungspolitik (ESVP),* Baden-Baden: Nomos.

Duke, S. (2000). *The Elusive Quest for European Security, From EDC to CFSP,* Houndmills u. a.: Palgrave.

Ehrhart, H.-G. (Hg.) (2002). *Die Europäische Sicherheits- und Verteidigungspolitik. Positionen, Perzeptionen, Probleme, Perspektiven,* Baden-Baden: Nomos.

Europäische Kommission (2001). *Mitteilung der Kommission zur Konfliktprävention,* KOM (2001) 211 endgültig, Brüssel, 11. 4.

— (2007). *Mitteilung der Kommission an den Rat, das Europäische Parlament, den Europäischen Wirtschafts- und Sozialausschuss und den Ausschuss der Regionen, Überlegungen zur Vorgehensweise der EU in Situationen der Fragilität – Engagement für nachhaltige Entwicklung, Stabilität und Frieden in schwierigen Kontexten,* Brüssel, 25.10., KOM (2007) 643 endg.

Europäische Sicherheitsstrategie (2003). *Ein sicheres Europa in einer besseren Welt,* Brüssel, 12.12.

Europäischer Rat (1999a). *Schlussfolgerungen des Vorsitzes, Europäischer Rat in Köln, 3. und 4. Dezember 1999,* Dokument 150/99 (Presse 0), darin: Bericht des Vorsitzes über die Stärkung der Gemeinsamen Sicherheits- und Verteidigungspolitik, Anlage III.

— (1999b). *Schlussfolgerungen des Vorsitzes, Europäischer Rat (Helsinki), 10. und 11. Dezember 1999,* Press Release: Brüssel, 11. 12., Nr. 00300/99, darin: Bericht des Vorsitzes über die Stärkung der Gemeinsamen Europäischen Sicherheits- und Verteidigungspolitik und über die nichtmilitärische Krisenbewältigung der Europäischen Union, Anlage IV, Dok. Nr. 13619/1/99, Brüssel.

Fischer, S. (2009). The European Union Monitoring Mission in Georgia (EUMM), in: G. Grevi/D. Helly/D. Keohane (Hg.), *European Security and Defence Policy. The First 10 Years (1999–2009),* Paris: EU Institute for Security Studies, 379–390.

Fitschen, P. (2005). „Rollenspezialisierungen" und „Pooling" – Zauberformel für ESVP und NATO?, in: J. Varwick (Hg.), *Die Beziehungen zwischen NATO und EU. Partnerschaft, Konkurrenz, Rivalität?,* Opladen: Budrich, 139–154.

Francia, R./Medina Abellán, M. A. (2004). Striving for a Common Foreign Policy. A Brief History, in: D. Mahncke/A. Ambos/C. Reynolds (Hg.), *European Foreign Policy. From Rhethoric to Reality?,* Brüssel u. a.: Lang, 117–164.

Gareis, S. (2005). Sicherheitspolitik zwischen „Mars" und „Venus"? Die Sicherheitsstrategien der USA und der EU im Vergleich, in: J. Varwick (Hg.), *Die Beziehungen zwischen NATO und EU. Partnerschaft, Konkurrenz, Rivalität?,* Opladen: Budrich, 81–96.

Gebhard, C. (2009). The Crisis Management and Planning Directorate: Recalibrating ESDP Planning and Conduct Capacities, in: *CFSP Forum* 7/4, 8–14.

Ghez, J./Larrabee, F. S. (2009). France and NATO, in: *Survival* 51/2, 77–90.

Giegerich, B./Wallace, W. (2004). Not such a Soft Power: The External Deployment of European Forces, in: *Survival* 46/2, 163–182.

— (2006). *European Security and Strategic Culture. National Responses to the EU's Security and Defence Policy,* Baden-Baden: Nomos.

Göler, D./Jopp, M. (2012). Gemeinsame Sicherheits- und Verteidigungspolitik, in: W. Weidenfeld/W. Wessels (Hg.), *Jahrbuch der Europäischen Integration 2011,* Baden-Baden: Nomos, 271–280.

Gomis, B. (2011). *Franco-British Defence and Security Treaties: Entente while it lasts?*, Chatham House, Programme Paper, ISP PP 2011/01, London: Chatham House.

Gourlay, C. (2011). *The politics of EU civilian interventions and the strategic deficit of CSDP*, isis Europe, paper, series communicate, coordinate and cooperate, Brüssel.

Gowan, R. (2009). ESDP and the United Nations, in: G. Grevi/D. Helly/D. Keohane (Hg.), *European Security and Defence Policy. The First 10 Years (1999–2009)*, Paris: EU Institute for Security Studies, 117–126.

Greco, E./Pirozzi, N./Silvestri, S. (Hg.) (2010). *EU Crisis Management: Institutions and Capabilities in the Making*, Quaderni IAI, 19, English Series, Rom: Istituto Affari Internazionali.

Grevi, G. (2009a). ESDP Institutions, in: G. Grevi/D. Helly/D. Keohane (Hg.), *European Security and Defence Policy. The First 10 Years (1999–2009)*, Paris: EU Institute for Security Studies, 19–67.

— (2009b). The EU rule-of-law mission in Kosovo (EULEX Kosovo), in: G. Grevi/D. Helly/D. Keohane (Hg.), *European Security and Defence Policy. The First 10 Years (1999–2009)*, Paris: EU Institute for Security Studies, 353–368.

— /Keohane, D. (2009). ESDP Resources, in: G. Grevi/D. Helly/D. Keohane (Hg.), *European Security and Defence Policy. The First 10 Years (1999–2009)*, Paris: EU Institute for Security Studies, 69–114.

— /Helly, D./Keohane, D. (Hg.) (2009). *European Security and Defence Policy. The First 10 Years (1999–2009)*, Paris: EU Institute for Security Studies.

Gross, E. (2008). *EU and the Comprehensive Approach*, Danish Institute for International Studies (DIIS), DIIS report 2008: 13, Copenhagen: DIIS.

— et al. (Hg.) (2011). *Preventing Conflict, Managing Crisis, European and American Perspectives*, Washington, D. C.: Center for Transatlantic Relations.

Hamilton, D. (2002). American Views of European Security and Defense Policy, in: E. Brimmer (Hg.), *The EU's Search for a Strategic Role, ESDP and its Implications for Transatlantic Relations*, Washington, D. C.: Center for Transatlantic Relations, 147–157.

Hansen, A. (2006). *Against all Odds. The Evolution of Planning for ESDP Operations, Civilian Crisis Management from EUPM Onwards*, Study 10/06, Norwegian Defence Research Establishment/Centre for International Peace Operations, Berlin: Zentrum für Internationale Friedenseinsätze (ZIF).

Hartley, K. (2006). Defence Industrial Policy in a Military Alliance, in: *Journal of Peace Research* 43, 473–489.

Heise, V./Schmidt, P. (2005). NATO und EU: Auf dem Weg zu einer strategischen Partnerschaft?, in: T. Jäger/A. Höse/K. Oppermann (Hg.), *Transatlantische Beziehungen. Sicherheit – Wirtschaft – Öffentlichkeit*, Wiesbaden: VS, 65–86.

Helly, D. (2009a). ESDP and the African Union, in: G. Grevi/D. Helly/D. Keohane (Hg.), *European Security and Defence Policy. The First 10 Years (1999–2009)*, Paris: EU Institute for Security Studies, 147–157.

— (2009b). EUNAVFOR Somalia. The EU military operation Atalanta, in: G. Grevi/D. Helly/D. Keohane (Hg.), *European Security and Defence Policy. The First 10 Years (1999–2009)*, Paris: EU Institute for Security Studies, 391–402.

Hill, C. (2003). Renationalizing or Regrouping? EU Foreign Policy Since 11 September 2001, in: *Journal of Common Market Studies* 42/1, 143–163.

Hofmann, S. (2011). Why Institutional Overlap Matters: CSDP in the European Security Architecture, in: *Journal of Common Market Studies* 49/1, 101–120.

Howorth, J. (2000a). *European integration and defence: the ultimate challenge?*, Chaillot Paper 43, Paris: Institute for Security Studies.

— (2000b). Britain, France and the European Defence Initiative, in: *Survival* 2, 33–55.

— (2001). European defence and the Changing Politics of the European Union: Hanging Together or Hanging Separately?, in: *Journal of Common Market Studies* 39/4, 765–789.

— (2002). CESDP after 11 September: From Short-Term Confusion to Long-Term Cohesion?, in: *EUSA Review* 15/1, 3f.

(2004a). France, Britain and the Euro Atlantic Crisis, in: *Survival* 45/4, 173–192.

— (2004b). Discourse, Ideas, and Epistemic Communities in European Security and Defence Policy, in: *West European Politics* 27/2, 211–234.

— (2007). *Security and Defence Policy in the European Union*, Houndmills u.a.: Palgrave Macmillan.

— (2009). NATO and ESDP. Institutional Complexities and Political Realities, in: *Politique étrangère* 5, 95–106.

Howorth, J. /Menon, A. (2009). Still Not Pushing Back. Why the European Union Is not Balancing the United States, in: *Journal of Conflict Resolution* 53/5, 727–744.

Hyde-Price, A. (2005). New Labour und die britische Außenpolitik, in: *Aus Politik und Zeitgeschichte* 47, 5–12.

Interinstitutionelle Vereinbarung (2006). *Interinstitutionelle Vereinbarung vom 17. Mai 2006 zwischen dem Europäischen Parlament, dem Rat und der Europäischen Kommission über die Haushaltsdisziplin und die wirtschaftliche Haushaltsführung*, Amtsblatt der EU C 139/2006, 14. 6.

Ioannides, I. (2010). EU Civilian Capabilities and Cooperation with the Military Sector, in: E. Greco/N. Pirozzi/S. Silvestri (Hg.), *EU Crisis Management: Institutions and Capabilities in the Making*, Quaderni IAI 19, English Series, Rom: Istituto Affari Internazionali, 29–43.

ISIS Europe (2011a). *European Security Review. Individual Mission Update EUPOL COPPS, Palestinian Territories*, 19. 10., http://www.isis-europe.eu/sites/default/ files/programmes-downloads/Oct2011EUPOLCOPPSPALEST.pdf.

— (2011b). *European Security Review. Individual Mission Update EUJUST LEX Iraq*, 19. 10., http://www.isis-europe.eu/sites/default/files/programmes-downloads/Oct2011EUJUSTLEXIRAQ.pdf.

— (2011c). European Security Review. *Individual Mission Update, EUPOL DR Congo*, 19. 10., http://www.isis-europe.eu/sites/default/files/programmes-downloads/Oct2011EUPOLDRCONGO.pdf.

— (2011d). *European Security Review. Individual Mission Update, EUFOR Althea*, 19. 10., http://www.isis-europe.eu/sites/default/files/programmes-downloads/Oct2011EUFORALTHEA.pdf.

— (2011e). *European Security Review. Individual Mission Update, EUBAM Rafah*, 19. 10., http://www.isis-europe.eu/sites/default/files/programmes-downloads/Oct2011EUBAMRAFAH.pdf.

— (2011f). *European Security Review. Individual Mission Update, EUTM Somalia*, 19. 10., http://www.isis-europe.eu/sites/default/files/programmes-downloads/Oct2011EUTM.pdf.

— (2011g). *European Security Review. Individual Mission Update, EUBAM Ukraine Moldova*, 19. 10., http://www.isis-europe.eu/sites/default/files/programmes-downloads/Oct2011EUBAMUM.pdf.

— (2011h). *European Security Review. Individual Mission Update, EUSEC DR Congo*, 19. 10., http://www.isis-europe.eu/sites/default/files/programmes-downloads/Oct2011EUSECCONGO.pdf.

— (2011i). *European Security Review. Individual Mission Update, EULEX Kosovo*, 19. 10., http://www.isis-europe.eu/sites/default/files/programmes-downloads/Oct2011EUJUSTLEXKOSOVO.pdf.

— (2011j). *European Security Review. Individual Mission Update, EUMM Georgia*, 19. 10., http://www.isis-europe.eu/sites/default/files/programmes-downloads/Oct2011EUMMGEORGIA.pdf.

— (2011k). *European Security Review. Individual Mission Update,* EUNAVFOR, 19. 10., http://www.isis-europe.eu/sites/default/files/programmes-down loads/Oct2011EUNAVFOR.pdf.

Jäger, T./Höse, A./Oppermann, K. (Hg.) (2005). *Die Sicherheitsstrategien Europas und der USA. Transatlantische Entwürfe für eine Weltordnungspolitik,* Baden-Baden: Nomos.

Jankowski, D. P./Kowalik, T. K. (2011). NATO after Libya. Campaign burnished Europe's leadership yet uncensored spending shortfalls, in: *Armed Forces Journal* 11/11, http://www.armedforcesjournal.com/2011/11/7981558/.

Jones, S. G. (2007). *The rise of European security cooperation.* Cambridge: Cambridge University Press.

Jopp, M. (1999). Europäische Sicherheits- und Verteidigungspolitik, in: W. Weidenfeld/W. Wessels (Hg.), *Jahrbuch der Europäischen Integration 1998/99,* Bonn: Europa Union, 271–276.

— (2000). Europäische Sicherheits- und Verteidigungspolitik, in: W. Weidenfeld/W. Wessels (Hg.), *Jahrbuch der Europäischen Integration 1999/2000,* Bonn: Europa Union.

— /Reckmann, J./Regelsberger, E. (2002). Ansatzpunkte und Optionen zur institutionellen Weiterentwicklung von GASP und GSVP, in: *integration* 3, 230–237.

— /Regelsberger, E. (2003). GASP und GSVP im Verfassungsvertrag – eine neue Angebotsvielfalt mit Chancen und Mängeln, in: *integration* 4, 550–563.

— /Sandawi, S. (2004). Europäische Sicherheits- und Verteidigungspolitik, in: W. Weidenfeld/W. Wessels (Hg.), *Jahrbuch der Europäischen Integration 2003/2004,* Baden-Baden: Nomos, 229–238.

Jünemann, A./Schörnig, N. (2002). Die Sicherheits- und Verteidigungspolitik der „Zivilmacht Europa". Ein Widerspruch in sich?, in: *HFSK-Report* 13.

Kaim, M. (2007). *Die Europäische Sicherheits- und Verteidigungspolitik. Präferenzbildungs- und Aushandlungsprozesse in der Europäischen Union (1990–2005),* Baden-Baden: Nomos.

Kaim, M./Niedermeier, P. (2011). Das Ende des „multilateralen Reflexes"? Deutsche NATO-Politik unter neuen nationalen und internationalen Rahmenbedingungen, in: T. Jäger/A. Höse/K. Oppermann (Hg.), *Deutsche Außenpolitik. Sicherheit, Wohlfahrt, Institutionen und Normen,* Wiesbaden: VS, 105–125.

Kamp, K.-H. (2005). Die Debatte um die Sicherheitsstrategie der USA: Prävention und Präemption, in: T. Jäger/A. Höse/K. Oppermann (Hg.) (2005). *Die Sicherheitsstrategien Europas und der USA. Transatlantische Entwürfe für eine Weltordnungspolitik,* Baden-Baden: Nomos, 111–123.

Kantner, C. (2006). Europäische Sicherheits- und Verteidigungspolitik, in: S. B. Gareis/P. Klein (Hg.), *Handbuch Militär und Sozialwissenschaft,* 2. Aufl., Wiesbaden: VS, 250–261.

Keohane, D. (2004). *Europe's new defence agency,* Centre for European Reform Policy Brief, London: Centre for European Reform.

— (2009). EUFOR Althea (Bosnia and Herzegovina), in: G. Grevi/D. Helly/D. Keohane (Hg.), *European Security and Defence Policy. The First 10 Years (1999–2009),* Paris: EU Institute for Security Studies, 211–219.

Klein. N. (2010). *European Agents out of Control? Delegation and Agency in the Civil-Military Crisis Management of the European Union 1999–2008,* Baden-Baden: Nomos.

Koenig, N. (2011). Zwischen Handeln und Zaudern – die Europäische Union in der Libyen-Krise, in: *integration* 34/4, 323–336.

Korski, D. (2009). EUJUST Lex (Iraq), The integrated rule of law mission in Iraq, in: G. Grevi/D. Helly/D. Keohane (Hg.), *European Security and Defence Policy. The First 10 Years (1999–2009),* Paris: EU Institute for Security Studies, 231–241.

Kranzle, H. J. (2000). Les industries européennes de défense, in: *défense nationale* 6, 61–69.

Kremer, M./Schmalz, U. (2001). Nach Nizza – Perspektiven der Gemeinsamen Europäischen Sicherheits- und Verteidigungspolitik, in: *integration* 2, 54–65.

Küchle, H. (2001). *Rüstungsindustrie im Umbruch. Strategien deutscher Unternehmen und Ansätze einer europäischen Neuordnung,* Baden-Baden: Nomos.

Kupchan, C. A. (2000). In Defence of European Defence: An American Perspective, in: *Survival* 2, 16–32.

Larrabee, F. S. (2011). Die Vereinigten Staaten und die Entwicklung der GSVP, in: A. Vasconcelos (Hg.), *Perspektiven für die Europäische Verteidigung 2020,* Paris: EU Institut für Sicherheitsstudien, 55–66.

Lieb, J./Kremer, M. (2010). Der Aufbau des Europäischen Auswärtigen Dienstes, in: *integration* 3, 195–208.

Livre Blanc (2008). *Défense et Sécurité nationale. Le Livre Blanc,* Paris: Odile Jacob, La Documentation Française.

Lundmark, M. (2001). *The Transatlantic defence industry market – future models of integration,* paper presented at the 47th Atlantic Treaty Association General Assembly, 2.–6. 10., Bled (Slowenien).

Maaß, C./Ruttig, T. (2011). *Afghanistan vor neuem Bürgerkrieg? Entwicklungsoptionen und Einflussfaktoren im Transitionsprozess,* SWP-Aktuell 40, August, Berlin: Stiftung Wissenschaft und Politik.

Major, C. (2010). *Ein zivil-militärisches Hauptquartier für die EU. Die Initiative des Weimarer Dreiecks belebt die laufende Debatte,* SWP-Aktuell 74, Berlin: Stiftung Wissenschaft und Politik.

— /Mölling, C. (2010). *EU-Battlegroups. Bilanz und Optionen zur Weiterentwicklung europäischer Krisenreaktionskräfte,* SWP-Studien S22, Berlin: Stiftung Wissenschaft und Politik.

— /Bail, M. (2011). Waiting for Soft Power: Why the EU Struggles with Civilian Crisis Management, in: E. Gross et al. (Hg.), *Preventing Conflict, Managing Crisis,* Washington, D. C.: Center for Transatlantic Relations, 15–36.

Manners, I. (2002). Normative power Europe: a contradiction in terms?, in: *Journal of Common Market Studies* 40/2, 235–258.

Markowski, S./Wylie, R. (2007). The Emergence of European Defence and Defence Industry Policies, in: *Security Challenges* 3/2, 31–51.

Martinelli, M. (2008). Implementing ESDP in Africa. The case of the Democratic Republic of Congo, in: M. Merlingen/R. Ostrauskaité (Hg.), *European Security and Defence Policy. An Implementation Perspective,* London–New York: Routledge, 111–127.

Martinsen, P. M. (2003). *The European Security and Defence Policy (ESDP) – a Strategic Culture in the Making?,* paper presented at the ECPR conference Section 17, Europe and Global Security, Marburg, 18.–21. 9.

Mattelaer, A. (2010). The CSDP Mission Planning Process of the European Union: Innovations and Shortfalls, in: S. Vanhoonacker/H. Dijkstra/H. Maurer (Hg.). *Understanding the Role of Bureaucracy in the European Security and Defence Policy. European Integration online Papers (EIoP),* Special Issue 1, Vol. 14, http://eiop.or.at/eiop/texte/2010-009a.htm.

Mauer, V. (2005). Von der Hegemonie zum kooperativen Gleichgewicht. Die transatlantischen Beziehungen im Wandel, in: J. Varwick (Hg.) (2005). *Die Beziehungen zwischen NATO und EU. Partnerschaft, Konkurrenz, Rivalität?,* Opladen: Budrich, 257–270.

Mawdsley, J./Quille, G. (2003). *The EU Security Strategy: A New Framework for ESDP and equipping the EU Rapid Reaction Force,* ISIS Europe, ISIS Report, Dezember.

Meier-Walser, R. C. (2005). Die Entwicklung der NATO 1990–2004, in: J. Varwick (Hg.), *Die Beziehungen zwischen NATO und EU. Partnerschaft, Konkurrenz, Rivalität?*, Opladen: Budrich, 25–44.

Meiers, F.-J. (2000). *Europäische Sicherheits- und Verteidigungsidentität (ESVI) oder Gemeinsame Sicherheits- und Verteidigungspolitik (GESVP)?*, ZEI Discussion Paper, C 79, Bonn.

— (2002). Deutschland: Der dreifache Spagat, in: H.-G. Erhart (Hg.), *Die Europäische Sicherheits- und Verteidigungspolitik. Positionen, Perzeptionen, Probleme, Perspektiven*, Baden-Baden: Nomos, 35–48.

Menon, A. (2011). Power, Institutions and the CSDP: The Promise of Institutionalist Theory, in: *Journal of Common Market Studies* 49/1, 83–100.

Merlingen, M./Ostrauskaité, R. (2008a). The Implementation of ESDP. Issues and Tentative Generalizations, in: M. Merlingen/R. Ostrauskaité (Hg.), *European Security and Defence Policy. An Implementation Perspective*, London–New York: Routledge, 189–205.

— /Ostrauskaité R. (Hg.) (2008b). *European Security and Defence Policy. An Implementation Perspective*, London – New York: Routledge.

Meyer, C. C. (2006). *The Quest for a European Strategic Culture: Changing Norms on Security and Defence in the European Union*, Basingstoke: Palgrave Macmillan.

Moens, A./Cohen, L. J./Sens, A. G. (Hg.) (2004). *NATO and European Security. Alliance Politics from the End of the Cold War to the Age of Terrorism*, Westport–London: Praeger.

Mölling, C. (2010). *Militärisches Krisenmanagement innerhalb der Europäischen Sicherheits- und Verteidigungspolitik. Strukturen, Akteure und Prozesse für die Planung und Entscheidung*, Zürich: ETH Center for Security Studies.

Moravcsik, A. (1998). *The choice for Europe: Social Purpose and State Power from Messina to Maastricht*, London: Cornell University Press.

Mühlmann, T. (2008). The Police Mission EUPM in Bosnia, 2003–2005, in: M. Merlingen/R. Ostrauskaité (Hg.), *European Security and Defence Policy. An Implementation Perspective*, London – New York: Routledge, 43–60.

Müller-Brandeck-Bocquet, G. (Hg.) (2002). *Europäische Außenpolitik, GASP- und GSVP-Konzeptionen ausgewählter Mitgliedstaaten*, Baden-Baden: Nomos.

— (Hg.) (2006a). *The Future of European Security and Defence Policy after Enlargement*, Baden-Baden: Nomos.

— (2006b). The big Member States' influence on the shaping of the European Union's Foreign, Security and Defence Policy, in: G. Müller-Brandeck-Bocquet (Hg.), *The Future of the European Foreign, Security and Defence Policy after Enlargement*, Baden-Baden: Nomos, 25–53.

National Security Strategy (2010). *A Strong Britain in an Age of Uncertainty: The National Security Strategy,* presented to Parliament by the Prime Minister by Command of Her Majesty, Oktober.

Norheim-Martinsen, P. M. (2010). Beyond Intergovernmentalism: European Security and Defence Policy and the Governance Approach, in: *Journal of Common Market Studies* 48/5, 1351–1365.

North Atlantic Council (2002). *Prague Summit Declaration, issued by the Heads of State and Government participating in the meeting of the North Atlantic Council,* Prag, 21. 11., Press Release 127.

— (2010). *Strategic Concept for the Defence and Security of the Members of the North Atlantic Treaty Organisation, adopted by Heads of State and Government in Lisbon,* http://www.nato.int/lisbon2010/strategic-concept-2010-eng. pdf.

Nowak, A. (Hg.) (2006a). *Civilian Crisis Management: the EU way,* Chaillot Paper 90, Paris: EU Institute for Security Studies.

— (2006b). Civilian Crisis Management within ESDP, in: A. Nowak (Hg.), *Civilian Crisis Management: the EU way,* Chaillot Paper 90, Paris: EU Institute for Security Studies, 15–37.

Nuttall, S. (1997). The CFSP Provisions of the Amsterdam Treaty. An Exercise in Colusive Ambiguity, in: *CFSP-Forum* 3, 1ff.

Oksamytna, K. (2011). The European Union Training Mission in Somalia and the Limits of Liberal Peacebuilding: Can EUTM Contribute to Sustainable and Inclusive Peace?, in: *The International Spectator* 46/4, 97–113.

Oppermann, K. (2008). *Prinzipale und Agenten in Zwei-Ebenen-Spielen. Die innerstaatlichen Restriktionen der Europapolitik Großbritanniens unter Tony Blair,* Wiesbaden: VS.

Overhaus, M. (2009). EUFOR Althea und EUPM in Bosnien-Herzegowina: Umsetzung des umfassenden Ansatzes, in: M. Asselburg/R. Kempin (Hg.), *Die EU als strategischer Akteur in der Sicherheits- und Verteidigungspolitik? Eine systematische Bestandsaufnahme der ESVP-Missionen und -Operationen,* SWP-Studie S32, Berlin: Stiftung Wissenschaft und Politik.

Paul, T. V. (2005). Soft Balancing in the Age of U. S. Primacy, in: *International Security* 30/1, 46–71.

Petrov, P. (2010). Early Institutionalisation of the ESDP Governance Arrangements: Insights From the Operations Concordia and Artémis, in: S. Vanhoonacker/H. Dijkstra/H. Maurer (Hg.), *Understanding the Role of Bureaucracy in the European Security and Defence Policy, European Integration online Papers (EIoP),* Special Issue 1, Vol. 14, http://eiop.or.at/eiop/texte/2010-008a_htm.

Pirozzi, N./Sandawi, S. (2009). *Military and Civilian ESDP Missions: Ever Growing and Effective?*, Documenti IAI 09/29, November, Rom: Istituto Affari Internazionali.

Posen, B. (2004). ESDP and the Structure of World Power, in: *The International Spectator* 1/04, 5–17.

— (2006). European Union Security and Defence Policy: Response to Unipolarity, in: *Security Studies* 15/2, 149–186.

Quille, G. (2004). 'Battle Groups' to strengthen EU Military Crisis management?, in: *ISIS European Security Review*, April.

— (2010). The European External Action Service and the Common Security and Defence Policy, in: E. Greco/N. Pirozzi/S. Silvestri (Hg.), *EU Crisis Management: Institutions and Capabilities in the Making*, Quaderni IAI, 19, English Series, Rom, 55–78.

Rat der Europäischen Union (2002). *Gemeinsame Aktion (2002/210/GASP) des Rates vom 11. März 2002 über die Polizeimission der Europäischen Union*, ABL L 70, 13. 3.

— (2003). *Bericht des Vorsitzes über die GSVP*, Dokument Nr. 1581/03, Brüssel, 9. 12.

— (2004). *Gemeinsame Aktion 2004/551/GASP des Rates vom 12. Juli 2004 über die Einrichtung der Europäischen Verteidigungsagentur*, ABL L 245, 17. 7.

— (2005a). *Gemeinsame Aktion 2005/355/GASP des Rates vom 2. Mai 2005 betreffend die Beratungs- und Unterstützungsmission der Europäischen Union im Zusammenhang mit der Reform des Sicherheitssektors in der Demokratischen Republik Kongo (DR Kongo)*, ABL L 112, 3. 5.

— (2005b). *Gemeinsame Aktion 2005/190/GASP des Rates vom 7. März 2005 betreffend die integrierte Mission der Europäischen Union zur Stützung der Rechtsstaatlichkeit im Irak, EUJUST LEX*, ABL L 62, 9. 3.

— (2005c). *Gemeinsame Aktion 2005/776/GASP des Rates vom 7. November 2005 zur Änderung des Mandats des Sonderbeauftragten der Europäischen Union für Moldau*, ABL L 292, 8. 11.

— (2005d). *Gemeinsame Aktion 2005/797/GASP des Rates vom 14. November 2005 zur Polizeimission der Europäischen Union für die Palästinensischen Gebiete*, ABL L 300, 17. 11.

— (2005e). *Gemeinsame Aktion 2005/889/GASP des Rates vom 12. Dezember 2005 zur Einrichtung einer Mission der Europäischen Union zur Unterstützung des Grenzschutzes am Grenzübergang Rafah (EUBAM Rafah)*, ABL L 327, 14. 12.

— (2007). *Gemeinsame Aktion 2007/369/*GASP *des Rates vom 30. Mai 2007 über die Einrichtung einer Polizeimission der Europäischen Union in Afghanistan* (EUPOL AFGHANISTAN), ABL L 139, 31. 5.

— (2008a). *Gemeinsame Aktion 2008/749/*GASP *des Rates vom 19. September 2008 betreffend die militärische Koordinierungsmaßnahme der Europäischen Union zur Unterstützung der Resolution 1816 (2008) des Sicherheitsrates der Vereinten Nationen* (EU NAVCO), ABL L 252, 20. 9.

— (2008b). *Gemeinsame Aktion 2008/851/*GASP *des Rates vom 10. November 2008 über die Militäroperation der Europäischen Union als Beitrag zur Abschreckung, Verhütung und Bekämpfung von seeräuberischen Handlungen und bewaffneten Raubüberfällen vor der Küste Somalias*, ABL L 301, 12. 11.

— (2008c). *Gemeinsame Aktion 2008/736/*GASP *des Rates vom 15. September 2008 über die Beobachtermission der Europäischen Union in Georgien*, EUMM *Georgia*, ABL L 248, 17. 9.

— (2008d). *Bericht über die Umsetzung der Europäischen Sicherheitsstrategie, Sicherheit schaffen in einer Welt im Wandel*, S 407/08, Brüssel, 11. 12.

— (2008d). *Beschluss 2008/975/*GASP *des Rates vom 18. Dezember 2008 über einen Mechanismus zur Verwaltung der Finanzierung der gemeinsamen Kosten der Operationen der Europäischen Union mit militärischen oder verteidigungspolitischen Bezügen (Athena)*, ABL L 345, 23. 12.

— (2010a). *Beschluss 2010/96/*GASP *des Rates vom 15. Februar 2010 über eine Militärmission der Europäischen Union als Beitrag zur Ausbildung somalischer Sicherheitskräfte*, ABL L 44, 19. 2.

— (2010b). *Beschluss 2010/197/*GASP *des Rates vom 31. März 2010 über die Einleitung einer Militärmission der Europäischen Union als Beitrag zur Ausbildung somalischer Sicherheitskräfte* (EUTM *Somalia*), ABL L 87, 7. 4.

— (2010c). *Beschluss 2010/766/*GASP *des Rates vom 7. Dezember 2010 zur Änderung der Gemeinsamen Aktion 2008/851/*GASP *über die Militäroperation der Europäischen Union als Beitrag zur Abschreckung, Verhütung und Bekämpfung von seeräuberischen Handlungen und bewaffneten Raubüberfällen vor der Küste Somalias*, ABL L 327, 11. 12.

Rat der Europäischen Union (2010d). *Beschluss des Rates vom 26. Juli 2010 über die Organisation und die Arbeitsweise des Europäischen Auswärtigen Dienstes (2010/427/*EU*)*, ABL L 201, 3. 8.

— (2010e). *Entwurf einer Strategie der inneren Sicherheit der Europäischen Union: „Hin zu einem europäischen Sicherheitsmodell"*, Vermerk des Vorsitzes für die Delegationen, 5842/2/10, REV 2, JAI 90, Brüssel, 23. 2.

Raube, K. (2007). *Die Verfassungsaußenpolitik der Europäischen Union. Die Gemeinsame Außen-, Sicherheits- und Verteidigungspolitik im Konvent zur Zukunft Europas*, Baden-Baden: Nomos.

Regelsberger, E. (2001). Die Gemeinsame Außen- und Sicherheitspolitik nach „Nizza" – begrenzter Reformeifer und außervertragliche Dynamik, in: *integration* 2, 156–166.

— (2002). Deutschland und die GASP – ein Mix aus Vision und Pragmatismus, in: G. Müller-Brandeck-Bocquet (Hg.), *Europäische Außenpolitik. GASP- und ESVP – Konzeptionen ausgewählter Mitgliedstaaten*, Baden-Baden: Nomos, 28–40.

— (2004). *Die Gemeinsame Außen- und Sicherheitspolitik der EU (GASP). Konstitutionelle Angebote im Praxistest 1993–2003*, Baden-Baden: Nomos.

— (2008). Von Nizza nach Lissabon – das neue konstitutionelle Angebot für die Gemeinsame Außen- und Sicherheitspolitik der EU, in: *integration* 3, 266–280.

— (2011). Die Gemeinsame Außen- und Sicherheitspolitik der EU nach Lissabon – Dynamik durch Flexibilisierung?, in: T. Eilmansberger/ S. Griller/ W. Oberwexer (Hg.), *Rechtsfragen der Implementierung des Vertrags von Lissabon*, Schriftenreihe der Österreichischen Gesellschaft für Europaforschung (ECSA Austria), Bd. 14, Wien – New York: Springer, 385–406.

Rehrl, J. (2010). Die Gemeinsame Sicherheits- und Verteidigungspolitik der Europäischen Union. Die ESVP im Vertrag von Lissabon, in: J. Pucher/ J. Frank (Hg.), *Strategie und Sicherheit 2010. Das strategische Profil der Europäischen Union*, Wien u. a.: Böhlau, 73–98.

— /Weisserth, H.-B. (Hg.) (2010). *Handbook on CSDP. The Common Security and Defence Policy of the European Union*, Vienna: Federal Ministry of Defence and Sports of the Republic of Austria.

Reiter, E./Rummel, R./Schmidt, P. (Hg.) (2002). *Europas ferne Streitmacht, Chancen und Schwierigkeiten der Europäischen Union beim Aufbau der ESVP*, Hamburg–Berlin: Mittler & Sohn.

Rieke, H. (2005). Strategiediskussionen in NATO und EU über die neuen Sicherheitsbedrohungen, in: J. Varwick (Hg.) (2005), *Die Beziehungen zwischen NATO und EU. Partnerschaft, Konkurrenz, Rivalität?*, Opladen: Budrich, 97–118.

Rummel, R. (2005). Die EU – eine „Präventionsmacht"?, in: T. Jäger/ A. Höse/ K. Oppermann (Hg.), *Die Sicherheitsstrategien Europas und der USA. Transatlantische Entwürfe für eine Weltordnungspolitik*, Baden-Baden: Nomos, 169–197.

Rynning, S. (2011). Realism and the Common Security and Defence Policy, in: *Journal of Common Market Studies* 49/1, 23–42.

Salmon, T. (2005). The European Security and Defence Policy: Built on Rocks or Sand?, in: *European Foreign Affairs Review* 10, 359–379.

Schake, K. (2002). *Constructive duplication: reducing EU reliance on US military assets,* CER Working Paper, London: Centre for European Reform.

Schmalz, U. (2004). *Deutschlands europäisierte Außenpolitik. Kontinuität und Wandel deutscher Konzepte zur EPZ und GASP,* Wiesbaden: VS.

— (2005). Die Entwicklung der Europäischen Sicherheits- und Verteidigungspolitik 1990–2004, in: J. Varwick (Hg.), *Die Beziehungen zwischen NATO und EU. Partnerschaft, Konkurrenz, Rivalität?,* Opladen: Budrich, 45–59.

— /Diedrichs, U. (2011). Europäische Union als internationaler Akteur, in: W. Woyke (Hg.), *Handwörterbuch Internationale Politik,* Opladen–Farmington Hills: Budrich, 154–168.

Schmid, H.-M. (2010). EU-Außenpolitik nach Lissabon. Struktur und Wirkung, in: *Zeitschrift für Außen- und Sicherheitspolitik* 3, 457–465.

Schmidt, P. (1993). Frankreichs Ambitionen in der Sicherheitspolitik, in: *Außenpolitik* 44/4, 335–343.

Schröder, U. (2007). Governance of EU Crisis Management: From Comprehensive Concepts to Integrated Planning?, in: E. M. Gross/M. Emerson (Hg.), *Evaluating the EU's Crisis Missions in the Balkans,* Brüssel: Centre for European Policy Studies, 17–41.

SDR (1998). *Strategic Defence Review,* presented to Parliament by the Secretary of State for Defence by Command of Her Majesty, Juli, http://www.mod.uk/NR/rdonlyres/65F3D7AC-4340-4119-93A2-20825848E50E/0/sdr1998_complete.pdf.

SDSR (2010). *Securing Britain in an Age of Uncertainty: The Strategic Defence and Security Review,* presented to Parliament by the Prime Minister by Command of her Majesty, Oktober.

Sjursen, H. (2006). The EU as a normative power: how can this be?, in: *Journal of European Public Policy* 13/2, 235–251.

Simon, J. (2008). The ESDP Between Washington and Brussels, in: M. Merlingen/R. Ostrauskaitė (Hg.), *European Security and Defence Policy. An Implementation Perspective,* London–New York: Routledge, 159–172.

Sloan, S. R. (2000). *The United States and European defence,* Chaillot Paper 39, Institute for Security Studies, Western European Union, Paris: Institute for Security Studies.

Smith, K. E. (2000). The End of Civilian Power EU: A Welcome Demise or Cause for Concern?, in: *The International Spectator* 2, 11–28.

— (2005). Beyond the Civilian Power EU Debate, in: *Politique européenne* 17, 63–62.

Taylor, C./Kelly, R. (2008). *Parliamentary Approval for Deploying the Armed Forces: An Introduction to the Issues*, House of Commons Research Paper 08/88, 27. 11.

Thym, D. (2006). Beyond Parliament's Reach? The Role of the European Parliament in the CFSP, in: *European Foreign Affairs Review* 11/1, 109–127.

United Nations Security Council (2004a). *Resolution 1551 (2004) adopted by the Security Council at its 5001st meeting*, 9. 7., S/RES/1551.

— (2004b). *Resolution 1575 (2004) adopted by the Security Council at its 5085th meeting*, 22. 11., S/RES/1575.

Valásek, T. (2005). New EU Members in Europe's Security Policy, in: *Cambridge Review of International Affairs* 18/2, 217–228.

— (2008). *France, NATO and European defence*, CER Policy Brief, London: Centre for European Reform.

— (2011). *Surviving Austerity. The case for a new approach to EU military collaboration*, London: Centre for European Reform.

Varwick, J. (Hg.) (2005a). *Die Beziehungen zwischen NATO und EU. Partnerschaft, Konkurrenz, Rivalität?*, Opladen: Budrich.

— (2005b). Die transatlantischen Sicherheitsbeziehungen und das Verhältnis zwischen NATO und EU – eine Einführung, in: J. Varwick (Hg.), *Die Beziehungen zwischen NATO und EU. Partnerschaft, Konkurrenz, Rivalität?*, Opladen: Budrich, 15–22.

— (2010). Das neue strategische Konzept der NATO, in: *Aus Politik und Zeitgeschichte* 50, 23–29.

Vircoulon, T. (2009). The EU police mission in Kinshasa – DRC (EUPOL Kinshasa) and the EU Police mission in RD Congo (EUPOL RD Congo), in: G. Grevi/D. Helly/D. Keohane (Hg.), *European Security and Defence Policy. The First 10 Years (1999–2009)*, Paris: EU Institute for Security Studies, 221–320.

VPR (2003). *Verteidigungspolitische Richtlinien für den Geschäftsbereich des Bundesministers der Verteidigung*, 31. 3., Berlin: Bundesministerium der Verteidigung.

— (2011). *Verteidigungspolitische Richtlinien. Nationale Interessen wahren – Internationale Verantwortung übernehmen – Sicherheit gemeinsam gestalten*, 27. 5., Berlin: Bundesministerium der Verteidigung.

Wagner, W. (2006). The Democratic Control of Military Power in Europe, in: *Journal of European Public Policy* 13/2, 200–216.

Walsh, J. I. (2006). Policy Failure and Policy Change: British Security Policy After the Cold War, in: *Comparative Political Studies* 39, 490–518.

Walt, S. M. (2005). *Taming American Power. The global response to US primacy,* New York: Norton.

Walter, F. (2010). *Erfolge und Defizite der Europäischen Gemeinsamen Sicherheits- und Verteidigungspolitik unter besonderer Berücksichtigung ihrer Operationen in Afrika,* Wien: Dissertation.

Weiß, W. (2005). Die Beteiligung des Bundestages bei Einsätzen der Bundeswehr im Ausland – eine kritische Würdigung des Parlamentsbeteiligungsgesetzes, in: *Neue Zeitschrift für Wehrrecht* 3, 100–116.

Weißbuch (2006). *Weißbuch zur Sicherheitspolitik Deutschlands und zur Zukunft der Bundeswehr,* Berlin: Bundesministerium der Verteidigung.

Weller, M. (2008). *Negotiating the final status of Kosovo,* Chaillot Paper 114, Paris: EU Institute for Security Studies.

Wessels, W. (2000). Die EU als Ordnungsfaktor, in: K. Kaiser/H.-P. Schwarz (Hg.), *Weltpolitik im neuen Jahrhundert,* Baden-Baden: Nomos, 575–590.

— (2003). Eine institutionelle Architektur für eine globale (Zivil-)Macht?, Die Artikel zur Gemeinsamen Außen- und Sicherheitspolitik des Vertrags über eine Verfassung für Europa, in: *Zeitschriften für Staats- und Europawissenschaften* 1/3, 400–429.

White Paper (2003). *Delivering Security in a Changing World. Defence White Paper,* presented to Parliament by the Secretary of State for Defence by Command of Her Majesty, Dezember.

Williams, G. L./Jones, B. J. (2001). *NATO and the Transatlantic Alliance in the 21st Century. The Twenty-Years Crisis,* Houndmills u. a.: Palgrave.

18 Schaubilder und Tabellen

19 Abkürzungen

ACTORD	Activation Order
AEUV	Vertrag über die Arbeitsweise der Europäischen Union
AKP	Afrika, Karibik und pazifischer Raum
APF	African Peace Facility
APSA	African Peace and Security Architecture
ASEAN	Association of South East Asian Nations
ASF	African Standby Force
AStV	Ausschuss der Ständigen Vertreter
AWACS	Airborne Early Warning and Control System
C2	Command and Control
CARDS	Community Assistance for Reconstruction, Democracy and Stability
CCC	Capabilities Commitment Conference
CDM	Capability Development Mechanism
CDP	Capability Development Plan
CFSP	Common Foreign and Security Policy
CHG	Civilian Headline Goal
CIMIC	Civil-Military Coordination
CIVCOM	Committee for the Civilian Aspects of Crisis Management
CJEF	Combined Joint Expeditionary Force
CJTF	Combined Joint Task Force
CMC	Crisis Management Concept
CMCO	Civil-Military Coordination
CMP	Crisis Management Procedures
CMPD	Crisis Management and Planning Directorate
CONOPS	Concept of Operations
COPS	Comité politique et de sécurité
COREPER	Comité de Représentants permanents/ Committee of Permament Representatives

CPCC	Civilian Planning and Conduct Capacity
CRCT	Crisis Response Coordination Team
CRT	Civilian Response Team
CSDP	Common Security and Defence Policy
DCI	Defence Capabilities Initiative
DCI	Development Cooperation Instrument
DG	Directorate General
DPKO	Department of Peacekeeping Operations (UN)
DSACEUR	Deputy Supreme Commander Allied Forces In Europe
EAD	Europäischer Auswärtiger Dienst
EAS	European External Action Service
ECAP	European Capability Action Plan
ECHO	European Community Humanitarian Office
EDA	European Defence Agency
EDF	European Development Fund
EEAS	European External Action Service
EFF	European Food Facility
EG	Europäische Gemeinschaft
EGF	European Gendarmerie Force
EIDHR	European Instrument for Democracy and Human Rights
EMCWG	European Union Military Committee Working Group
ENPI	European Neighbourhood and Partnership Instrument
EP	Europäisches Parlament/European Parliament
EPC	European Political Cooperation
EPZ	Europäische Politische Zusammenarbeit
ESDI	European Security and Defence Identity
ESS	Europäische Sicherheitsstrategie/European Security Strategy
ESVI	Europäische Sicherheits- und Verteidigungsidentität
ESVP	Europäische Sicherheits- und Verteidigungspolitik
ESVU	Europäische Sicherheits- und Verteidigungsunion
EU	Europäische Union
EUBAM	European Union Border Assistance Mission
EUFOR	European Union Force
EUISS	European Union Institute for Security Studies
EUJUST	European Union Rule of Law Mission
EULEX	European Union Rule of Law Mission Kosovo
EUMC	European Union Military Council
EUMM	European Union Monitoring Mission

EUMS EU-Militärstab/EU Military Staff
EU NAVCO EU Naval Coordination Cell
EUNAVFOR European Union Naval Force
EU OpsCentre EU Operations Centre
EUPAT EU Police Advisory Team (Mazedonien)
EUPM EU Police Mission
EUPOL European Union Police Mission
EUPOL COPPS European Union Police Mission for the Palestinian Territories
EUROPOL Europäisches Polizeiamt
EU-SATCEN European Union Satellite Centre
EUSEC European Union Security Sector Reform Mission
EU-SITCEN European Union Joint Situation Centre
EUSR EU Special Representative
EUSSR EU Security Sector Reform
EUTM European Union Training Mission Somalia
EUV Vertrag über die Europäische Union
FHQ Force Headquarters
FPU Formed Police Unit
FRONTEX EU-Agentur für die operative Zusammenarbeit an den Außengrenzen (frontières extérieures)
FTG Federal Transitional Government (Somalia)
GASP Gemeinsame Außen- und Sicherheitspolitik
GD Generaldirektion
GSVP Gemeinsame Sicherheits- und Verteidigungspolitik
HGG Helsinki Headline Goals
IEPG Independent European Programme Group
IET Iraq Expert Team
IFS Instrument for Stability
IMD Initiating Military Directive
IPA Instrument for Pre-accession Assistance
IPTF International Police Task Force
IPU Integrated Police Unit
ISAF International Security Assistance Force
KMK Krisenmanagementkonzept
KMU Kleine und Mittlere Unternehmen
KSZE Konferenz für Sicherheit und Zusammenarbeit in Europa
LoI Letter of Intent

LOT	Liaison and Observation Team
MERCOSUR	Mercado Común del Cono Sur
MONUC	Mission de l'Organisation des Nations Unies en République Démocratique du Congo
MSU	Multinational Specialised Unit
NATO	North Atlantic Treaty Organisation
NRF	NATO Response Force
NSCI	Nuclear Safety Cooperation Instrument
NTM-A	NATO Training Mission Afghanistan
OCCAR	Organisation Conjointe de Coopération en Matière d'Armement
OHQ	Operation Headquarters
OPLAN	Operations Plan
OSZE	Organisation für Sicherheit und Zusammenarbeit in Europa
PCC	Prague Capabilities Commitment
PfP	Partnership for Peace
PMG	Politico-Military Group
PSC	Political and Security Committee
PSK	Politisches und Sicherheitspolitisches Komitee
RELEX	Working Group of Foreign Relations Counsellors
SACEUR	Supreme Commander Allied Forces In Europe
SDR	Strategic Defence Review
SDSR	Strategic Defence and Security Review
SFOR	Stabilisation Force
SHAPE	Supreme Headquarters Allied Powers in Europe
SIAC	Single Intelligence Analysis Capacity
SITCEN	EU Joint Situation Centre
SOR	Statement of Force Requirements
UNDP	United Nations Development Programme
UN DPKO	United Nations Department of Peacekeeping Operations
UNMIK	United Nations Mission in Kosovo
UNO	United Nations Organisation
VPR	Verteidigungspolitische Richtlinien
WEAG	Western European Armaments Group
WEAO	Western European Armaments Organisation
WEU	Westeuropäische Union

20 Index